GREEN FINTECH WITH MULTIPLE BUSINESS MODELS

綠色金融科技
與多元商模創新

歐素華 著

五南圖書出版公司 印行

推薦序
─────

對於永續金融科技發展，相當具有創意和貢獻

非常榮幸可以跟大家推薦一本好書並為本書作序，本書涵蓋的主題包含：金融、科技、永續、社群、普惠金融與商業模式創新等重要元素，這些元素都是現代社會運作的重要環節以及必備的知識，非常推薦大家閱讀本書，相信大家會有非常多的體會和收穫。

首先，金融貫穿整個現代社會的運作，日常生活中，金融相關的服務處處可及，例如：早上出門用悠遊卡或手機 APP 就可以搭乘捷運、用 LINE 支付或 Pi 錢包等線上支付工具來付款買早餐、用銀行 APP 轉帳給小孩作為生活費、日圓創新低時便趕快隨手滑一下手機（用銀行 APP）買進日圓、最近收到一筆年終獎金後趕快用機器人理財平台（例如本書中提到的阿爾發投顧）來加碼投資，或是美國升息最近債券好便宜，趕快用券商 APP 買進債券 ETF……這些日常生活中常見的場景，貫穿購物、交通、投資、轉帳等各個生活層面。拜金融科技所賜，現代金融服務已經朝向隨時（24 小時）、隨地（家裡、辦公室）、隨心所欲（客製化）、普及所有民眾（不分城鄉、貧富）等美好方向前進。

其次，科技發展日新月異，在生活的各個層面都有廣泛的影響，和金融相關的科技發展包含：資訊科技（例如：電腦、手機、平板功能增強，以及 WEB3.0 等）、雲端運算和服務、物聯網、API 串接、人工智慧、金融大數據分析等，藉由這些科技的發展，現代金融服務才能朝向上述的美好方向前進。由於科技發展的重要性越來越高，許多學者和業界專家甚至建議程式語言應該列為所有大學生的必

修課程，對於年輕學子而言，本人強烈建議所有大學生應該具備基本的程式能力，輔以自身的專業領域，打造自身成為跨領域的科技＋專業人才。

再其次，永續發展已經成為各國政府和企業最重要的治理目標之一，地球只有一個，全球民眾都是命運共同體。目前永續發展最迫切的問題就是環境風險，工業化後產生大量的溫室氣體、環境汙染、自然資源耗損過速等問題，溫室氣體造成的全球氣候暖化影響尤其深遠，暖化造成冰層融解和海水升溫膨脹進而導致海平面上升，暖化也影響全球氣候系統，造成極端氣候（高溫、乾旱、暴雨、風暴等）發生的頻率和強度都增加，嚴重威脅所有陸地和海洋生物的生存，也造成極大的經濟損失。本書中提到許多減緩碳排的行動方案，包含英國綠色群募、美國碳幣、台灣碳制郎等，非常值得讀者省思和投入永續發展的行列。舉例而言，甲烷是危害非常嚴重的溫室氣體，畜牧業生產占全球甲烷排放量的 33% 左右，因此，減少肉類消費可以減少甲烷的排放量，難怪有人疾呼「吃素救地球」，原因就在這裡，這是所有民眾都可以一起努力參與的有意義活動。

拜科技發展所賜，現代社群平台蓬勃發展，不論是臉書、部落格、LINE、YouTube、Instagram 等，這些社群媒介提供民眾號召同好、宣揚理念、表達訴求、知識學習等各種功能，各式各樣的社群若善用之，可以達成許多正面的功能，以金融領域而言，許多社群提供有用的理財資訊、觀念、方法和教育，有助於提升國人的理財知識和普惠金融的發展。不幸的，正如民主發展中社會多元、百花齊放，帶來許多正面和負面的效果，很多社群平台也被拿來作為詐騙的最好工具，民眾不小心誤入臉書或 LINE 群組而被詐騙的例子屢見不鮮，如何降低社群平台產生的負面風險，值得關注。本書提到嵌入式金融的發展趨勢，未來如何將金融服務嵌入到社群或平台業者，增加民眾多

元的金融體驗機會及協助普惠金融的發展，非常值得期待。

　　此外，本書有許多普惠金融的發展案例，普惠金融是全球普世的價值，也是近幾年主管機關極力呼籲金融機構努力的目標，因為金融服務應該不分性別、年齡、學歷、貧富貴賤、城鄉等因素而有所差別，但現實社會中，位居大都市的有錢人常常享有最好的金融服務，這樣的機會不平等現象未來可以透過金融科技的發展而大幅改善。本書中提到 3 個普惠金融案例，第一個案例是 Pensumo 年金計畫，Pensumo 成立當時（2013）西班牙失業率高達 26.09%，為協助失業及不符合政府公共年金資格的民眾準備退休金，Pensumo 與安聯人壽（Allianz）合作推出專屬於西班牙「居民」的個人制度年金計畫。這個計畫除了有照顧弱勢者的普惠金融意義外，對於永續發展也有貢獻，因為民眾可以參與回收、文化消費、道路安全、志工等永續活動，透過手機 APP 記錄為「責任公民」行動而獲得回饋，引導民眾從行動中支持永續發展，此案例非常值得台灣學習。第二個案例是阿爾發投顧的機器人理財服務，投資理財對於弱勢族群尤其重要，因為他們本來就處於經濟弱勢，且普遍缺乏理財知識和管道，亟需要金融機構協助他們將微薄的儲蓄做最好的投資以增加未來退休時的財富；然而金融機構因為成本和效益的考量，理專的理財服務大多數只針對 VIP 客戶，而且金融機構基於獲利考量，協助民眾進行投資時，大多以銷售金融商品為目的，缺乏整體目標規劃。相對的，機器人理財從民眾的理財目標出發，透過問卷分析客戶的風險屬性，規劃出適合民眾理財目標和風險屬性的最佳投資組合，而且服務成本低廉，所以最能協助民眾達成理財目標。此外因為採用現代金融科技，民眾只要透過電腦或手機、平板就可以開戶並使用理財服務，投資的最低門檻也很低（例如每月 1,000 元），一般小資族也可以負擔得起，可說是普惠金融的最佳範例。本書中還提到美國專門為女性設計的機器人理財

平台 Ellevest，女性的職涯發展、所得收入和退休後的平均餘命等各層面與男性不同，而且相對於男性通常是比較弱勢的，Ellevest 考量男女的差異，特別設計出適合於女性的機器人理財方案，非常值得肯定。最後本書中提到的網路券商平台 Robinhood 是非常知名的案例，Robinhood（羅賓漢）是劫富濟貧的俠盜，在這樣的思維下，該網路券商打破股票投資手續費高、長期被有錢人掌控的現象，推出股票下單交易免手續費的服務，影響所及，現在美國幾乎所有的券商都推出零手續費的股票（含 ETF）交易服務，相信這個普惠金融的案例將永世流芳。

最後，本書中所舉的案例幾乎都是新創公司，他們以創新的商業模式和思維，企圖帶來改變和影響，從本書中分享的許多案例中，讀者應該可以熟悉商業模式從創新發想到落地的過程中，其實是相當辛苦的。許多的商業模式並未成功，原因不見得是因為這些商業模式是錯誤的或不好的，反而可能因為推出的時機、行銷的手法，或其他主客觀的因素造成失敗。不論是成功或失敗的案例，都非常值得學習。台灣經濟規模雖然不是很高，但台灣也有不少金融科技新創公司，期待未來台灣能夠出現金融科技的獨角獸。

本書對永續金融科技發展的記錄和詮釋，相當具有創意和貢獻，文末再次推薦與肯定。

五木先生　誌於未酬齋

2023 年 8 月 19 日

推薦序

————

普惠與實惠的永續經營之道

　　這本專書是東吳大學數位貨幣與金融研究中心自 2020 年創辦至今的重要研究成果，執行長歐素華率領年輕的研究團隊，一邊做創新實驗，一邊做研究，而且很多時候，他們研究的就是自己：Z 世代的金融服務與永續經營之道。與其說這是一本個案專書，不如說這是年輕世代在為自己找出路、求發展的探索旅程。我對專書裡的個案有幾點反思。

　　一是關懷弱勢的普惠價值。金融服務原是應該扮演雪中送炭的資金融通角色，可是過去我們也經常看到「雨天收傘」以降低壞帳的金融現實。但這本專書卻揭櫫 21 世紀金融服務的最大突破，就在以簡單好用的科技降低金融服務門檻，讓金融小白、讓沒有固定收入的市井小民，也能取得融通資金，甚至能一邊消費一邊投資，幫自己存退休準備金。「當人人變得有錢，世界會變得更好。」在我看來，普惠金融正是「藏富於民」的具體實踐。

　　二是科技賦能的綠色行動價值。專書裡的個案如西班牙Pensumo、中國大陸螞蟻森林，或英國綠色群募平台，都強調金融科技可以積極賦能使用者，讓他們在日常生活中，就能實踐綠色永續。從綠色消費者、綠色投資者，到生產性消費者的多元角色扮演，彰顯金融科技讓「人人做環保」的生活實踐。

　　三是商業模式的多元創新價值。這本專書裡的科技新創公司都有「一技之長」，但更難能可貴的是，他們懂得「臨場」應變，將金融創新服務以模組化設計彈性應用到多元場域，也因此能發展出多元商

業模式。彈性、多元、應變，正是當代年輕族群的特色，也是金融科技新創的核心能力。

　　當然，創新是有挑戰的。專書裡提到科技遊戲化的爭議、企業漂綠的難題，與未來金融監理法規的調適，都是當代金融科技新創所要面臨的挑戰。但也因為如此，我會期待未來數金中心的持續投入與探索，陪著這一代年輕人一起成長。

　　　　　　　　　　　　　　　　潘維大　東吳大學校長

　　　　　　　　　　　　　　　　　　　2023 年 7 月

推薦序

――――

永續金融的綠色商機

　　金融是一項特許行業，被特定的機構所寡占。也許正因為如此，金融機構的創新總是步伐緩慢。畢竟，維持原狀，優化存戶的錢後加以投資，再分享利潤給存戶；或透過借貸賺得利差，以維持企業的成長；或增強高端客戶的財富管理，以維持影響力；這一直以來便是金控的核心商業模式。於此時刻，歐素華老師的專書提醒我們，銀行與金控即將告別這種封閉的系統，並且快速進入開放的時代。在這個新的時代中，金融業將展現三項嶄新的特質：無所不在（普惠金融的拓展）、無所不容（金融生態圈的跨界）以及無所不知（人工智慧與物聯網的加持）。

　　在新的版圖，金融將被嵌入各種生活場景中，或為弱勢群體謀福利，或輔助女性經濟自主，或團結社群發展環保永續。金融將「無所不在」地融入生活的方方面面，為企業謀取利益，為消費者改善福祉，也為促進社會和諧。透過科技，金融也將與各行業混搭，跨行業的結盟結合成為必然。人類也逐漸團結一致，希望能夠為地球永續盡一份心力。

　　於是，在金融領域形成各種生態系，包羅的不只是技術的功能，也是商業模式的賦能，「無所不容」也就成為大勢所趨。科技飛速的進展，不只串聯各家銀行的系統，也積極對外開放。由旅遊航空到零售，金融逐漸地嵌入各行業的應用系統，像是星巴克推出了儲值系統，在美國光是儲蓄金就可以排名前 150 大的銀行。其中更深遠的影響是，這樣的串接也帶動商業邏輯的改變，形成金融的生態圈。

夥伴之間相輔相成，成員之間聚沙成塔，發揮社群的聚合力。消費者也成為生產者，扮演著更主動的角色。企業雖追求經濟成長的渴望，也實踐環境永續的願望；關注績效成長的利潤，也善盡企業公民的責任；衝刺績效的管理，也不忘企業永續的治理。

當下人工智慧的風潮更加速技術的研發，智慧金控的世紀也悄悄地到來。在智慧的時代中，加速的不只是效率，也是處理問題的思維以及商業營運的邏輯。人工智慧、物聯網與數位系統的融合使我們得以「無所不知」。然而，在百花齊放的盛筵中，技術功能的爆發雖然靠的是機會，而技術應用能否具有創意，靠的卻是智慧（人工智慧與人的智慧）。智慧系統可以協助處理複雜的程序，神經網絡運算可以處理海量的推理，但是唯有憑藉人的智慧，才能引導創新步入正途，讓金融協助節能減碳，使數位系統支援永續。

這便是這本專書迷人之處。歐老師必定是費盡心思，才能分析這麼多精彩的案例，讓我們得以縮短認識綠色金融的時間。歐老師在書中點出了普惠金融、生態金融以及智慧金融的三大特色。例如，Pensumo、Sofi 及螞蟻森林揭開了社群的力量，特別在螞蟻森林案例中，分析群眾如何動用普惠金融力來支援環境永續更是精彩，不可錯過。她經濟、羅賓漢以及碳制郎等案例讓人理解到生態圈形成的原理。機器人理財、數位貨幣以及代幣經濟等案例，則展現數位系統結合物聯網與人工智慧的魅力。

歐老師過去在媒體的經歷中練就了一手好文筆，在法律的歷練中鍛鍊了嚴謹的思路，在商學院的歷練中養成了敏銳的洞察力。這些特質全體現在這本專書中。她運用豐富的案例讓抽象的理論變得鮮活，使遙遠的趨勢彷彿近在眼前，更令艱澀的技術得以轉變為生活的

場景。綠色金融的未來變得令人親近，永續經濟的願景也不會遙不可及。想要一窺綠色金融未來的讀者，這本專書正是最好的起點。

蕭瑞麟　政治大學科技管理與智慧財產研究所教授

2023 年 7 月

目　錄

◇ 第三篇　**理論三：敏捷生態系&數位貨幣**

總論

普惠金融時代：生活場域就是金融交易平台
Inclusive Financing: Embedding Financial Platform in Daily Life

　　這本專書在談金融科技如何驅動綠色永續發展，有趣的是，我們不從環境面（environment）直接切入，而是從社會面（social）切入，進而探討綠色環保與公司治理（governance）議題。社會面的內涵有三，一是「從小」（small）開始，我們關注的是小市民、小企業的需求；提供服務的也是金融科技新創這類小型企業，而非大型金融機構。他們從小處著眼，提供簡單好用的服務內容。二是「社群」（social），我們特別觀察金融科技新創如何善用數位科技驅動社群互動，以積少成多，逐步推動綠色變革。三是「場景」（scenario），我們關心金融科技新創如何嵌入到多元生活場景，以解決市井小民的生活難題，進而連結非金融與金融服務，創造多元商機。以下將介紹這本專書的幾個重要內涵，包括數位科技、普惠金融、嵌入金融、場景金融，乃至永續經營的多元商模，而這些概念正是綠色金融科技的價值驅動來源與取價歷程。

一、數位科技驅動創價邏輯變革：Web1.0 到 Web3.0

　　知名政治經濟學家熊彼得（Joseph Alois Schumpeter）早在 1942 年就以「創造性破壞」（creative deconstruction）提出科技發展所帶來的創新變革。他點出科技驅動創新與價值來源包括：科技帶來新產品或新製造方法、新市場、新供給，乃至產業的新組織型態。在此之後，不同時代之科技發展所驅動的創價邏輯也開始有本質上的變化。

　　這本書要談的是 Web3.0 時代下的數位科技、金融服務與永續經

營的關係，尤其是數位科技之價值驅動與商模變革歷程。在此之前，我們先簡單介紹 Web1.0 與 Web2.0 的價值驅動特色。

在 Web1.0 時代（1991-2004），生產者產製內容（PGC, Producer-Generated Content）是主角，上網架設網站成為企業經營常態，用戶只能被動接受資訊，但某種程度上也開啟創新民主化先河，有更多元企業加入網路這片新藍海，甚至迫使傳統媒體與之合作。例如知名入口網站 Yahoo! 就讓聯合新聞網等新聞媒體與之連結，建立即時新聞傳播。

學者 Amit & Zott（2000）針對當時盛極一時的電子商務進行研究，並提出「四合一」的價值驅動模式，包括交易效率（efficiency）、互補性（complementary）、綁定（lock-in）與新穎性（novelty）。值得注意的是，這四個價值驅動來源相互連動，科技帶來新的交易結構、新內容或新參與者，有效提高交易效率；而平台上的互補合作夥伴不但讓「一站式購足」之交易更有效率，也能由此鎖定買賣雙方，形成大者恆大的正向網絡外部性（positive network externalities）。這四項價值驅動模式背後各有基礎理論，如交易效率來自交易成本理論（transaction cost theory），互補創價來自策略網絡理論（strategic networks），鎖定來自資源基礎論（resource-based view）與網絡經濟論述，至於科技新穎性則和創業理論密切相關。Amit & Zott（2000）也因此提出整合性的價值驅動論述，不但這四項創價來源相互連動，背後的理論基礎也應該相互為用，最後產生的價值則是由產銷、夥伴所共有。至於科技則扮演價值中介的重構角色（re-intermediation）。

Web2.0（2004-2009）則聚焦在使用者產製內容（UGC, User-Generated Content），使用者成為主角。核心科技以社群媒體平台（OC platform, Online Community platform）為主，並彰顯

內容的反覆呈現（reviewability）、使用者產製內容的重新組合（recombinability），與創新構想的實驗演化（experimentation）（Faraj et al., 2011）。這個階段的主流社群媒體平台包括臉書（Facebook）、維基百科（Wikipedia）、Linux 等，社群使用者的知識創造、分享，與重組扮演重要角色。不過社群共創看似有利，但挑戰也不低，例如 Linux 就發現要建構一個開放軟體社群的協作機制，仍必須有一定的組織設計、系統架構、審核機制。

而學者 Barrett, Oborn, & Orlikowski（2016）則由策略、平台與利害關係人參與，來檢視社會健康平台（social health platform）的創價歷程。在第一階段（2009 晚期），社會健康平台策略以健康服務的評價（rating）為主，病人會對重要健康資訊進行評分。第二階段（2010 中期），平台加入病人支援團體並進行知識分享，平台策略不只有評分還有連結（rating & connecting）。第三階段（2011 中期）則加入醫療院所，平台開始有疾病管理功能，這個階段的平台策略不只有評分、連結，還有追蹤（tracking）。第四階段（2013 中期）則新加入藥廠，因此數據平台的價值不僅有評價、連結、追蹤，還有用藥分析與研發（profiling）。

由此來看，Web2.0 相較於 Web1.0 的特色，不但在於使用者產製內容，更在於合作夥伴的參與加值，社群的逐步擴展與演化，正是 Web2.0 的特色。至於 Web3.0 時代的創價邏輯又有何特色呢？在進入本專書分析架構前，我們同步檢視知名學者 Brett King 對 Bank1.0 到 Bank4.0 的論述，由金融服務體系觀點來檢視 Web1.0 到 Web3.0 的科技變革，以提供本專書在論述綠色金融科技之理論基礎。

二、金融服務 400 年變革：Bank1.0 到 Bank4.0

《Bank4.0》一書作者 Brett King 在專書中分析過去 500 年來銀

行發展的四個階段，主要有以下區別。Bank 1.0：金融機構從 15 世紀初到 20 世紀中期的服務模式（1400-1950），主要奠定在商業活動交易基礎上（King, 2018）。一般認為最早的銀行機構與服務體系，可追溯到 15 世紀義大利佛羅倫斯，在文藝復興時期的梅迪奇家族（Medici）在歐洲所經營的服務模式，當時各地分行扮演資金融通角色，而商業往來與社交活動為基礎的「社群驅動金融」（community-led banking）乃是信任關係的核心，有關係才能建立信任機制，進而有效融通資金。而有趣的是，在那個時代，義大利屬於政教合一制度，教會享有豐厚資產和極大權力；這也讓梅迪奇家族誕生四位教宗以取得教會豐厚的資產奧援。

Bank 2.0：1950-2000 年是金融全球化時期（universal banking）。其實不只金融業，汽車產業或是其他民生消費食品也在這個時期邁開全球化腳步，金融服務只是剛好跟著企業全球化腳步，同步邁向國際。知名國際金融機構如花旗銀行、匯豐銀行等開始在全球主要城市展開跨國經營。在這個時期，「自我服務」（self-serving）的銀行設備如自動提款機（ATM）等，也開始跳脫銀行原有的服務時間與空間場域限制，提供消費者在銀行正常營業時間以外的服務內容。

Bank 3.0：2000-2025 年則是所謂全通路時代（omni-channel banking），金融服務透過多元通路，如網路銀行、ATM、手機等，開始推展多元服務。尤其 2007 年的智慧型手機，更讓行動支付、點對點服務等，突破過去以銀行為中心的服務模式。

Bank 4.0：預計 2025 年以後則是所謂無所不在的金融服務（ubiquitous banking），傳統金融機構不只需要往行動載體位移，更重要的是有來自科技與其他金融科技新創正在突破傳統金融服務疆界，由多元場景開始提供即時、無摩擦、低成本的交易服務。例如

在網路上購物時發現資金不夠，就順便借一下小額信貸，甚至綁定的銀行早已主動提供你信用額度；又或者搭計程車或生活採買，完全不用花費心力拿出現金或信用卡，直接拿手機轉帳或掃 QR Code 條碼支付，即可完成匯款。所謂「無所不在」的服務，讓銀行開始跳脫金融服務主角的定位，以配角進入使用者的多元場域。也因此，銀行不只要重新綁定自己原有的金融服務內容（re-bundling financial services），更要跟隨使用者腳步，由其行動軌跡或體驗路徑，設計一系列的綁定服務，包括非金融與金融的服務體驗設計，也就是所謂體驗綁定（re-bundling experience）。

值得注意的是，這一波金融服務創新的領航者之一乃是金融科技業者（FinTech），他們正以破壞式創新模式，打破原有金融機構成本結構與市場結構：成本結構包括以 AI 無人化服務取代專業人力（labor）、以線上服務取代實體分行服務（location），並跳脫原有金融法規限制（legislation）；市場結構則包括由低階市場切入（如金字塔底層商機），並由非金融服務場域連結到金融服務。誠如學者 Christensen 等人所言，所有破壞式創新者都會從低階市場或新市場切入，然後逐步朝高階市場邁進，因低階市場畢竟進入門檻低，獲利有限；高階市場則獲利相對高，也需要較多技術投入以提高進入門檻（Christensen, Raynor, & McDonald, 2013）。這正是當前金融科技業者正在默默分食傳統金融服務的真實現狀。

此時此刻，我們正處於由 Bank3.0 跨越到 Bank4.0 時代，在本專書中，我們嘗試由「綠色金融科技」的系統性調查進行分析，並提出以下面向思考：由普惠價值（inclusiveness）看使用者，由嵌入機制（embeddedness）看合作夥伴，由多元商模（multiple business models）看永續價值。而這些正是普惠金融、嵌入金融、場景金融與永續商模的核心。

三、普惠性：群眾創價時代（CGC, Crowd Generated Content）

Web3.0（2009-迄今）時代的重要特色就在群眾產製內容（CGC, Crowd Generated Content），且強調使用基礎（use base）、隨需（on demand）與去中心化（decentralized）的點對點交易特色（end to end, peer to peer）。在中本聰於 2008 年提出創世區塊後，分散式共識與點對點的去中心化交易就成為核心價值。如何賦權使用者（empower users）並驅動使用者共創，成為這個時代的創價基礎。

本書的主角之一正是「使用者」，我們不只看使用者的需求滿足，更看使用者的供給能力。不過在金融科技的場域中，我們看到「群眾產製內容」卻是不同類型的群眾動員，而金融科技業者正扮演動員使用者，甚至賦權使用者，讓他們能有不同程度的相互動員能力。科技動員使用者的歷程主要有以下做法。

首先是降低進入門檻的可及性（available），讓一般人更能取得方便好用的金融服務。例如肯亞的 M-Pesa 在 2007 年由知名電信集團 Vodacom 在非洲經營的通信商 Safaricom 推動，可由手機直接進行匯款、轉帳、支付等點對點的金融交易服務。M 代表行動裝置 Mobile，Pesa 則是斯瓦希里語，代表「金錢」之意。M-Pesa 不但廣為肯亞人使用，也擴展到坦尚尼亞、莫三比克、剛果民主共和國等非洲國家，另外還進軍東歐、中亞和南亞等國。M-Pesa 的成功，揭開金融科技創新篇章：**只要簡單好用的行動科技，加上彈性安全的服務設計，就可以讓過去的金融弱勢族群也能享有金融服務。**本專書所調查的個案中，西班牙 Pensumo 讓年輕女性可以一邊消費一邊存退休金，消費者只要上傳發票，確認「綠色消費」內容，就能取得廠商 1%-3% 的存款回饋，這是降低進入門檻的最佳示範。

　　其次是**降低可負擔性**（affordable），也就是讓過去沒有足夠信用擔保或風險係數偏高的使用者，可以取得金融服務。例如台灣普匯金融科技讓學生族群可以快速在 24 小時內取得貸款服務；保險科技讓臨時需要用車的族群可以購買 UBI 保單（Usage-based Insurance），開多久就保多久；阿爾發機器人理財則讓小資族可以每月 1,000-3,000 元定額，取得全球基金投資機會。顯然，從銀行、保險到證券服務，金融科技新創正在積極降低使用者的可負擔性，讓更多人受益。

　　第三是提高可集性（actor network, collective），金融科技的另一項特色就在群眾動員，讓使用者共同參與，甚至形塑社群以相互動員。這也正是為何學者呼籲在 Web3.0 時代，我們必須要由行動者網絡（actor network）角度來思考群眾動員機制（Latour, 2007）。例如英國 Abundance（豐盛投資）的綠色群募，消費者可以扮演投資者角色，以最低 5 英鎊投入多項綠色項目。又或者如中國大陸螞蟻森林，鼓勵使用者積極投入綠色消費，累積綠色能量在虛擬平台上「種樹」，社群成員間還可以相互幫忙澆水，或搶水滴爭取週排行榜成績。又或者如澳洲能源幣，鼓勵「生產性消費者」（prosumer）可以一邊「種太陽能」，一邊「交易能源」，創造點對點（peer to peer）的交易市集。

　　由以上討論可知，金融科技的最大特色之一就在賦能使用者，透過降低進入門檻（available）、降低可負擔性（affordable），到提高可集性（collective），讓更多人能取得金融服務，這也正是普惠金融（inclusive finance）的真諦，讓過去金融機構沒意願或不在乎的低端客群，甚至是邊陲客群，有取得金融服務的機會。尤其，**金融科技新創賦能使用者，讓他們有更多元的角色扮演機會，包括消費者、投資者、生產性消費者等**，這也是本專書在篇章定位上的重要基礎。

　　此外，金融科技新創從低端市場進入傳統金融服務場域只是起點，他們多會朝高端市場發展，以提高競爭力並創造多元營收，也由此威脅傳統金融機構，形塑破壞式創新的結構變革。因此，金融科技新創與傳統金融機構間的競合關係，他們如何一邊破壞，一邊改變傳統金融機構的服務邏輯，也將是本專書關注的重要內容。

四、嵌入性：多元場景加值（Multiple Complementary）

　　金融科技在 Web3.0 時代的另一項重要特色就是善用 API（Application Programming Interface）連結，將方便好用的科技嵌入到多元服務場域，實踐場景金融價值（embedded finance）。它背後有以下科技創價邏輯。

　　首先是嵌入多元場域（embeddedness）。嵌入式金融乃在提供無斷點、無縫接軌的金融服務，讓消費者可以更方便地取得所需要之金融服務。估計在 2026 年，全球嵌入式金融服務將達 7 兆美元。事實上，蘋果商城近年推出的「先購後付」服務（BNPL, Buy Now Pay Later）就是針對蘋果粉絲所提出的專屬分期服務（Fisher, Holland, & West, 2021; Ko, 2020）。在台灣，金融業者甚至鼓勵蘋果迷在分期付款到期前 3-6 個月「以舊換新，持續分期」，由此建構與蘋果粉絲的中長期客戶關係。從這個角度來看，蘋果商城幾乎是轉化「以租代買」概念，提出蘋果最新科技產品服務，也由此改變蘋果電腦的商業模式。尤其藉由「以舊換新」服務，蘋果電腦也有機會持續回收舊手機，並有效再利用零件等資源；在未來則可以環保材質提高循環再利用價值，由商業模式創新到綠色產品創新，創造永續經營價值。

　　一般而言，嵌入式金融服務具有以下特點。一是指非金融服務業者或金融科技新創提供金融產品或服務。不過近年來，許多傳統金

融機構也開始由嵌入式金融服務角度，將金融產品數位化與模組化，以嵌入到不同服務場域。二是這些金融科技新創能有效規劃使用者體驗旅程，創造豐富有感體驗。三是他們的服務內容多以 API 串接以持續增益服務價值（Arner, Barberis, & Buckley, 2015; Guild, 2017; Hendrikse, Van Meeteren, & Bassens, 2020）。

就有研究報告指稱，嵌入式金融可稱之為金融服務在數位化的第三支箭（Felländer, Siri, & Teigland, 2018）。第一支箭是由虛實金融通路整合，方便客戶隨時可取得金融服務內容；第二支箭是金融服務內容的數位化；第三支箭就是由非金融場域提供金融服務，也就是所謂嵌入式金融（Gupta & Tham, 2018; Wullweber, 2020）。傳統上，客戶若欲取得房屋貸款，就必須將房屋所有權證、交易資料、繳稅記錄等備齊，然後到銀行臨櫃辦理房貸服務。但是在嵌入式金融場域，消費者可以在交屋過程中就能取得即時分期付款的融資服務（Alcazar & Bradford, 2021; Gerrans, Baur, & Lavagna-Slater, 2021）。

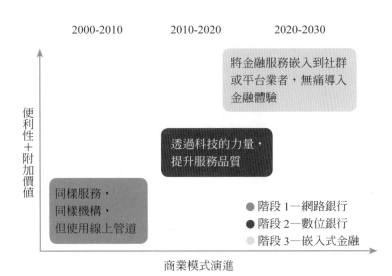

圖 0-1　金融科技發展演進（阿爾發投顧，本研究整理）

　　研究指出，嵌入式金融較之傳統金融服務更具主動性、調適性、透明度與順暢性（Abbasi, Alam, Du, & Huynh, 2021; Guo, Su, & Ahlstrom, 2016; Sangwan, Prakash, & Singh, 2019）。例如 Uber 的叫車服務就嵌入到一般城市族群的交通需求上，消費者可以在 Uber 平台上準確掌握計程車的到達時間與路線動態，而司機則能即時取得行動支付款項。一般來說，嵌入式金融乃以 B2B2C（金融機構對企業對消費者）的模式為之，也就是銀行服務透過線上零售、電子商務平台、汽車租賃、旅遊網站等，在消費者取得相關服務時，同步提供金融服務（Casper & Matthias, 2021; Zhang & Chen, 2019）。除此之外，提供中小企業嵌入式融資服務（B2B2B，金融對平台對微型企業）也相繼出現，例如 Uber Eats 與 Shopify 提供合作商家即時的交易融資、支付與微型貸款服務（Kenney et al., 2021; Paston & Harris, 2019; Soni et al., 2022）。

　　其次是核心科技衍生（effectuation）。對金融科技新創來說，如何將有限的科技資源嵌入到使用者的多元生活場域，是一道重大挑戰，而「一元多用」的實效理論（effectuation）提出可能解答。知名創業學者 Sarasvathy（2001）在 1997 年訪談 30 位曾遭遇失敗的成功創業家分享他們的創業思維，進而提出實效理論（effectuation）的實踐原則（Sarasvathy, 2001）。

　　一是「手中鳥原則」（the bird-in-hand principle），即善用手中有限資源，而非開創新資源。二是可負擔原則（the affordable loss principle），檢視創業家願意投入的資源與願意負擔的損失，而非計算未來可能的獲利。三是拼布原則（the patchwork quilt principle），強調現有資源或工具的使用，「以舊創新」，而非發展新方法或新工具。四是善用情境與偶發事件原則（the lemonade principle），而非避免或克服情境挑戰，以積極由偶發事件中獲取資源與能量。五是座

艙駕駛原則（the pilot-in-the-plane principle），積極運用現有人力資源以爭取或驅動創新機會，而非一味追求創新科技。

對金融科技新創公司來說，實效原則更是其嵌入多元場域的基礎。例如本專書個案阿爾發投顧就積極發展不同類型的投資模組，以彈性應用到多元場域中。第一階段的四大產品模組，投資健檢、投資規劃、投資組合建議、投資管理就開始循序漸進地融入到 Yahoo! 看盤平台與 MamiGuide 等多元場域，並有特殊的排列組合應用。例如在 Yahoo! 看盤服務原本有高達 300 萬的看盤族群，他們經常將購買股票列在個人看盤頁面上，但卻少了「投資健檢」，也不熟悉投資規劃與投資組合建議。因此，阿爾發藉由與 Yahoo! 策略聯盟提供投資健檢服務，再逐步引導投資人轉介到退休理財之投資規劃與投組建議。至於 MamiGuide 上的準媽媽族群則需要幫小小孩「存第一桶金」作為教育基金，或開始規劃家庭旅遊等，就可取得完全不同的投資理財建議。

第三是專屬生態系（ecosystem）。將數位科技以模組化或多元彈性變化逐步嵌入到多元服務場域，正是金融科技新創的生存之道，由此，他們也開始逐步建構專屬生態系。例如本專書介紹知名美國個案 SoFi 就從 P2P 借貸平台發展到金融、保險，與投資理財服務，並有線上與線下社群連結互動，從而建構專屬生態系。

商業生態系的概念源於自然生態系。人類學家 Gregory Bateson 提出，所謂「生態系」乃是相互依存的物種持續共演，且互惠而動（Bateson, 1984; Harries-Jones, 1995）。生物學家 Stephen Jay Gould 則說明，自然生態系有時會因為環境快速變化而瓦解，主導物種可能因此失去主導地位；而過去位處邊陲的物種則有機會因此建構全新生態系（Gould, 1989; Moore, 1993）。商業生態系論述也借用不少自然生態系的重要觀念，包括生態系的生老病死，從初生、擴張、領導、

自我更新或死亡（Moore, 1993）；生態系成員的角色關係，例如主
導者（dominator）、基石者（keystone）、利基者（niche player）、
支援者（supplementor）等。只是過去學者多關注知名企業的生態系
建構歷程，如阿里巴巴從樞紐生態系（hub-and-spoke ecosystem），
到網絡生態系（networked ecosystem），乃至共生生態系（symbiotic
ecosystem）（Tan, Pan, Lu, & Huang, 2009）。本專書則聚焦在金融
科技新創的彈性生態系建構歷程，他們未必能自成一格，而是以多元
連結模式，搭起多個產業的互動連結機制。

從嵌入多元場域、科技服務的一元多用，到專屬生態系的建
構，金融科技新創也由此取得多樣（variety）、大量（volume）與
即時（velocity）的資訊內容，進而能透過科技驅動建構更多元而客
製化的服務內容。由此，所謂的「大數據」（big data）不但是數大
便是美，更是數據所帶來的多元價值（variety data），體現多元「辨
識」美的精準服務。

五、永續性：多元商模建構（Multiple Business Models）

這本專書的另一個特點在重新詮釋「永續性」
（sustainability）。永續性的第一個觀點就是 ESG，但本專書著重由
社會弱勢關懷出發，由「普惠金融」的角度來看數位科技如何驅動環
境保育與公司良善治理等議題。近年來，金融機構已有綠色債券、綠
色融資，乃至國際永續會計指標（SASB）等衡量標準，來幫助金融
機構扮演中大型企業的綠色融資者，乃至綠色監督者角色。

而本專書著重在一般普惠大眾的綠色行為，思考科技如何幫助
一般人一邊消費，一邊做環保永續。由有趣（interest）、有獎勵
（incentives）、有社群互動（interactive）的設計中，激發綠色創新

實務。在可預見的未來，綠色信用卡、綠色信用評等、綠色借款等服務，將成為金融界的創新實務，而個人的「綠色身分證」（green identity）也將成為社群互動的新徽章。例如本專書個案中國大陸的螞蟻森林就有各種綠色證書頒發與「種樹」排行榜，讓永續生活行動有了全新的價值主張。

二是非金融與金融服務收益組合（portfolio）。近年來，在美國、歐洲、英國等傳統金融機構的主要收益來源已出現顯著品質變化，自 2018 年以來，西方金融機構的營收來源已有半數來自數位服務，尤其是非利息收入（Omarini, 2018）。過去銀行收入以利差、匯差、手續費為主；但在金融服務「微利」趨勢，加上新興金融科技衝擊下，傳統金融機構必須由分期付款手續費、訂閱制收費、保管費，甚至電商平台上架費等經營多元營收。相較之下，金融科技新創的起跑點就不是利差；如何以服務收費，並發展多元收費機制，成為其能否重新定義「金融即服務」（banking as a service）的最佳實踐場域，也是未來金融服務能否持續發展的重要觀察。

三是多元商模的演化邏輯（multi-business models）。近年來，多元商模已成為管理學界主流論述之一，包括複合商模（hybrid business models）或二個以上的商模創新，學者並開始關注複合或多元商模間的連結關係。本專書個案則嘗試由金融科技新創如何一邊與外部夥伴合作，一邊發展多元商模的角度，看到其發展多元商模的演化邏輯。這個任務是有挑戰的，尤其若要分析國外個案，更只能從次級資料與間接訪談著手。因此，在多元商模演化邏輯上，建議讀者可以由國內案例的討論為起點，思考多元商模發展特色與創新軌跡。

要特別說明的是，多元商模（multi-business models）並不等於多角化投資（diversification）。對金融科技新創來說，在資源有限下，不論是相關或非相關多角化投資其實都是不可能的。本專書所揭

藥的多元商模，是新創公司「一元多用」（effectuation）下的成長智慧，他們一邊與夥伴合作，一邊建構自己的商模彈性；且萬變不離其宗，他們積極善用自己熟悉的科技與商模進行延展變化。

六、專書使用手冊：看使用者角色、科技特色、商模成色

這本專書定位在科普化的類學術專書，在綠色金融科技還在蓬勃發展的歷程中，我們提出階段性的思考，由多個具有實踐成效的個案中，邀請讀者和我們一起揭開並探索綠色金融科技發展的全新面貌。在研讀本專書時，建議讀者可由以下方式選讀。

首先是由使用者的角色來思考，這是本專書在分類主要篇章的依據。我們將使用者區分為單純的**消費者**、**投資者**，**與生產性消費者**。尤其生產性消費者的案例並不多，專書以澳洲能源幣為焦點，探討在家家戶戶發展太陽能發電的市場中，澳洲能源幣如何驅動這群生產性消費者能一邊發電，一邊賣電。至於台灣的咖啡幣雖然仍以消費者為主，但因咖啡幣所建構的生態圈中，還有更多內部交流活動與商模建構，如職人咖啡館間的聯合採購、拉花教學、店塢設計分享等，形成有趣的生產性消費者類型。

其次是科技特色。在數位科技快速發展的當代，其實簡單好用的科技就能帶來令人驚豔的創新，這也是本專書分類的邏輯之一。第一篇以行動支付為主角，並有 AI 科技介紹。金融科技新創可以運用行動支付來驅動使用者投入綠色生活，並兼顧普惠金融效益。例如西班牙 Pensumo、中國大陸螞蟻森林。而台灣普匯金融科技則善用 AI 科技創新能力，積極推動無人化服務。第二篇的文獻探討加入 AIoT 科技的討論，例如國內物聯網新創業者就善用一元多用的 AIoT 科技，

嵌入到車隊管理與高危工廠等多元服務場域，而能有效收集領域資訊，進而能精準設計動態服務。這也是 AI 與 AIoT 科技的重要貢獻：以大量且多樣的數據來分類風險評級，進而能提供精準服務。第三篇文獻探討則加入敏捷創新討論，因數位科技的特色之一就在建構企業能即時回應市場需求變化的敏捷彈性，越能將服務內容元件化與模組化，越有機會建構多元創新商模彈性。

第三是商模成色。本專書另一個特色在呈現個案公司的多元商模建構歷程，有趣的是，金融科技新創的商模設計往往與科技衍生及合作夥伴有關；新科技、新夥伴，帶來新商模。有些甚至能建構相互連動的商模服務，例如普匯金融從自建 P2P 平台，到與國內金融機構合作之多元商模；或如西班牙 Pensumo 由退休存款到 IP 授權服務等；又如國內阿爾發投顧與 Yahoo!、母嬰平台、信託公司、投信投顧公司合作的多元商模。

此外，本專書嘗試由歐美、中國大陸、台灣的比較性個案中，提出金融科技發展的脈絡特色。值得注意的是，適合西班牙的金融科技新創並不一定適合台灣，例如西班牙的 Pensumo，提出一邊消費一邊存退休金的商模設計，就不一定能百分之百移植到台灣；因台灣消費者較偏好即時回饋，如打折、紅利等，要轉為較長期的存款與延遲享樂，仍需有設計巧思。不過值得注意的是，也有金融機構開始提出「零錢存款」或「零錢投資」概念，鼓勵消費者在即時行樂過程中，也能兼顧長期投資效益。

這本書也呼應當前國際學術界正積極探討的「數位永續」（digital sustainability）議題，數位科技較之傳統資通訊產業（ICT）更強調數據驅動（data-driven）的創新價值，應用在金融服務則是銀行信用評估（credit rating）、保險風險評估（risk assessment）與投資風險偏好（risk preference）之分析，進而能提供客製化與

即時性服務，此其一。數位科技也因為能降低金融服務門檻，而能創造普惠金融價值（social），甚至能推動企業投入永續環境保育（environment）與強化公司治理機制（governance），此其二。數位科技的智能服務常能彈性調整以嵌入多元服務場域，並有系統性的商模創新演化，進而能建構專屬生態系，包括智能化（smart）、系統化（systematic）與規模成長（scalability）之商模特色，此其三。而一邊科技創新，一邊商模創新，一邊永續經營，正是當前數位科技的全新面貌，也是所謂「綠色金融科技」的最佳詮釋。

最後，這本專書要特別感謝東吳大學數位貨幣與金融研究中心的研究夥伴，邱子瑄、劉謙、陳柔聿、鄭翔玲、林奕均、楊孟潔、汪喬根、劉佳欣、周鈺婷、林永昕、蘇映慈、王思涵的辛苦投入，他們認真跑田野、收集資料、參與討論及提出洞察的能力，讓我們看到台灣未來的希望。而東吳大學潘維大校長與前副校長趙維良、現任副校長詹乾隆、主任祕書賈凱傑的長期支持與鼓勵，更是數金中心能持續投入專業研究的最佳守護者，也是本專書的幕後推手。更感謝願意接受專訪的個案公司，特別是普匯金融科技公司董事長姚木川、思偉達與Jcard執行長鄧萬偉、奇雲國際總經理李雅芳、阿爾發投顧董事長陳志彥、前總經理陳敏宏、咖啡幣創辦人陳顯仁，讓我們見證台灣與全世界在金融科技發展的創新歷程。最後要感謝唐家三寶、歐家兄長，與學術家庭「蕭門硬邦邦」的長期支持、陪伴與鼓勵。

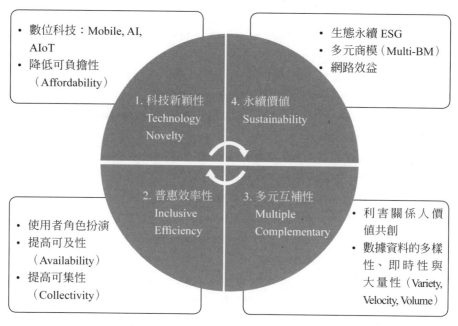

圖 0-2　綠色金融科技的價值驅動模式

參考文獻

Abbasi, K., Alam, A., Du, M. A., & Huynh, T. L. D. 2021. FinTech, SME efficiency and national culture: Evidence from OECD countries. *Technological Forecasting and Social Change*, 163: 120454.

Alcazar, J., & Bradford, T. 2021. The appeal and proliferation of buy now, pay later: Consumer and merchant perspectives. *Payments System Research Briefing*, 1-7. November 10, 2021.

Amit, R., & Zott, C. 2000. Value drivers of e-commerce business models. INSEAD.

Amit, R., & Zott, C. 2001. Value creation in e-business. *Strategic Management Journal*, 22: 493-520.

Arner, D. W., Barberis, J., & Buckley, R. P. 2015. The evolution of Fintech: A new post-crisis paradigm. *Geo. J. Int'l L.*, 47: 1271.

Bateson, M. C. 1984. *With a Daughter's Eye: A Memoir of Margaret Mead and Gregory Bateson*. New York, NY: W. Morrow.

Barrett, M., Oborn, E., & Orlikowski, W. 2016. Creating value in online communities: The sociomaterial configuring of strategy, platform, and stakeholder engagement. *Information Systems Research*, 27(4): 704-723.

Casper, S., & Matthias, Y. 2021. Orientation in a new world of technology and finance integration. Exploring the concept of embedded lending.

Christensen, C., Raynor, M. E., & McDonald, R. 2013. *Disruptive Innovation*. Brighton, MA, USA: Harvard Business Review.

Faraj, S., Jarvenpaa, S. L., & Majchrzak, A. 2011. Knowledge collaboration in online communities. *Organization Science*, 22(5): 1224-1239.

Felländer, A., Siri, S., & Teigland, R. 2018. The three phases of FinTech. *The Rise and Development of FinTech*, 154-167. Routledge.

Fisher, C., Holland, C., & West, T. 2021. Developments in the buy now, pay later market. Bulletin. March 18, 2021.

Gerrans, P., Baur, D. G., & Lavagna-Slater, S. 2021. Fintech and responsibility: Buy-now-pay-later arrangements. *Australian Journal of Management*, 03128962211032448.

Gould, S. J. 1989. *Wonderful Life: The Burgess Shale and the Nature of History* (1st ed.). New York, NY: W.W. Norton.

Guild, J. 2017. Fintech and the future of finance. *Asian Journal of Public Affairs*, 17-20.

Gupta, P., & Tham, T. M. 2018. *Fintech: The New DNA of Financial Services*. Walter de Gruyter GmbH & Co KG.

Guo, H., Su, Z., & Ahlstrom, D. 2016. Business model innovation: The effects of exploratory orientation, opportunity recognition, and entrepreneurial bricolage in an emerging economy. *Asia Pacific Journal of Management*, 33(2): 533-549.

Harries-Jones, P. 1995. *A Recursive Vision: Ecological Understanding and Gregory Bateson*. University of Toronto Press.

Hendrikse, R., Van Meeteren, M., & Bassens, D. 2020. Strategic coupling between finance, technology and the state: Cultivating a Fintech ecosystem for incumbent finance. *Environment and Planning A: Economy and Space*, 52(8): 1516-1538.

Kenney, M., Bearson, D., & Zysman, J. 2021. The platform economy matures: Measuring pervasiveness and exploring power. *Socio-Economic Review*, 19(4): 1451-1483.

King, B. 2018. *Bank 4.0: Banking Everywhere, Never at a Bank*. John Wiley & Sons.

Ko, S. 2020. Klarna: Evolution from online payment platform to bank challenging traditional credit cards. *SAGE Business Cases*. SAGE Publications: SAGE Business Cases

Originals.

Latour, B. 2007. *Reassembling the Social: An Introduction to Actor-network-theory*. Oup Oxford.

Moore, J. F. 1993. Predators and prey: A new ecology of competition. *Harvard Business Review*, 71(3): 75-86.

Nakamoto, S. 2008. Bitcoin: A peer-to-peer electronic cash system. *Decentralized Business Review*, 21260.

Omarini, A. E. 2018. Banks and FinTechs: How to develop a digital open banking approach for the bank's future.

Paston, A., & Harris, M. 2019. FinTech 2.0: Software as the future of payments distribution. *Journal of Payments Strategy & Systems*, 13(3): 226-236.

Sangwan, V., Prakash, P., & Singh, S. 2019. Financial technology: A review of extant literature. *Studies in Economics and Finance*.

Soni, G., Kumar, S., Mahto, R. V., Mangla, S. K., Mittal, M., & Lim, W. M. 2022. A decision-making framework for Industry 4.0 technology implementation: The case of FinTech and sustainable supply chain finance for SMEs. *Technological Forecasting and Social Change*, 180: 121686.

Sarasvathy, S. D. 2001. Causation and effectuation: Toward a theoretical shift from economic inevitability to entrepreneurial contingency. *Academy of Management Review*, 26(2): 243-263.

Tan, B., Pan, S. L., Lu, X., & Huang, L. 2009. Leveraging digital business ecosystems for enterprise agility: The tri-logic development strategy of Alibaba. com. *ICIS 2009 Proceedings*, 171.

Wullweber, J. 2020. Embedded finance: The shadow banking system, sovereign power, and a new state–market hybridity. *Journal of Cultural Economy*, 13(5): 592-609.

Zhang, M. L., & Chen, M. S. 2019. *China's Digital Economy: Opportunities and Risks*. International Monetary Fund.

Embedded finance transaction value to more than double to $7 trillion in US by 2026, but financial institutions must move quickly to keep up—Bain & Company and Bain Capital report. September 13, 2022.

https://www.bain.com/about/media-center/press-releases/2022/embedded-finance-transaction-value-to-more-than-double-to-$7-trillion-in-us-by-2026-but-financial-institutions-must-move-quickly-to-keep-upbain--company-and-bain-capital-report/.

第一篇

理論一：行動消費者
的永續商模

第一章　開放銀行與 AI 金融科技驅動多元商模
Open Banking: Multiple Business Model Driven by AI

　　本章將介紹金融科技之相關理論基礎，包括開放銀行概念與實務、傳統金融機構與新創金融科技間之競合關係，AI 科技在金融服務場域之應用與創新商業模式，然後在進入個案討論之邏輯基礎與分析架構。

一、開放銀行：以使用者為中心的金融服務

　　金融科技新創和開放銀行、嵌入式金融服務與本個案所要探討之 AI 金融科技密切相關，也是本專書個案需要討論的重要理論背景。先討論開放銀行的重要觀念。學者指出，隨著數位科技發展，開放資料經濟學（open-data economy）已漸成顯學。但是從銀行觀點來看，開放資料是具有風險的，因此需要更重視稽核、法規與風險管理（Brodsky & Oakes, 2017）。

　　長久以來，客戶資源被視為銀行的重要資產（He, Huang, & Zhou, 2023），但隨著開放銀行概念之啟蒙，個人資料所有權卻有全然不同思維。歐盟在 2016 年發布的《一般資料保護法案》（GDPR, General Data Protection Regulation）就強調，在「私有權是人類基本權利」（privacy as s fundamental human right）哲學下，個人資料應歸屬客戶個人所有，由此也提出「個人資料可攜」的重要概念（Goddard, 2017）。另外，歐盟支付服務指令修訂版（PSD2, The revised Payment Service Directive）則規範金融產業的資料所有權議題，並允許客戶可以自願透過 APIs（開放應用程式介面，Application Programming Interface）分享其在銀行的個資給其他第三方平台服

務業者（TPPs, Third Party Provider；或 TSPs, Third Party Service Provider）（Brodsky & Oakes, 2017; He et al., 2023），而這個指引加強了開放銀行的論述。

　　除開放資料經濟之角度外，數位化也催生開放銀行的全新典範。雖然過去銀行產業本身就是數位化服務（digitization），例如網路銀行的服務內容（Gozman, Hedman, & Olsen, 2018; Zachariadis & Ozcan, 2017）；但數位化（digitalization）更複雜且更強調服務與商業模式之變革（Bloomberg, 2018）。在科技驅動數位化變革的多種可能中，API 被視為影響開放銀行最劇烈者（Brodsky & Oakes, 2017; Omarini, 2018）。

　　API 提供兩部電腦間的「掛鉤」（hook），讓合作雙方的資料可以有效串接應用，但卻不需要全面了解服務提供者的完整系統（Jacobson, Brail, & Woods, 2012; Zachariadis & Ozcan, 2017）。API 系統的兩大特徵乃是相互營運性（interoperability）與模組化特色（modularity）（Bodle, 2011）。這兩大特質可以降低科技研發成本，並加速創新，以避免金融機構需要從新研發之挑戰。相反的，金融機構可以善用 API 以提供疊加或創新服務。

　　若從 API 監理程度來看，可以區分為私有 APIs（private APIs）、夥伴 APIs（partner APIs），與開放 APIs（open APIs）。銀行早已使用私有 APIs 多年，以作為其在全球營運的跨行服務基礎。至於夥伴 APIs 則常用於金融機構間的中介與清算。至於第三方服務提供者（TPPs 或 TSPs）與其他客戶隱私相關的開放銀行服務則尚未全面推動，且仍處於討論階段（Gozman et al., 2018）。

　　不過開放銀行服務確實自 2019 起開始出現在台灣，我國金管會採取不修法、不強制的方式，將開放銀行分為三個階段進行。第一階

段是公開資料查詢，金管會已於 2019 年 9 月推動，所謂公開資料指「非交易面」的金融產品，例如外幣匯率、外幣定存利率、房貸利率等，不包含客戶資料。而開放銀行第二階段則是客戶資料查詢，金管會已於 2021 年 4 月中推動，客戶資料包括銀行帳戶、信用卡、消費者個人資料等。至於第三階段的交易面資訊，如客戶擬直接透過第三方業者進行帳戶扣款、消費支付、調整資料等動作，則尚未在開放之列。

例如國內新創業者麻布記帳在 2021 年 5 月與中國信託合作推出「智能債務分析」，就提供習慣數位理財的 70 萬名麻布記帳會員，客製化媒合中國信託銀行的信貸服務，同時開放平台一站式申貸，滿足數位用戶的金融服務需求。

中國信託就指出，麻布記帳 APP 可以由整合收支、帳單及債務，解決客戶持有多筆信用卡分期或信用貸款，以致各筆帳單繳款日期不一、無法清楚掌握自身財務狀況的痛點；而與麻布記帳合作，就在協助有融資需求的數位客戶，可以在清楚掌握本身的財務支出後，提出適切的信貸服務。

由此可見，開放銀行正在提高透明度與金融機構間的相互營運，並可以牽動整個銀行產業的破壞性變革（Gozman et al., 2018; He et al., 2023; Omarini, 2018）。過去銀行可以根據客戶需求推出專屬服務，但在開放銀行的趨勢下，銀行已很難綁定客戶（lock-in effect），或提高客戶轉換成本（switching cost）（Zachariadis & Ozcan, 2017）。但另一方面，隨著銀行專業服務與新興金融科技業者的服務串接，卻也帶來全新的開放平台服務契機（BaaP, Banking as a Platform），甚至可以形塑多元服務連結的網絡效益（network effect）。

二、化競爲合：由夥伴關係看服務拓展

雖然開放銀行（Open Banking）重新定義使用者對個人資料的使用權利，進而開始改變金融服務之產業生態，但卻也開始明顯衝擊傳統金融服務業者。學者探討開放銀行的服務模式中，特別由金融服務場景與夥伴關係進行分析。

首先，在金融服務場景與低度夥伴關係中，這類服務乃是以客製化的金融服務爲主。開放銀行核心乃是在改善資料轉換與管理，創新者應能更有效地運用客戶資料（Hsiao, 2021; Omarini, 2018; Srinivas, Schoeps, & Jain, 2019）。特別是客戶的交易資料也能有效運用，以提出更能契合客戶需求之金融服務，這也正是新進入者的策略利基。

例如專書案例中的普匯金融在一開始推出的「學生貸」服務，就特別根據學生族群的系所、戶籍以及資金需求，進行風險評核。中國大陸螞蟻金服在 2014 年推出的借唄服務，則是依據用戶的芝麻分，決定貸款額度與利率（McDonald & Dan, 2021）。所謂的芝麻分包括個人身分資訊、學歷資訊、消費記錄；還款記錄與信用歷史；信貸服務是否有即時履約；好友身分特質與互動程度；購物繳費、轉帳理財與偏好穩定性等。借唄的還款期限最長是 12 個月，用戶可申請額度從 1,000-30 萬元人民幣不等，貸款日利率是 0.045%，隨借隨還。

其次是與其他金融機構合作，以合代競地切入其他多元場域。尤其是類似本案例之 AI 金融服務之基礎建置，更能提高金融交易效率；而藉由 API 串接金融服務就是開放銀行的重要做法。例如本專書案例，普匯金融就與新光銀行合作推出中小企業的微企 e 秒貸；或是阿爾發投顧與永豐銀行合作推出機器人投資理財服務；或是創星物聯網與明台產險等合作推出嵌入式保險等。而這類服務多以模組化的服務方式呈現，以彈性因應合作夥伴與客戶需求，提高服務效率與效

益（Gozman et al., 2018）。

　　第三種模式則是與非金融機構合作，並嵌入到非金融場域，而這也是金融機構開始邁向無所不在金融服務（omni-finance channel）的重要歷程。從金融服務角度來看，若他們的模組化服務與金融產品可以開始嵌入到多元場域，甚至提供客製化服務，就可以建構多元金融服務場域。例如中國大陸螞蟻金服最早以第三方支付服務（支付寶）提供買賣雙方在淘寶商城的交易服務，之後才逐步發展出借唄、餘額寶等多元服務內容，而服務場域則涵蓋各實體與虛擬商城、公營機構、醫院、飯店住宿、零售商店等，真正實踐金融服務無所不在的多元場域實踐。

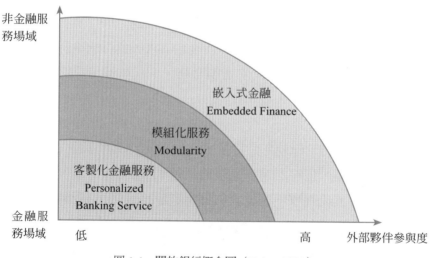

圖 1-1　開放銀行概念圖（Hsiao, 2021）

三、AI 科技之商業應用

　　由開放銀行、金融科技與傳統金融服務之連結後，接著要探討AI 科技如何應用到金融服務創新領域。近年來歐洲各國央行與歐

盟相繼提出「具解釋力」（explainability）的 AI 金融服務內涵。例如英國央行指出「解釋力代表有興趣的利害關係人可以理解模型決策之主要驅動力量」（Bussmann, Giudici, Marinelli, & Papenbrock, 2020）；歐盟 GDPR 則提出，自動決策必須能執行有意義的資訊，包括對主要資訊（data subject）之內涵邏輯、重要性與預知結果。

　　歐盟最高決策（The European Commission High-Level Expert Group on AI）並在 2019 年 4 月發表 AI 信任指引（Ethics Guidelines for Trustworthy Artificial Intelligence），主要包括以下重要內容：一是以人為本與具有監管能力（human agency and oversight），所有決策必須奠定在知情同意基礎上，因此也必須具有人類的監管。二是透明度（transparency），AI 系統與其決策必須能被相關的利害關係人所解釋，人類也必須認知到他們正在和 AI 互動。三是當責性（accountability），AI 系統必須能發展當責、稽核、演算法評估、資訊與設計流程（Bussmann, Giudici, & Papenbrock, 2020）。

　　AI 科技已應用在多元場域，其中也包括金融服務場域。若從 AI 科技之功能區別，可以有以下應用內容。一是感知與視覺辨識（perception），例如 IBM 的影像辨識軟體，或如國內雲象科技在骨癌變異影像之辨識。若應用在金融服務場域，則以人臉辨識、指紋或聲紋辨識、虹膜辨識等應用在個人真實身分確認之重要環節。

　　其次是行為預測（prediction），例如網飛（Netflix）要求登入者輸入最喜愛之影片類型，以作為後續推薦之用（Gomez-Uribe & Hunt, 2015）；或如 Capital One 由演算法預測消費者購物行為。在金融科技服務場域，AI 的行為預測主要著重在風險評估。例如近年保險財務精算，就加入更多威脅生命（life threatening）之內容，包括急遽氣候變異、個人的運動健康、疾病用藥、憂鬱與心理疾病等，且可透過手機等即時監測系統取得關鍵資訊。

　　個人信用評等更是以 AI 建構風險模組的最適應用。例如美國 SoFi 這家新創公司就有 100 多個獨立資料庫，以有效計算學生貸風險並降低違約率。又如 Aliya 這家次貸公司則由多種獨立資料庫來核實借款人每個月現金流，以淘汰不合格者。此外在中小企業信評與貸款上，根據統計，一般中小企業在 3 年內倒閉率高達 65%，但仍有 33% 成功創業，因此如何支持新創企業便成為 Kabbage 這類公司所關注者（Schulte & Liu, 2017）。例如 Kabbage 就將中小企業貸款利率由 45% 降至 12%-15%；又如阿里巴巴也透過線上物流管理與庫存資訊，而能有借唄、網商借貸等服務。其中網商借貸就有信用貸款、訂單貸款、提前收款等多種服務。

　　三是配方建議（prescription）。例如 Wealthfront 或台灣阿爾發投顧針對個人投資目標、風險偏好等，提出個人化資產配置與投資理財建議。而在金融服務場域，除機器人理財外，對個人信貸、房貸、車貸等還款機制，也有客製化配方。

　　四是整合性解決方案（integrated solution）。例如 Amazon 的遠端連結與居家監控服務；又或者如台灣創星物聯網的車隊管理服務，就能提供車隊派遣、管理、即時預警、車子維修、保險等整合性服務。另外如中國信託與麻布記帳合作，在 2022 年推出帳務整合後的個人信貸服務等。

四、AI 科技驅動金融服務之商模創新

　　AI 科技在金融服務之應用從感知與視覺辨識（perception）、行為預測（prediction）、配方建議（prescription），到整合性解決方案（integrated solution），都已奠定一定基礎；不過若由銀行借貸融資服務之流程來看，如本專書個案普匯金融在 P2P 借貸服務流程與

表 1-1　AI 科技商業應用類型與金融科技服務

AI 科技功能	實務應用	金融科技應用
感知 / 視覺辨識（Perception）	例如 IBM 的影像辨識軟體，或如國內雲象科技在骨癌變異影像之辨識	人臉辨識，個人身分認證
預測 / 行為預測（Prediction）	例如 Netflix 要求登入者輸入最喜愛之影片類型，以作為後續推薦之用；或如 Capital One 由演算法預測消費者購物行為	中國大陸芝麻信用收集用戶之網路購物行為、支付行為、社交活動等，以作為芝麻信用評分之依據
配方 / 方案建議（Prescription）	如 Wealthfront 或台灣阿爾發投顧針對個人投資目標、風險偏好等，提出個人化資產配置與投資理財建議	除機器人理財外，對個人信貸、房貸、車貸等還款機制，也有客製化配方。另有保險業財務精算之配方
整合性解決方案（Integrated Solutions）	如 Amazon 的遠端連結與居家監控服務；台灣創星物聯網的車隊管理服務	例如中國信託與麻布記帳合作，推出帳務整合後的個人信貸服務等

創新商模來看，則應檢視以下內容。

　　首先是個人資料真實度，強調個人角色建構。金融服務首重個人或企業真實身分確認（authentical identity），也就是第一道之「開戶」手續。在金融服務場域中，過去銀行體系就特別強調 KYC（Know Your Customer）的查證歷程。近年金融機構因防制洗錢、個資保護等要求，大幅拉長開戶時間，常常一個 KYC 流程就要 3 個小時。然而金融科技業者能透過 AI 科技而加速身分確認流程，也由此降低人工與作業成本。因此，金融科技新創如何有效簡化流程，又能確認個人身分真實度，就是首要之務。普匯金融董事長姚木川特別說明，學生貸最早推出的原因正是學生的身分最單純，且有明確就學資料、成績等可查詢；但上班族或工程師等卻有個人創業、網路交友等多種身分，而使得個人身分背後所代表的複雜社交活動與風險評估，

變得複雜。

　　其次是資料適切度，仰賴夥伴關係建構。在信用貸款流程中，開戶後就是信用評等與風險評估。近年學者研究 P2P 借貸平台就發現，雖然這類平台因不需要太多人力成本與資本適足率等資金成本負擔，因此可提供較低利率；但相對的，卻也有資訊不對稱的信用風險（credit risk）與多對多授信的系統風險（systematic risk）（Giudici, Hadji-Misheva, & Spelta, 2019）。尤其許多 P2P 平台上借款方之個人借還款記錄並不需要聯合徵信，未來借貸資訊也可不記錄，因此造成放款人在資訊取得上的不對稱風險。一旦這類高風險族群增加，可能會讓放款人處於高壞帳的集體風險中。

　　也因此，如何取得關鍵資訊，以提高借款人之可信度成為關鍵。近年學者強調社會網絡活動，或如支付寶芝麻信用之個人身分資訊、學歷資訊、消費記錄；還款記錄與信用歷史；信貸服務是否有即時履約；好友身分特質與互動程度；購物繳費、轉帳理財與偏好穩定性等，正在積極彌補個人資訊不對稱之 P2P 缺憾。而為了取得關鍵資訊，阿里巴巴也積極與醫療院所、虛實零售、交通服務、娛樂商城等多元場域連結，以有效取得即時交易資訊。

　　第三是服務精準度，包括有形取價機制與無形網絡效益形塑。近年學者研究新創公司之發展歷程就特別強調所謂「見樹又見林」的雙重鑲嵌性（double embeddedness），換句話說，新創企業除自有內部組織文化與互動機制以有效運用資源、建構專屬能力，以強化內部組織文化鑲嵌性；還有與整個產業互動連結的結構鑲嵌性，尤其特定產業知識往往具有隱性與黏性（Xu, Yang, Liu, Newbert, & Boal, 2023），如金融服務業更是高度監管行業，因而新創企業如何嵌入特定服務場域，以契合特定法規要求，甚至藉此逐步改變遊戲規則，也是需要討論之重點。換句話說，內部鑲嵌性著重在企業特殊商模之

形塑，尤其是有形獲利機制之形成；而外部鑲嵌性則著重在網絡效益之形塑，尤其是特定產業生態系之建構與連結。

　　第四是商業模式創新類型化。最後則需討論 AI 金融科技新創之多元商模。近年學者提出多元商模的概念，強調企業在回應新興科技發展時，應積極發展新商模，同時創新舊商模，以由多元商模，強化組織回應環境變化之韌性。例如中國大陸支付寶就發展出第三方支付的交易手續費、小額信貸融資的借唄、花唄、基金購買等多元商模（McDonald & Dan, 2021）。而台灣的普匯金融科技則發展出 P2P 借貸、嵌入銀行中小企業信貸服務、租賃服務等多元商模。總結來說，金融科技新創如何嵌入多元服務場域，以發展多元商模，強化企業韌性，是本專書個案之另一個探討重點。

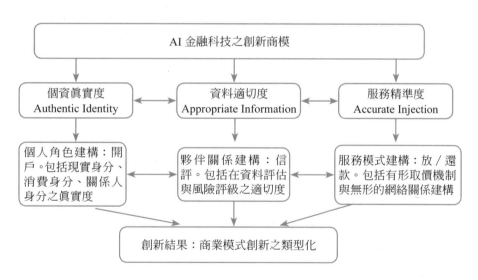

圖 1-2　AI 金融科技創新商模之分析架構圖

五、專篇個案說明

　　在第一部分的個案討論中，專書擇取西班牙 Pensumo、中國大

陸螞蟻森林、台灣普匯金融科技三個案爲代表性個案，主要是從「消費者」身分出發，科技複雜度則由最方便取得的行動科技，如智慧型手機，到嵌入 AI 科技的 P2P 借貸平台。西班牙 Pensumo 以女性族群爲基礎，強調「一邊消費，一邊存退休金」的創新服務模式。中國大陸螞蟻森林則以年輕族群爲基礎，強調「一邊消費，一邊種樹」的綠色環保設計。至於台灣普匯金融科技則是強調「一邊借款，一邊投資」，鼓勵年輕世代善用金融科技進行智能理財，也發揮同儕投資效益。以下簡要摘錄個案分析重點，詳細個案介紹請閱讀專章說明。

表 1-2　數位科技驅動商模創新之代表性個案重點摘錄

手機 APP	西班牙 Pensumo	中國大陸螞蟻森林	台灣普匯金融
資料眞實度	女性族群爲主，實名制帳號	Z 世代族群爲主，實名制帳號	學生、上班族、工程師，到中小企業
資料適切度	上傳綠色消費發票、上傳回收產品證明	主動計算各種日常生活綠色消費與任務性消費	依不同身分需上傳身分證、其他有利證件等。中小企業需最多資訊
服務精準度	個人回饋：退休金帳本 企業回饋：福利與退休帳本	個人回饋：環保標章 企業回饋：綠色產品服務標章與認同	個人回饋：即時有效取得所需款項 企業回饋：即時有效取得所需款項
多元商模	BM1：平台上架分潤 BM2：IP 智財輸出	BM1：開戶數與消費增加，提高平台黏著度 BM2：二級市場	BM1：P2P 交易手續費 BM2：IP 嵌入服務收費
ESG	E：綠色消費之群眾動員 S：弱勢女性爲主 G：轉化爲企業公司治理平台	E：綠色消費與種樹環保行動 S：沙漠化地帶民眾之生活條件改善 G：強化平台商家之綠色永續	E：數位服務簡化流程與紙張 S：弱勢學生族群、上班族、中小企業 G：優化金融服務流程

參考文獻

Belanche, D., Casaló, L. V., & Flavián, C. 2019. Artificial Intelligence in FinTech: Understanding robo-advisors adoption among customers. *Industrial Management & Data Systems.*

Bloomberg, J. 2018. Digitization, digitalization, and digital transformation: Confuse them at your peril. *Forbes.* Retrieved on August 28, 2019.

Bodle, R. 2011. Regimes of sharing: Open APIs, interoperability, and Facebook. *Information, Communication & Society*, 14(3): 320-337.

Brodsky, L., & Oakes, L. 2017. Data sharing and open banking. *McKinsey & Company*, 1097-1105.

Bussmann, N., Giudici, P., Marinelli, D., & Papenbrock, J. 2020. Explainable AI in fintech risk management. *Frontiers in Artificial Intelligence*, (3): 26.

Giudici, P., Hadji-Misheva, B., & Spelta, A. 2019. Network based scoring models to improve credit risk management in peer to peer lending platforms. Front. *AI And Financial Technology,* (3): 724.

Goddard, M. 2017. The EU General Data Protection Regulation (GDPR): European regulation that has a global impact. *International Journal of Market Research*, 59(6): 703-705.

Gomez-Uribe, C. A., & Hunt, N. 2015. The Netflix recommender system: Algorithms, business value, and innovation. *ACM Transactions on Management Information Systems (TMIS)*, 6(4): 1-19.

Gozman, D., Hedman, J., & Olsen, K. S. 2018. Open banking: Emergent roles, risks & opportunities.

He, Z., Huang, J., & Zhou, J. 2023. Open banking: Credit market competition when borrowers own the data. *Journal of Financial Economics*, 147(2): 449-474.

Hsiao, Y. 2021. Opportunity exploration and evaluation: In the trend of open banking.

Jacobson, D., Brail, G., & Woods, D. 2012. APIs: A strategy guide. "O'Reilly Media, Inc.".

McDonald, T., & Dan, L. 2021. Alipay's 'Ant Credit Pay' meets China's factory workers: The depersonalisation and re-personalisation of online lending. *Journal of Cultural Economy*, 14(1): 87-100.

Omarini, A. E. 2018. Banks and FinTechs: How to develop a digital open banking approach for the bank's future. *International Business Research*, 11(9): 23-36.

Rogers, E. M., & Williams, D. 1983. Diffusion of innovations. *Glencoe, IL: The Free Press,*

1962.

Schulte, P., & Liu, G. 2017. Fintech is merging with iot and AI to challenge banks: How entrenched interests can prepare. *The Journal of Alternative Investments*, 20(3): 41-57.

Srinivas, V., Schoeps, J. T., & Jain, A. 2019. Executing the open banking strategy in the United States. *Deloitte Insights.*

Xu, L., Yang, S., Liu, Y., Newbert, S. L., & Boal, K. B. 2023. Seeing the forest and the trees: Exploring the impact of inter-and intra-entrepreneurial ecosystem embeddedness on new venture creation. *Academy of Management Journal*, 1-56.

Zachariadis, M., & Ozcan, P. 2017. The API economy and digital transformation in financial services: The case of open banking.

第二章　弱勢退休計畫啓動——西班牙 Pensumo
Pension by Consumption

一、背景：高失業率、高負擔的年金保險制度

　　自 2009 年希臘爆發債務危機開始，歐洲各國政府的債務問題也逐漸受到各方的審視與重視。這波歐債危機中出現信貸問題的五個國家被稱爲「歐豬五國」，其中就包括西班牙在內。西班牙政府也在 2021 年因嚴重的年金赤字問題，收到歐盟執委會的改革要求。

　　西班牙年金體系是由強制性社會保險年金計畫、私人職業年金計畫及個人年金計畫三種不同計畫所構成，而主要造成政府嚴重赤字問題的即爲強制性社會保險年金計畫，亦可稱爲公共年金。此公共年金給付制度採隨收隨付制，意即現在退休長者所領之年金是由現任就業員工及其任職公司和政府共同出資，並且直至 2013 年止，退休長者所領取之年金金額會隨著通膨及物價波動而有所改變。

　　西班牙現行之退休年齡爲 65 歲，若國民想在退休後領取全額給付之公共年金，須繳滿 35 年之保費，並且其中兩年之繳費期應在最後領款年限的 15 年內。例如：國民若在 85 歲時領取最後一筆年金，則表示該國民在 70 歲時仍需繳納兩年的年金保險費用。

　　2013 年正是此篇個案主角「Pensumo」成立之年分，2013 年的西班牙面臨嚴重的人口老化及失業率攀升問題，且隨著人口結構與產業結構變化，公共年金制度及社會福利制度無法保障多數主要生產力國民的老年生活。

　　此外，隨著兩性平權意識抬頭，截至 2019 年，西班牙育有子女之女性勞動參與率已上升至 68.1%，但西班牙所提供之社會福利制度

並未隨此現象而有所調整，因此多數女性工作者為兼顧家庭與孩童，選擇作為無法加入公共年金保險之兼職臨時工。

西班牙的失業率在歐盟國家一直位居前幾名，截至 2022 年 1 月，西班牙失業率為 12.7%，高於歐盟平均失業率 6.2%。其中失業者及臨時工多為青年人口，此現象使得政府失業救濟發放金額大幅增加。此外西班牙政府為保障勞工權益，企業需負擔 23.6% 公共年金保費，而員工個人僅需負擔 4.7%，此舉使得企業長期聘僱正式員工之意願大幅下降，轉而聘請不符合公共年金資格之短期臨時工作者，這也使得符合公共年金資格者越來越少，繳納保費之人數遠遠不及每月領取年金之人數，年金體系赤字問題逐漸浮出檯面。

二、消費年金：微型貢獻的私人年金計畫

Pensumo（Pension by Consumption，消費年金）平台之成立，便是希望能夠解決西班牙人民老年生活保障問題。這個平台由執行長 José Luis Orós Pineda 所創辦成立，主要目的在透過每日消費，以微型貢獻（micro-contribution）贊助私人年金計畫，他的任務就是以合作及責任經濟（collaborative and responsible economy）達到社會福利目標。這種新型態的儲蓄活動（非資本型，non-equity），乃是和用戶每日消費、回收、運動健康、好公民工作實務等連結，以作為長期儲蓄計畫內容。

執行長 José Luis Orós Pineda 在 2022 年接受 Finnovating 採訪曾直言，Pensumo「消費結合退休金計畫」的初始目的是為了取得百分之百的消費者忠誠度；因為相較於多數消費以折扣優惠或點數累積為忠誠計畫的重要環節，Pensumo 認為，幫退休金準備不足的西班牙人累積退休準備，更有助於使用者忠誠度的提升。

在前兩年新創試營運期，Pensumo 以 2,000 位使用者和 100 家商店合作，估計約有 6.5% 的 18 歲以上西班牙人，約 300 萬人，可成為 Pensumo 客戶。這些用戶主要是女性，年齡約 25-45 歲，他們經常在服務機構、美髮廳、運動商店消費，他們很在乎自己的未來，但卻沒有穩定收入來源。

Pensumo 成立於 2013 年，該年度西班牙失業率高達 26.09%，而高失業率同時也代表著政府公共年金收入的減少。為協助失業人群及不符合政府公共年金資格之人群，Pensumo 與安聯人壽（Allianz）合作推出專屬於西班牙「居民」的個人制度年金計畫。此年金計畫通常由壽險公司訂立合約、販賣及執行，屬於開放型年金計畫，其年金發放制度則按壽險公司制定之保險契約給付。根據安聯規定，用戶必須在五年後才能開始贖回，如果一年後就要贖回，就得繳納罰金。

Pensumo 平台與安聯人壽推出之年金計畫，只要達法定年齡且完成註冊即可：安聯人壽並未向使用者收取任何費用，並且採取消費回饋制度，為使用者累積退休年金。使用者註冊成為 Pensumo 會員的同時，即會透過 Pensumo 平台向安聯人壽開設個人養老儲蓄帳戶，使用者所獲得之消費回饋會自動轉入此養老儲蓄帳戶內，此外平台也保證此帳戶的保底報酬率為 0.5%，預估年報酬率為 4.92%。

使用者只需到 Pensumo 官網查詢與平台有合作關係之線上與線下商家，並進行消費活動，經過審核後即可獲得 2%-3% 的現金回饋，實際回饋比例將會因商家和 Pensumo 間的協議而有所不同。用戶所進行的每日活動，如購物、回收、文化消費、道路安全、志工與其他活動，都可以透過手機 APP 記錄他們身為「責任公民」的行動。而這些行動正是敦促整個社會朝永續、負責、具企業倫理的方向發展。

除此之外，Pensumo 平台也會向使用者發布每日「公民任務」，

如運動、閱讀、響應回收與環保，或是遵守交通規則等能夠幫助世界變得更好的行動，使用者可透過完成任務來增加儲蓄。Pensumo 不僅能幫助無工作者及不符合公共年金資格之西班牙人民或非法移民，讓他們從日常消費活動中累積存款，其回饋機制也為合作商家提高客戶黏著度，創造對使用者及商家而言的雙贏局面。

在近期，許多 Pensumo 推出的挑戰活動都和永續有關，以在不浪費資源的情況下，達成任務。例如購買當地製作的產品與服務、在城市間以腳踏車騎乘移動、積極回收等。每天存個幾分錢，就能積少成多，有效支援政府的年金制度。除年報酬約 0.5% 的收益外，用戶還可以因為超額貢獻而增加儲蓄；或者是推薦 Pensumo 給朋友或家人等，能獲得儲蓄鼓勵。

Pensumo 的收益來源是向商家收取銷售金額的 1% 抽成，至於商家要回饋多少金額給用戶則沒有規定，且商家不需支付會員費、維護費或退出費等。舉例來說，若商家和 Pensumo 協議 3% 的消費回饋，則 1% 將屬於 Pensumo 平台，其餘 2% 則進入使用者之退休金儲蓄帳戶。值得注意的是，Pensumo 為鼓勵長期儲蓄，及避免使用者因退休金回饋而產生過度消費行為，所有的消費回饋均具有時間與次數重置週期，並且使用者得以在累積儲蓄五年後無償將存款提領使用，或是一年後支付罰款提領。

Pensumo 的另一項收入來源則是將平台提供給大型企業或團體使用。Pensumo 開發「立即可用」（ready-to-use）ICT 平台服務，並且依機構需要調整服務內容，這對於其他有意願提供未來福利計畫之企業，提供互補性服務內容。參與企業成本估計約是每位員工每月 20-30 歐元，累計 25 年的員工儲蓄成本約達 3 萬歐元；而一般參與企業活動多為員工培訓、獎勵腳踏車通勤，或鼓勵員工參與公司活動等。

　　總結來說，對許多中小型企業來說，Pensumo 是一個快速、簡單，且有差異化利基的員工忠誠或客戶忠誠計畫，員工或用戶拿到的是現金，而不是禮物卡或其他折扣，這也是和其他金融科技新創的差異優勢。

三、RECICLA：你回收，我付費

　　RECICLA 為 Pensumo 公司旗下第二個專案，「RECICLA」為西班牙文「回收」之意。Pensumo APP 給予用戶的任務中，以垃圾回收類型的任務完成度最佳，因此 Pensumo 公司將此類任務獨立出來，並爲此設計一套全新的軟體與回饋機制。此外，環境保護及永續發展等在近十年來已成爲世界各國政府、企業與人民最重視的議題之一，民衆在日常生活中認眞進行垃圾分類也是爲環境保護出一份力。RECICLA 以「你回收，我付費」之標語鼓勵使用者妥善進行垃圾分類，並希望幫助使用者養成垃圾分類的好習慣，以減少西班牙人民的碳足跡來幫助歐盟國家達成歐盟所制定 2030 年垃圾回收率之目標。

　　RECICLA 透過現金獎勵來鼓勵使用者進行垃圾回收，值得注意的是，RECICLA 旨在鼓勵垃圾回收之「行動」，並且爲避免投機者製造大量可回收垃圾，而以此賺取獎勵金，RECICLA 之垃圾回收任務不計算回收物數量，只以次數計算，且均具有週期性次數限定（每日、每週、每月）。回收獎勵金額由 0.5 歐元至 2 歐元不等，具體金額將視回收物種類而定。當使用者累積獎勵金達 2 歐元時，即可申請將獎勵金轉入日常使用之銀行帳戶提領，使用者亦可將獎勵金存入 Pensumo 之年金帳戶，或是將獎勵金捐至 Pensumo 所推薦之非政府組織，協助推動環境保護與永續發展。

　　RECICLA 給予用戶之回饋資金來自於合作企業購買「永續套

裝」，RECICLA 針對大中小型企業設計出不同類型之永續套裝供企業購買，協助其執行企業社會責任，並在 APP 使用者完成回收任務之確認頁面中，輪流顯示所有合作夥伴商標。RECICLA 所提供之永續套裝主要以回收量做區別，舉例來說，企業購買 1,000 個回收量之永續套裝，當企業達成 1,000 次垃圾回收時，RECICLA 將會計算該企業所產出的垃圾進行妥善回收分類後，減少了多少碳足跡，並爲其頒布減碳證明，幫助打造綠色企業形象。

聯合國前祕書長潘基文先生曾說："There is no plan B because there is no planet B." 而這也是 Pensumo 公司鼓勵使用者參與永續環境保護行動的意義所在，亦是企業努力的方向。

四、智慧城市與跨國合作

執行長 José Luis Orós Pineda 指出，隨著西班牙與全球智慧城市的發展，Pensumo 的應用服務範圍越廣。其實早在創始計畫中，消費退休計畫就已經應用在線上消費與實體消費上。實體店面如加油站（西班牙的 Zoilo Rios 加油連鎖體系），網路電商如 AliExpress，都是 Pensumo 的應用場景。在近年發展中，Pensumo 有幾項創新提案。一是在 2022 年間，Pensumo 進一步在西班牙的金融監理沙盒 Ibercaja 實驗保險計畫。

其次是數位生活場景應用的拓展。尤其在新冠肺炎期間，線上服務更廣爲應用於社會關係網絡的建構與人際互動中。而這些社會事件與活動，也大幅提高 Pensumo 的應用場景。

第三則是透過 Finnovating 平台，與更多新創夥伴與投資人展開合作計畫。Finnovating 是全球性的金融科技平台，有助於 Pensumo 在跨領域合作夥伴上的聯繫。

五、解讀：Pensumo 的永續價值

Pensumo 的永續價值可由以下面向分析。首先是從企業活動面對環境永續的影響（environment）。Pensumo 鼓勵長期對環境友善的活動，包括採用當地製作的產品服務，可以消除不必要的交通與旅運資源；又如鼓勵環保與循環再生，以降低燃料使用以及空氣汙染。例如在「回收挑戰」（I recycle and contribute）中，用戶只要上傳照片或掃回收條碼，並設定垃圾回收數量，就可以獲得儲蓄回饋。RECICLA 專案中則針對中小企業的回收計畫，提供專案服務，並協助計算減碳量，以對環境永續貢獻心力。

其次是公民永續意識的養成。由符合企業倫理規範的儲蓄行爲、社會責任投資、回收、合作經濟、公平交易與在地化交易等活動中，企業與公民也逐漸養成愛護地球的永續環保意識。而企業也由永續經營活動中，建立良善的會員忠誠機制。

由此，Pensumo 不但是深具社會責任的企業，也是建立「未來年金制度」的良心優質企業。所有贊助與儲蓄活動皆是出自於企業自動自發，而有正向循環的社會永續價值。Pensumo 在 2017 與 2019 年被遴選爲「赤道 2020 專案」，這是由歐盟所支持實施創新聯盟的金融工具，並且希望能夠創造就業機會，以及聰明、永續且極具包容性的經濟體與就業環境。Pensumo 也被西班牙工業部門（Ministry of Economy, Industry and Competitiveness）選爲 2018-2021 年的新創中小型企業；自 2014 年，也獲得多項認證與獎項；2018 年獲選社會企業獎項（由 Aragonese Prize 頒獎）；2020 年則獲取社會發展獎項（由 Rafael del Pino Foundation 頒發）。

提及西班牙，最常被聯想到的即是其扒手問題與治安問題，而這些問題正是由非法移民和高失業率所引發。長期而言，Pensumo 所提

供的個人年金計畫將有助於解緩西班牙居民的經濟問題,當經濟水平得以解決日常生活所需時,治安問題自然迎刃而解。

六、反思:Pensumo 的漂綠議題

雖然 Pensumo 致力於永續環保的企業行動方案,不過也有研究提醒,目前 Pensumo 的年金儲蓄計畫需要小心,不要淪為企業「漂綠」(green washing)的工具。因為事實上,參與 Pensumo 年金計畫的企業,本身在產品服務提供過程中,是否符合環保永續標準,其實是不清楚的。因此,Pensumo 未來宜提供更多資訊給用戶,讓用戶擔任知情的消費者(well-informed),幫助企業真正負起永續環保責任。

例如 Pensumo 可要求企業提供永續報告書的 QR Code,讓消費者在消費前可以先掃描查詢,再決定消費與否。當然,Pensumo 未來也可以與其他公正第三方合作,就企業的永續環保報告書進行評鑑,幫助用戶一起監督企業負起社會責任與推動永續環保進程。

可以想見,未來有關 ESG 的報告、指標、評等制度,勢必逐漸建構;並且可善用 AI、大數據分析等,強化相關評鑑機制。甚至可以借助新興科技如 AI 等,將非結構化與非標準化資訊進行轉譯,以提高標準化程度,進而提高資訊可比性。事實上,大型資料庫建置,如許多公益團體、專業網站、衛星偵測等,可以有效整合並追蹤個別發電廠的溫室氣體排放,還可以與企業所宣稱的減排機制進行交叉比對。

圖 2-1　Pensumo 的手機使用介面，資料來源：西班牙 Pensumo 網站

七、擴散：墨西哥的退休里程計畫

Pensumo 的消費儲蓄計畫，近年也開始擴展到墨西哥的勞工退休金帳戶。在 2017 年推出的「墨西哥退休里程」行動方案（Miles for Retirement in Mexico），鼓勵消費者將個人信用卡或簽帳卡與國民退休金帳戶連結，然後設定「一邊消費，一邊儲蓄」規劃，只要一消費，退休里程行動 APP 就會自動依照原先設定的自動轉存比例或定額，轉到個人勞工退休金帳戶裡。此外，零售、超商或知名品牌也可以將「消費退休」方案視為企業特定行銷活動一環，就特定節慶活動，主動幫消費者加碼轉存。例如圖 2-2 中，消費者在超商買了 10 美元麵包與 5 美元礦泉水，除消費者自動設定的 10% 消費金額轉存到退休里程帳戶外，超商也在活動促銷期間自動加碼轉存 2 美元，以鼓勵消費者積極為自己的退休儲蓄帳戶加碼存錢。

白 2017 年到 2020 年間，已有 15 萬人下載退休里程 APP，其中有 5 萬人選擇第三方儲蓄方案，類似西班牙 Pensumo 的做法；另外有 10 萬人則選擇自動定額或定比例扣款。

　　事實上，在政府的鼓勵下，墨西哥的退休里程計畫成為一種新的消費文化，許多公司開始加入退休里程優惠促銷活動，甚至主動在銷售櫃檯（points of sales）貼上退休里程提醒，或是在信用卡刷卡時主動發出簡訊提醒消費者要加碼儲蓄轉存。簡單、方便、自動化與可負擔性的行動解決方案，讓墨西哥人民開始正視自己的退休儲蓄生活。

　　更重要的是，這項行動不具強制性，所有消費儲蓄不需扣稅，對消費者來說提供足夠的儲蓄誘因。而從生產者端，許多零售商、大賣場與知名品牌企業也主動加入這項消費儲蓄里程計畫，目的則在落實企業社會責任，建立善盡社會責任的企業品牌形象，更能建構客戶品牌忠誠度，可謂一舉數得。除此之外，大學機構也鼓勵學生使用這項退休理財計畫，它更被視為是理財生活教育的一環，而金融機構也將其視為吸引年輕客群的重要機制之一。

　　墨西哥退休里程計畫是一個新創服務，核心股東是三家天使投資人，未來則有機會爭取政府與大型機構投資。在商業模式上，則有兩種可能的發展途徑。模式一是開放平台模式，也就是向參與企業或夥伴收取一定的服務手續費。模式二是封閉模式，也就是針對存戶資產規模收取一定的管理費。

　　退休里程計畫看似理想，但其實也隱藏一定風險。一是通貨膨脹風險，也就是存款可能在 10 年以後縮水的風險。二是利率高低的不確定性，也就是回饋給存款戶的利率高低會隨著該國中央銀行準備率調整而有高低變化，存款戶原先期待的存款利息收益未必能具體實現。三是資產縮水的可能風險，當平台收取一定退休金規模後，勢必會投入其他投資理財，而有資產縮水的可能性；就像台灣的勞退基金有時需擔負政府護盤任務，而面臨投資績效不如預期的風險。四是存款戶要求提前贖回的風險，在西班牙 Pensumo 案例中，就允許存款戶在 5 年內贖回一次；但若要二度贖回，就得支付違約金等。這些細

部規劃,都可以作為未來國內新創企業或金融機構在規劃類似服務的
重要參考。

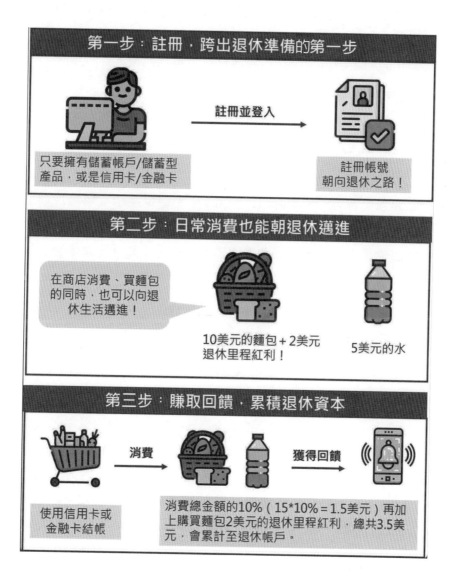

圖 2-2 Pensumo 規劃的退休里程計畫

八、其他儲蓄方案

除西班牙 Pensumo 與墨西哥的退休里程計畫外，其他新興金融科技服務也相繼著重在儲蓄服務上，因儲蓄不但能為個人儲備安全資金存量，未雨綢繆地為退休及早準備，也是未來有效投資的一環。現有儲蓄相關的金融科技服務內容還有以下幾種類型。

一是孩童存款（kid saving），這是鼓勵父母與小孩或青少年一起儲蓄，當父母消費時就同步為小孩存錢，或是直接幫小孩定期定額儲蓄一定款項。這個做法可謂是 Pensumo 或退休里程計畫的進階版，只是儲蓄帳戶是未成年的幼兒或年輕人，而非父母本身。

二是自動存款（automatic saving），這是連結支票帳戶與個人存款帳戶的做法。過去美國銀行（BoA, Bank of American）就曾推出「零錢儲蓄方案」，將消費者的支票消費尾款以「整付零存」的機制，以「付整鈔，存零錢」概念，將零錢存到儲蓄帳戶。

三是小額存款（small accounts），也就是將每分錢，不論是 5 分錢，或是 1 萬美元，都存起來。

四是強化存款體驗（enhancing saving experience），透過定期通知存款、告知餘額內容的方式，鼓勵用戶積極存款。

五是方便好用的轉帳體驗（easy transfer），例如以電郵或簡訊通知存款活動，讓戶可以隨時轉存。上述關於西班牙 Pensumo 在創辦初始面臨的挑戰，就是服務介面較不方便，使用者得自己到網站或 APP 上傳消費資料，才能計算存款儲蓄金額。優化轉帳服務體驗，便成為金融科技的重要服務價值之一。

六是理財教育與資訊（financial information education），這是長期建構新消費生活型態的重要環節，除方便簡單的自動轉存服務

外，若要讓消費者持之以恆，不會中途退出或是提早結帳，就必須從
根本改變認知與儲蓄習慣。從教育層面著手，才能建立可長可久的機
制。

九、消費儲蓄背後的行爲心理學

學者由行爲經濟學的角度來檢視消費儲蓄行爲的合理性（Akerlof
& Shiller, 2015; Hernández, Galindo, López, & Salas, 2020）。首先，
人類行爲並不鼓勵爲未來儲蓄。因爲從人性上言，多數人較偏好立即
回饋，享受活在當下的滿足感，對未來儲蓄其實充滿不確定感。這是
「近因效應」的另一種展現。其次，多數人對所謂跨期消費更會有心
理優惠打折的現象。學者就直言，人類行爲的自控能力沒有想像中的
高。「人們對未來，總是無法理性決策。」

第三是對損失的趨避（loss aversion），多數人總是不喜歡失
去的感覺，即使這項優惠或實體價值並不高，也不重要，但人們還
是討厭「減損」。也因此，在墨西哥消費里程計畫，或是西班牙的
Pensumo 消費儲蓄計畫中，當消費者在消費時，他們會看到的不是可
消費金額在減少，而是儲蓄帳戶裡的里程數在提高。這就是消費心理
學的巧妙運用。

總而言之，消費退休儲蓄計畫背後有數位金融科技的普惠價
值、有落實企業社會責任的積極意義，更有行爲經濟學的巧思。這場
新消費儲蓄運動正在順應人性，巧妙改變人們的儲蓄行爲。爲明天儲
蓄不再是口號，不再難以執行，而是每天消費行爲的一部分。

參考文獻

1. Akerlof, G. A., & Shiller, R. J. 2015. Phishing for phools. In *Phishing for Phools*. Princeton University Press.

2. Hernández, A., Galindo, F., López, J., & Salas, F. 2020. Saving with gusto. *Journal of Applied Business & Economics*, 22(13).

3. Hernández, A., López, J., Galindo, F., & Salas, F. 2017. Miles for retirement.

4. 全球金融科技成長分析。https://fintechmagazine.com/digital-payments/embedded-finance-and-the-growth-of-fintech-in-2022。

5. 西班牙失業率統計。https://www.statista.com/statistics/263706/unemployment-rate-in-spain/。

6. 西班牙 BBVA 銀行年報。https://www.bbva.com/wp-content/uploads/2022/01/Monografico-La-Ciudad-de-2050-BBVA-sostenibilidad-premium.pdf。

7. Pensumo 公開資訊。https://empresasporelclima.es/empresas-comprometidas/adheridos/pensumo。

8. Pensumo 手機介面。https://pensumo.com/areas-de-negocio/app-pensumo/。

9. Pensumo 回收計畫。https://reciclaysuma.com/#descarga。

10. 台灣經貿網。https://info.taiwantrade.com/biznews/ 西班牙女性之年薪低於男性約 5-800 歐元 - 且僅 1-8- 為高階主管 -2292889.html。

第三章　行動公民的綠色消費──中國大陸的螞蟻森林
Green Action with Consumption

一、背景：行動社群商機

　　2014 年春節前夕，騰訊一支 10 人小組團隊推出「微信搶紅包」活動。這個活動的開端不全然是因為工作要求，更多是出於樂趣（just for fun），以及配合即將來臨的農曆春節發紅包傳統活動，應景地將活動變成促銷工具。

　　一開始做法很簡單，任何人只要開通微信支付帳號，都可以發紅包到自己的微信朋友群裡。這種領紅包就像福袋或盲盒，沒有人知道搶到的紅包金額有多少。領取之後，系統會隨機把紅包總金額的一部分像樂透般分配給拿到紅包的人。如此，不但有過年發紅包的喜氣效果，還有隨機抽籤中獎的興奮感。這個活動在當年春節期間成為社群好友間的火紅活動，還讓微信支付註冊數呈指數型成長，大幅靠近原本遙遙領先的阿里巴巴支付寶。這也讓支付寶開始思考如何提出全新社群互動機制，以趁機扳回一城。

　　2016 年間，支付寶終於以「螞蟻森林」一戰成名，不僅贏得聯合國地球衛士獎與全球氣候行動獎，也成為年輕族群間的熱門話題。所謂的「社群行銷」結合「綠色金融」，讓螞蟻森林為支付寶創下全新的社群商機。在討論螞蟻森林之前，先簡要說明支付寶的創立背景。

二、支付寶前傳

　　支付寶創辦於 2003 年 10 月，原是一個第三方支付平台，但之後卻發展餘額寶、小額信貸等創新金融服務。2014 年，阿里巴巴集

團分拆旗下金融業務，成立浙江螞蟻小微金融服務集團股份有限公司
（簡稱螞蟻金服）；2020年6月變更爲螞蟻科技集團股份有限公司
（Ant Group），簡稱螞蟻集團。

　　根據螞蟻金服在2020年揭露的財報顯示，集團獲利模式主要有
四者，一是支付，占比達35.9%，代表產品是支付寶，以向消費者和
商家收取手續費爲主。二是微型貸款，占比達39.4%，代表產品是
花唄、借唄、微商貸；螞蟻金服向消費者提供信貸，並將信貸證券
化發行籌資，賺取利差，是最主要的獲利引擎。三是理財，占比達
15.6%，代表產品是餘額寶，提供智能理財服務，賺取手續費。四是
保險，占比達8.4%，代表產品是全民寶、相互寶，透過平台促成保
險合作，賺取手續費。以下說明支付寶的重要發展階段。

　　2003年，淘寶網成立之際，全球電子商務市場早已發展了將近
十年，全球各大電子商務企業如Yahoo!、eBay等，都顯示電子商務
產業在當時的爆炸性成長。在當時經濟正起飛的中國，卻因在地商業
環境，使得電子商務發展較全球晚了幾年。分析中國在2003年的網
路交易，主要有以下問題。

　　問題一，交易不安全，買方位處相對弱勢地位。傳統的電子商務
交易市場是一個買方極度弱勢的市場，在網路交易裡，雖然有時允許
買賣雙方溝通殺價，但卻無法事先看見商品實體。不知道付了錢是否
能夠得到自己想要的商品，也不知道賣家商品是眞是假。賣方通常爲
保證貨款取得，採用「先付款、後出貨」方式交易。問題二，對線上
支付安全疑慮深。資訊安全，是電子商務發展的另一項挑戰。線上購
物的支付方式雖然也包含信用卡線上刷卡，但在中國網路環境才剛成
形之際，大多數人對資訊安全不信任，且信用卡支付工具在中國大陸
也不夠普及，無法形成支援系統。問題三，貨到付款通路不健全。網
路購物講究方便與快速，在台灣甚至已發展出「24小時內貨到付款」

服務。但中國大陸幅員廣大，貧富差距亦大，便利商店或銀行並不像在台灣到處都是，時間與空間上的阻礙，使得「即時交易，貨到付款」不易推動。

　　為解決線上交易安全問題，淘寶網在一開始先提出「你敢用，我敢賠」的口號，保證若消費者不幸被詐騙，願意全額賠償。但是這個做法仍不足以有效保障雙方交易安全，淘寶網反而付出高額賠償費用，甚至淪為被詐騙對象。因此在 2004 年，淘寶網立即推出第三方支付平台「支付寶」來配合淘寶的使用，讓買方先把錢存入支付寶，等買方收到貨物確認無誤後，再撥款給賣家，降低買賣雙方的交易風險，有效解決中國電子商務環境中的信任問題。

　　2004 年淘寶推出支付寶後，支付寶開始與各大商城合作。支付寶是中國第一個提供的第三方支付交易平台，提供各商城與消費者在電子商務交易上的安全保障。合作對象擴及 46 萬家商城，除了阿里巴巴集團旗下的商城如淘寶、天貓等，也包括國際商城亞馬遜。支付寶提供各商城訂單管理、紅包功能與集分寶等服務，有效將原本與阿里巴巴是競爭關係的網路商家，轉化為合作夥伴。

　　大陸學者分析支付寶的生態系發展歷程，可區分為以下三個階段。第一階段（1999-2004），阿里巴巴成立於 1999 年，淘寶商城成立於 2003 年，是扮演樞紐網絡核心的生態系建構者（hub-and-spoke ecosystem），透過第三方支付系統，鼓勵更多中小型電商加入平台，也由此吸引更多使用者加入。

　　第二階段（2005-2007）則是強化內部網絡連結（networked ecosystem），並積極提高中小企業間的連結與擴增銷售能量。例如在 2007 年初，當時的阿里巴巴與中國工商銀行、中國建設銀行合作，推出中小企業的微型貸款，由線上電商平台的交易記錄中提供信貸額度，以幫助生態系內中小企業持續擴張成長。另外，在 2007 年

11 月，阿里巴巴還推出阿里媽媽（Alimama）的數位廣告平台，協助中小企業建置並強化整合行銷能力。

第三階段（2007- 迄今）是共生生態系時期（symbiotic ecosystem），阿里巴巴除了積極強化與生態系成員間的連結外，也由數位工具等多元服務，提高生態系成員的生產力。同時為提高整體生態系活力，阿里巴巴也積極提高多樣性，在由適度淘汰、穩定與不穩定平衡間（edge of chaos），強化生態系成長（Tan, Pan, Lu, & Huang, 2009）。阿里巴巴生態系中的成員除原本的電商賣家外，還有公營機構、醫院等繳費服務、計程車叫車服務、外送服務、連鎖超商的支付服務等，由線上到線下，逐步建構能完成多數使用者日常生活所需的服務內容。

最令人關注的是，阿里巴巴在由第三方支付平台逐步建構全方位服務的生態體系中，也發展為自成一格的金融生態系，包括借貸服務、支付、保險、投資理財等多元服務內容，其中借貸服務的營收占比更高達 39%（2020 年螞蟻金服財報統計）。

三、螞蟻森林的另類突圍

螞蟻森林是由大陸支付寶所衍生的創新服務，在 2016 年 8 月推出，主要服務內容是透過支付寶帳戶，將個人的低碳行為記錄進個人的「碳帳戶」，由螞蟻金服與中國北京環境交易所（CBGEX）合作研發的一套演算法量化成為「綠色能量」。

演算方法依據的是步行或騎共享單車、線上辦公、電子支付、免餐具的外賣訂單等，可被各種 APP 記錄的個體行為。支付寶將各個 APP 的數據接入，作為螞蟻森林的計算依據。例如搭公車可取得 80 克綠色能量，用行動支付繳交水電瓦斯費可取得 262 克，另外二手

衣服或手機、電視回收也都可以計算綠色能量。只要綠色能量匯集到17,900 克，支付寶就會將手機上的虛擬樹轉換為實體種樹，或者是守護相應面積的保護地。一位大陸留學生分享：「螞蟻森林的獲得感很強，只要500 克就可以擁有一塊自然保護地！我已經擁有好幾塊地了！不過要種好一棵樹，需要更多能量，會比較辛苦些！」

程式根據梭梭樹、檸條、樟子鬆等樹木的種植難度與消耗計算出能量值，用戶使用相應的能量值就可以種植，並獲得象徵環保成就的電子證書。種樹環節由螞蟻森林出資，聯合地方政府、專業機構、公司及當地農牧民進行種植與維護。螞蟻森林在聯合國接連獲得環境榮譽，2019 年 9 月 19 日獲「聯合國地球衛士獎」，1 週後又以「利用數位技術擴大氣候行動規模」，獲得2019 年聯合國全球氣候行動獎。

根據中國大陸生態環境部環境與經濟政策研究中心課題組發布的《互聯網平台背景下公眾低碳生活方式研究報告》數據顯示，截至2019 年 8 月，螞蟻森林已經在中國甘肅省、內蒙古自治區等地種植了 1.22 億棵樹，減少 790 萬噸碳排放。

四、社群互動與網絡效益

螞蟻森林具有一定的社交遊戲屬性。用戶的綠色能量會在產生72 小時後消失。用戶要即時點擊「收集」能量，也可以幫好友收取即將消失的能量或「澆水」。此外，好友之間也可以共同收集能量，幫助虛擬樹盡快長大；另外也有相互偷取能量等趣味行為。這些創新互動設計，目的正在提高社群參與度與黏著度。

螞蟻森林在 2016 年 8 月推出後就成為社群熱門議題，2017 年 1月用戶數量就已經超過 2 億，2019 年 4 月用戶數量突破 5 億。越來越多的生活類服務也與螞蟻森林合作，例如回收手機、綠色辦公（無

紙化辦公或線上會議）、綠色包裹（在使用環保快遞袋或無膠帶紙箱的商家購物）、電子閱讀等。螞蟻森林除在介面內提供種植區域的衛星圖片外，還從 2017 年開始邀請用戶到現場看樹。

支付寶龐大的用戶量爲螞蟻森林提供一定的用戶基礎，而螞蟻森林的成功對支付寶也起到反哺作用。用戶在螞蟻森林收集「能量」，進行網路社交和完成任務，進而增加對支付寶的使用頻率。螞蟻森林上線半年後，支付寶 2017 年第一季度末的日活躍用戶就上漲了 40%。

另一位大陸學生分享，螞蟻森林近年還推出養小雞、海洋保育、鳥類等活動，目的就是在提高使用者的活躍度，畢竟同一款遊戲玩久了會膩，必須有其他創意玩法。

「養小雞是另一個很好玩的遊戲。我們可以餵小雞飼料，幫牠們收便便等。小雞生出來的雞蛋可以捐贈給山區的小孩，此外還有其他公益活動等。」

螞蟻森林善用行動支付與個人生活高度連結的服務模式，鼓勵更多人由日常生活中累積綠色能量，積極投入環境保育，並且善用社群連結機制，由好友圈的連結互動，鼓勵更多趣味能量累積與交換行動。在 2019 年，螞蟻森林另外推出「公益林」，利用明星、企業、高校或者社會機構的影響力和號召力，激勵用戶拿出自己的一些能量爲其公益林「澆水」，種下的樹木不歸於用戶個人名下。截至 2019 年 8 月，螞蟻森林公益林參與的用戶人數已經超過 2,000 萬，累計澆水次數已經超過 9,300 萬次。

學者分析，相較於群眾募資的特定專案性質或是 Terrapass 碳幣的不特定專案與次級市場流通特性，螞蟻森林的綠色能量具有更強的社群好友連結度，由使用者端驅動的環保生態體系建置影響層面也

更大：用戶由遊戲與好友互動中，扮演更積極的自我管理與相互監督角色，大幅提高有形的節能效益。此外，在深化社群連結互動上，如「澆水」、「集能」、「偷取能量」等遊戲機制，螞蟻種樹也藉此提高無形同儕認同的相互影響力。

值得注意的是，螞蟻森林也催生二手交易平台的出現，在淘寶、閒魚、拼多多等平台，竟然出現「能量球交易平台」與銷售保證書的二手平台。例如在「賣保證書」的市場中，普通樹苗的環保證書大多在 10 元人民幣以下，而像花棒、山桃這些號稱是「愛情樹」的環保證書，價格就會達 60-80 元人民幣；還有 45 元人民幣 8 棵樹打包出售的，或 30 元人民幣 1 萬 g 能量，以及 5 元人民幣 10 個能量罩等。至於在拼多多上搜索到「能量球交易平台」連結，銷售量有 2 萬1 千條連結，其中單價較低但賣得最多的一個套餐是 9.7kg 能量，售價 11 元人民幣。

另外還有廠商與店家回收站洽談合作。由廠商收集各個回收點的聯繫方式，然後逐一談好合作。只要有用戶下單 9.7kg 能量的套餐，他們就會讓用戶在平台找合作的回收家電下單，留下商家地址，透過「發空包」形式完成交易，從而讓用戶得到能量。這種意外的二手市場也彰顯螞蟻森林在社群互動的熱絡與持續擴散的網絡效益。

五、擴散：菲律賓版的螞蟻森林

螞蟻森林的公眾參與模式也已經在其他國家落地。根據網路媒體「中外對話」在 2019 年 11 月 20 日的專文報導指出，近年森林覆蓋率下降嚴重的菲律賓，在 2019 年 7 月正式啟動菲律賓版「螞蟻森林」。其最大行動支付平台 GCash 在螞蟻金服的技術支援下，聯合菲律賓環境與自然資源部、環保公益組織等，計畫未來 365 天內在境

內種下 36.5 萬棵樹。GCash forest 在 2019 年已經積累 130 萬用戶，
在 2019 年 10 月 12 日種下了第一批樹。

不過有學者提出以數位科技驅動綠色環保的侷限性。首先是使
用者類型，年輕人明顯在螞蟻森林中占有更大比重。在 2017 年披
露的螞蟻森林用戶數據顯示，28 歲以下的用戶占螞蟻森林總用戶的
60%，50 歲以上的用戶則不到 20%。

此外亦有評論指出，螞蟻森林僅僅核算用戶低碳行為而忽略其高
碳行為的「碳帳戶」記錄模式具有不合理性：「平時特別高碳的用戶
刻意通過一些低碳行為就可獲得碳積分獎勵」，而嚴肅的碳帳戶管理
需要對個人碳排放總量進行核算和控制。也有專家指出，支付寶為螞
蟻森林投入大量人力、財力，一般環保項目很難做到。因此，螞蟻森
林的可複製性，還有待商榷。

六、解讀：螞蟻森林的永續價值

總結來說，螞蟻森林確實善用行動科技達到綠色環保行動的積極
目的，尤其它善用社群力量的創新實務，更讓沙漠種樹成為可能，也
因此獲得聯合國地球衛士獎（environment）。此外，年輕族群更重
視環保節能的永續行動，如騎單車、降低紙張與免洗餐具使用等，也
逐漸形成綠色生活型態。甚至所謂的環保徽章也是個人在社群媒體上
的「綠色身分證」，具有一定的社群價值，乃至未來有機會轉化為金
融信評如「芝麻分」的重要環節。

而在社會關懷上，螞蟻森林的集體造林行動，實際落實者乃是
特定基金會與照顧荒漠邊陲的組織，如阿拉善 SEE 基金會與小微企
業，這亦有助於社會企業經營，與照顧偏遠沙漠地區民眾營生，達到
弱勢關懷目的（social）。至於在公司治理上（governance），螞蟻

森林也成爲企業種樹之公民行動，甚至由下而上，透過公民參與讓企業也意識到永續環保的重要性。

　　值得注意的是，相較於一般企業對企業（B2B）或企業對使用者（B2C）的互動設計，螞蟻森林創造使用者對使用者（C2C）的社群互動，乃是其形塑網絡效益的基礎。甚至之後出現的二手交易市場如能量球買賣與證書交易，也再度拓展另類社群互動。

　　而支付寶也因螞蟻森林而受益。在從事綠色環保行動過程中，支付寶確實贏得更多年輕族群的認同，頻繁的社群交易也提高用戶黏著度；甚至爲累積綠色能量，也讓更多用戶積極採購支付寶上的綠色商品與服務。「做好事，就是做有利的事」（doing well by doing good），具體展現在螞蟻森林的創新服務設計上。

附錄一：螞蟻金服大事記

2003年10月
阿里巴巴旗下淘寶推出「支付寶」，以解決交易金流網路問題，支付寶是如今螞蟻集團的起點

2004年12月
支付寶網路技術公司成立，首任總裁為陸兆禧

2009年6月
阿里巴巴以1.67億元人民幣，將70%支付寶股權轉讓給浙江阿里巴巴，被外界質疑賤賣資產，但馬雲認為這是將支付寶「內資化」不得不的作為。（阿里巴巴註冊地是開曼群島）

2014年6月
「餘額寶」上線，進入資產管理市場

10月
螞蟻金服正式成立

2015年1月
「芝麻信用」上線，大數據與人工智慧運用在信用考核邁運出一大步

4月
「借唄」上線，進入小額貸款

5月
「花唄」上線，標示進入消費者貸款或消費分期金融服務。同月，中國社保基金（類似台灣勞保與勞退基金）入股支付寶，這也是社保基金首家投資的民營企業

2017年4月
餘額寶躍升全球最大貸款基金，資產規模達人民幣1.14兆元

2018年1月
中國政府籌組「百行徵信公司」，準備將芝麻信用、微信等一半多家網貸平台個資進行整編。芝麻信用因被視為將遭「國有化」

3月
消費者貸款餘額達6,000億元人民幣，是中國建設銀行的3.7倍

11月
「相互保」上線，改名為「相互寶」，保險版圖進一步擴張

12月
支付寶月活躍用戶成長至6.2億人，較前一年度成長24%

2020年6月
螞蟻金服改名為螞蟻科技集團遞交招股書，宣布將在上海科創板與香港兩地上市

附錄二：螞蟻森林的社群互動機制

　　以 C2C 社群互動爲主的創新機制，較其他企業之 B2C 模式，顯有差異。

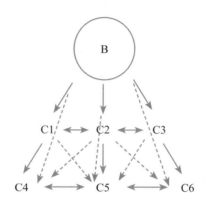

參考文獻

1.　woshipm.com/evaluating/4397567.html。

2.　中外對話，〈螞蟻森林何以成功〉。https://e-info.org.tw/node/221741。

3.　郝旭烈，2023。贏在邏輯思考力。商業周刊出版。

4.　Tan, B., Pan, S. L., Lu, X., & Huang, L. 2009. Leveraging digital business ecosystems for enterprise agility: The tri-logic development strategy of Alibaba. com. *ICIS 2009 Proceedings*, 171.

第四章　校友互助平台——美國 SoFi
A one-stop Shop for Your Finances

一、背景：高學費，名校生的隱形畢業門檻

SoFi（SoFi Technologies）是一家美國金融科技公司，成立於 2011 年。特色是就學貸款的審核採用非傳統的信用審查機制，並結合社群元素集結史丹佛校友資金以投資同為史丹佛的學生們（提供就學貸款）。

事實上，在美國接受高等教育的成本非常高，而各大學仍持續甚至大幅度提高學費，儘管如此，仍有高達 54% 的學生會選擇背負學貸以完成學業。根據美國聯邦政府 2022 年調查報告指出，2021 年美國學生貸款金額平均約為 38,000 美元（114 萬元台幣），較 2020 年多出 50 美元。

其中，由美國政府所提供的聯邦學生貸款（Federal Student Loans）不僅無法滿足龐大需求，聯邦學生貸款還有不少限制，例如：貸款上限、利率、還款期限等，並且有繁瑣的申請過程，要先通過信用評分、保持全日制學生地位等諸多條件，才有可能獲得貸款資格，甚至最終獲得的貸款金額不一定是全額學費，貸款利率也不一定會非常優惠。

SoFi 看見美國學貸市場缺口，並將目標客群鎖定在 HENRYS 族群（High Earners, Not Rich Yet），建立在學學生與畢業校友之間的人際網絡，進而提高借款人的償債意願與能力、降低借款人償債風險，以達到提供借款人財務面與社會面的雙重效益。

SoFi 最初的商業模式是 P2P 網路借貸，透過併購策略，擴大公

司的營運規模與服務範疇，成為一間綜合性金融服務的 FinTech 公司。現在的 SoFi 不僅提供線上借貸服務，而是希望能夠陪著用戶成長，真正管理自己的金錢。

因此 SoFi 在學生貸款及個人貸款的業務逐漸成熟後，又陸續推出了車貸、房貸等產品[1]，逐漸走向房地產抵押貸款市場，同時建立起會員制度，提供其會員各種獨享的免費服務[2]。截至 2023 年 6 月為止，SoFi 已有 550 萬名會員。

2013 年 11 月 SoFi 成為第一家以 P2P 貸款取得信評公司評等的公司，與巴克萊銀行、摩根史丹利等金融業者合作，發行基於 P2P 借貸之債券，用以降低資金成本與營運風險。

SoFi 在 2019 年 12 月取得紐約州的加密貨幣執業許可執照（BitLicense）；並在 2020 年 10 月經美國貨幣監理署（OCC）和美國聯邦儲備委員會（Federal Reserve Board）核准設立銀行、發行信用卡，且於 2022 年 1 月正式獲得銀行執照。表 4-1 概列 SoFi 目前所提供的服務項目。SoFi 並持續透過併購與垂直整合金融科技公司的運作需求，朝向「一站式金融」的目標邁進[3]。

---

[1]　目前 SoFi 提供的貸款服務並非全數採用 P2P 的方式借貸，也有一部分是用公司自己的資金，或是和其他金融機構合作提供的貸款產品，例如房屋貸款、企業貸款等。

[2]　SoFi 會員計畫（SoFi Membership）使用 SoFi 平台的客戶即可以成為 SoFi 會員，SoFi 會員可獲得較低利率、免手續費的貸款、退學補貼、就業諮詢服務、享受 SoFi 提供的投資工具，並且可以加入 SoFi 的線上私人社群或參加線下聚會，與其他會員進行理財知識的交流分享。

[3]　SoFi Relay 是一整合多個帳戶的產品，主要功能是監測客戶信用與財務狀況，客戶可以透過 SoFi Relay 定期檢視儲蓄、學生貸款剩餘金額、退休金存款等各個帳戶變化，並了解哪些行為會影響信用分數，以進行個人信用評等分數的優化。

表 4-1　SoFi 的一站式金融服務

貸款類	金融服務類	其他
1. 學生貸款 2. 學生貸款重組 3. 個人貸款 4. 房屋貸款 5. 汽車貸款再融資	1. 金錢管理：SoFi Checking & Savings 2. 投資：SoFi Invest 3. 信用卡：SoFi Credit Card 4. 金融卡：SoFi Debit Card 5. 保險：SoFi Protect 6. 企業方案：SoFi At Work 7. 中小企業融資：Lantern Credit	1. 整合軟體：SoFi Relay 2. 會員計畫：SoFi Membership

資料來源：SoFi 網站

二、在 P2P 市場突圍：借貸雙方互蒙其利

　　SoFi 在一開始就以低成本、低負擔機制吸引名校學生。它主動承擔所有經學校認證的費用，沒有發起費，也沒有滯納金。SoFi 的學生貸款主要有以下特色。

　　特色一是低利率。SoFi 善用數位工具以評估學生信用風險的業務模式和低成本結構，讓它能夠提供低利率貸款，這對借款人來說是一個非常具有吸引力的優勢。以下列舉 SoFi 各類貸款比較表，可以發現即使是學生貸款，也有年級與就讀系所差異，甚至還有家長貸款。

對象	大學生	碩士生	法律或商管碩士	醫療保健專業碩士	家長貸款
利率 （with Autopay）	固定：3.5%-13.25% 浮動：2.59%-12.13%	固定：3.5%-13.25% 浮動：2.59%-12.13%	固定：4.5%-12.7% 浮動：2.99%-12.13%	固定：4.5%-12.7% 浮動：2.99%-12.13%	固定：4.23%-13.6% 浮動：2.39%-12.13%
借款時間	5/7/10/15 年				
償還時間	1. 在學期間就開始償還本金＋利息 2. 在學期間每個月支付 25 元美金（相當於台幣 750 元左右） 3. 在學期間償還利息 4. 在學期間不償還任何金額（總累積借貸成本會是最高的）				1. 學生在學期間就開始償還本金及利息 2. 學生在學期間僅償還利息

圖 4-1　SoFi 各類貸款比較表，資料來源：SoFi 網站

特色二是彈性貸款。SoFi 可以根據借款人的信用等級和其他條件，制定適合借款人的貸款，包括貸款額度、還款期限和利率等。如果借款人獲得批准，SoFi 會根據其信用等級和其他條件，訂定適當的貸款利率、還款期限等。例如 SoFi 還為個人貸款提供失業保護，如果貸款者可證明已申請並有資格獲得失業補償，SoFi 就可能在貸款期限內以 3 個月為增量，獲得最長 12 個月的貸款延期和工作安置援助。

特色三，高品質的客戶服務。SoFi 非常重視客戶體驗，提供高品質服務，例如快速審核貸款申請、會員與客戶的支持，以及專業的理財建議等，並持續提供從學生、社會新鮮人、買房成家、退休理財等各時期的服務，包括每個人生命旅程中必定需要的儲蓄、借貸、投資、理財置產等一條龍的金融服務。

特色四，社群服務。SoFi 不僅是一家貸款公司，更建構出社群生態，SoFi 提供借款人向有經驗的貸款者、有理財經驗或其他金融專業人士交流的機會，這有助於提高 SoFi 會員（或借款人）的財務知識，進而建立穩固的社交網絡。以下說明 SoFi 的借款流程。

第一步，借款人提交申請。借款人在 SoFi 平台上提交貸款申請，包括借款額度、還款期限和用途等基本資訊。

第二步，審核貸款申請。這是和傳統銀行最大不同之處。SoFi 會審核借款人的信用歷史、收入和就業情況等資訊，以確定是否有資格獲得貸款。有別於多數美國傳統銀行選擇使用 FICO[4] 信用分數作為

---

[4]　Fair Isaac 公司於 1989 年首次推出 FICO 信用評分，該評分利用個人的信用檔案進行統計分析，而評分的目的是確定潛在借款人的信用額度。FICO 的設計是為了替放貸人節省時間，並使信貸決策更公平、更準確、更有效率。該統計方法得以快速計算分數，放貸人可立即了解潛在借款人具有的風險。雖然尚有幾種不同的消費者信用評分系統彼此競爭，卻始終無法獲得與 FICO 信用評分同等的權威和接受度。

放款審核依據，SoFi 考量到多數學生尚未建立良好的信貸記錄，導致無法獲取較好的利率，甚至是無法借到足夠的錢來完成他們的夢想，因此 SoFi 採用更多元的方式進行信用評分。簡要說明如下。

在學生貸款的風險與信用評分方式，可分成三大方向。一是信用歷史，包括信用分數（FICO 分數最低要求為 650）、償債記錄、帳單繳納狀況等。二是當前的現金流，SoFi 會考慮借款人的債務比率，即借款人的債務總額與收入的比率；以及借款人的資產總額，包括房產、投資組合、現金等。三是學歷及就業前景，SoFi 會考慮借款人的學歷、證照、就業狀況、所在行業等因素，來評估借款人未來的收入前景，若已經開始就業，還會再評估「工作表現」及「未來是否有失業風險」這兩項指標。

2018 年，SoFi 開始使用機器學習來評估借款人的信用價值，並考量到傳統貸方不經常考慮的各種因素，例如：教育程度、公用事業如水電帳單繳款、保險理賠和手機使用率等數據，並分析這些數據與信用評等間的關聯性，同時分析在未來可向該名客戶推薦哪些金融產品或服務。

第三步，訂定貸款條件。更彈性的貸款條款是 SoFi 的一大優

目前，美國信用局 Experian 已經與 FICO 達成協議，獨家發布 FICO 評分結果。FICO 從三個主要的徵信機構（也稱為徵信所）取得信用數據，分別是 Experian、TransUnion、Equifax。

FICO 使用加權系統來查看五項不同的要素。每個人的要素權重各不相同，取決於多種專有的演算方式。然而，一般認為 FICO 會權衡的五項要素如下：支付記錄 35%、帳戶欠款 30%、信用記錄長度 15%、新的信貸 10%、信貸組合 10%。借款人收入不納入 FICO 信用評分估算，但可供個人貸方考慮。FICO 信用評分的分數範圍落於 300-850 分之間，850 分可謂完美分數。一般來說，650 分以上表示信用評分良好；750 分以上被認為是極為優良，表示借款人符合資格，適用現有最佳利率；而 620 分以下的借款人，將難以獲得任何信貸。

勢，例如 SoFi 還為其個人貸款提供失業保護，若可以提供失業補償之證明文件，借款人可以在資格期限內以 3 個月為單位，並獲得最長 12 個月的貸款展延，SoFi 同時也會提供工作安置援助的服務。第四步，資金撥付。一旦貸款條款獲得確認，SoFi 會將資金直接轉入借款人的銀行帳戶。第五步，還款。借款人每月按時還款，直到貸款全額償還為止。

SoFi 提供 P2P 貸款產品主要為個人貸款和學生貸款，借款人可以透過 SoFi 平台向投資者借款，投資者則可以通過投資這些貸款賺取利潤。在 SoFi 提供資金的投資人，可以有以下獲益。

一是多樣性、高報酬。SoFi 的 P2P 貸款平台提供多種不同類型的貸款產品，包括學生貸款、個人貸款等，投資人可以根據自己的風險偏好和投資目標選擇不同的貸款產品進行投資，且有機會賺取比傳統儲蓄或投資更高的報酬率。

二是低門檻。SoFi 的 P2P 貸款平台對投資人的投資門檻較低，一般只需要投資少量資金即可參與。

三是會員福利。使用 SoFi 平台客戶可以獲得較低利率、免手續費的貸款、退學補貼、就業諮詢服務、享受 SoFi 提供的投資工具，並且可以加入 SoFi 社群與其他會員進行理財知識的交流分享。

四是社會公益。透過投資 SoFi 的 P2P 貸款平台，投資人可以支持有需要的借款人，同時也有助於提升整體社區經濟發展。尤其 SoFi 創辦初衷就是史丹佛大學畢業校友投資學弟妹，並回饋校園的社會公益。

三、邁向銀行、投資、保險之一站式服務

在 P2P 借款之外，SoFi 也逐步發展出其他金融理財與保險服務。

首先在金融服務上，SoFi 提供網路銀行帳戶，並有匯款、支票存款與帳單支付等服務，且未收取透支費用、最低餘額費用、無月費等。另有最高 15% 現金回饋。

除金融卡服務外，SoFi 還提供機器人理財服務，投資目標種類包括旅行、買房、婚禮、退休金、孩子教育儲蓄，SoFi 並由此規劃個人的風險承受能力、投資時間範圍與財務目標制定。SoFi 的機器人理財服務也提供多樣化組合與自動再平衡機制，亦即在每季度調整個人股票與債券基金，以回應投資人原始設定的風險偏好與投資目標。

SoFi 另外提供「小數股投資」（稱為 SoFi Invest），只需 5 美元就可投資，取代過去購買「一股」的投資思維；這和目前台灣多家證券公司推出「存股」或「小資理財」的概念相當接近。此外，SoFi 並未收取買賣零股佣金，並有多樣化的投資組合建置。

除傳統投資理財服務外，SoFi 還提供加密貨幣服務，投資人可以 24 小時交易比特幣、以太幣、狗狗幣等 26 種虛擬貨幣，但仍有限制每人每日最大購買量為 100,000 美元。SoFi 對加密貨幣交易收取 1.25% 費用，且為保護投資人交易安全，現階段 SoFi 尚未開放讓SoFi Invest 與外部加密錢包間的資產可自由進行資產轉移。

在保險服務上，SoFi 與外部夥伴合作，持續推出人壽保險、租屋保險、屋主保險、汽車保險、網絡保險等服務。例如在人壽保險上，SoFi 與 Ladder 合作，並以「特定期間、固定價格」設計保單，較傳統終身壽險產品便宜。承保期間為 10-30 年，承保金額則是 10-800 萬美元。在汽車保險上，SoFi 與線上保險經紀人 Gabi 合作，並協助個人尋找較便宜或較適合的汽車與家庭保險費率，承保人不需額外支付費用。Gabi 主要由保險公司支付佣金。

四、解讀：SoFi 的永續價值

創辦於 2011 年的 SoFi，可謂是「社群金融」的最佳示範，也是金融科技業者從低階市場逐步進入傳統金融服務市場的最佳示範之一。SoFi 的創新服務與永續經營價值主要展現在以下面向。

一是有條件設定的低階門檻。SoFi 鎖定的是美國史丹佛等名校在學生，並藉此吸引優質校友投資學弟妹，形成專屬社群互動，這包括有形的金錢投資贊助與無形的社群互動，包括未來人生規劃、交友互動等虛實整合服務。可以說，SoFi 是另類校友會服務，只是較傳統的獎學金設計更為靈活，讓校友可從投資回報中，提高持續贊助與投資動機。因此，從永續經營觀點，SoFi 確實從普惠金融面向出發，只是有特殊的「專屬普惠設計」（exclusive for inclusive finance）。

二是打破傳統金融信用評等機制，提出普惠金融之另類思維。SoFi 較之中國大陸支付寶的「芝麻信用」與「芝麻分」更早推出社群評分機制，除與美國 FICO 信評機構合作外，SoFi 還綜合考量個人的學歷、證照、就業狀況、所在行業、工作表現、未來失業風險等因素。這項綜合評分實務較傳統金融機構以個人資產或信用記錄作為評分標準者，更具前瞻性與靈活彈性，也成為實踐普惠金融的創新信評做法。

三是重新設計銀行、證券、保險等多元金融服務，實踐普惠金融彈性做法。SoFi 確實以破壞式創新之姿逐步朝傳統金融服務邁進；但值得注意的是，它不斷以彈性靈活的創新實務，改變傳統金融服務思維與行為。例如同樣是銀行金融服務，但它不收取額外手續費、保管費，甚至有現金回饋。在保險服務上，則以彈性的時間與額度提供多元選擇，取代傳統終身壽險的保單銷售。在證券投資理財上，則以

小額投資創新傳統的整股投資。這些目前在台灣都已相繼出現的創新金融服務，彰顯 SoFi 的先見之明，也提供傳統金融機構全新服務思維與良善治理之道。

參考文獻

1.　夢想銀號，2022 年 8 月 4 日。「金融科技公司獨角獸系列」，靠幫人解決學貸問題到成功上市 SoFi 怎麼做到的？。

2.　新新聞，2021 年 3 月 14 日。黃帥升觀點：美國金融科技巨獸 SoFi 全球逆襲的省思。

3.　BLOCK TEMPO，2020 年 10 月 29 日。FinTech 獨角獸 持牌 BitLicense 的 SoFi「成立銀行」獲美國初步批准，隔日立馬發行信用卡。

第五章　無人化融資平台——普匯金融
P2P Lending with AI Technology

一、背景：個人信貸平台興起

「70% 的大學生都有在打工，有固定收入，爲何金融機構不敢、不能借錢給他們呢？」普匯金融科技董事長姚木川發出感慨。

時間回到 2017 年，剛從中國大陸返台的姚木川注意到國際金融科技的蓬勃發展。根據國際調研公司 Statista 與美國投資公司 Harding Loevner 統計，全球 P2P 借貸平台（peer to peer，個人信貸平台，以下簡稱 P2P）在 2017 年的市場規模已達 870 億美元，預估到 2022 年將高達 2,920 億美元（市場先生，2020）。當時台灣也有多家 P2P 平台成立，包括旭新科技（Seedin）、鄉民貸、LuB 信用市集等（中央銀行，2019）。不過在這些平台中，並沒有所謂「無人化」或「全自動化」的 P2P 信貸模式，這讓姚木川看到契機。

「無人化服務背後不單純是成本的降低與 24 小時經營績效的提升，它背後還有更多人性化考量與創新制度建構。例如很多金融弱勢族群如學生、薪資不高的上班族，甚或外籍勞工，他們要向銀行借錢是很困難的，甚至會感覺有些難堪。因此，能不要與銀行人員見面又能借到款項，其實是很多金融弱勢者的心聲。」

除此之外，純網銀與開放銀行的呼聲，也讓 AI 金融科技應用漸被看好。純網銀強調無實體分行服務，而開放銀行更開啓金融服務全新篇章。例如歐盟支付服務指令修訂版（PSD2, revised Payment Services Directive）就規範金融產業的資料所有權議題，並允許客

戶可以自願透過 APIs（應用程式介面，Application Programming Interface）分享其在銀行的個資給其他第三方平台服務業者。我國金管會則在 2019 年提出開放銀行的三階段做法，包括公開資訊查詢、客戶個人資料查詢、交易資訊等。

顯然，第三方金融科技業者已開始改變傳統金融機構的經營模式，而普匯金融科技也開始思考如何在 P2P 蓬勃發展的新興市場中，開創獨特商業模式，並進而有和傳統金融機構合作結盟，催化金融服務朝 Bank4.0 轉型的全新契機。

二、首創 AI 信貸風控平台

普匯金融科技股份有限公司（以下簡稱「普匯」）創辦於 2017 年 12 月，是金融科技服務平台，同時也是台灣第一個「AI 信貸風控平台」，透過 P2P 技術讓使用者在平台上進行融資、投資，以及債權轉讓等服務。普匯一開始就獲得工研院與亞洲矽谷輔導。

2018 年，處於建構期的普匯首創個人金融無人化審核與債權轉讓之融資系統，並推出第一個「學生貸」商品，也是我國金融監督管理委員會（以下稱「金管會」）輔導的新創團隊。誠如創辦人姚木川所言，學生族群雖是「金融小白」，但也是信用最容易評比的一個族群，因為他們的角色單純，行為模式也相對容易評估與預測。

2019 年的普匯邁向創新期，除攜手凱基銀行共同行銷個人信貸外，更推出第二個消費分期超市（BNPL 系統，先買後付，Buy Now Pay Later），還有手機貸與工程師貸等商品。普匯更被金融總會評選為 11 家市值破億的公司。普匯則在當年主辦第一屆 AI 金融科技競賽。

2020 年，普匯邁進聯盟期，聯合上海銀行數位開戶與個人信

貸，正式突破 6 萬會員，並推出「上班族貸」。當年度，普匯更獲得個人身分驗證裝置系統之專利權。新光銀行也開始在普匯官網下廣告。同年度，普匯主辦第二屆全國 AI 金融科技競賽。

2021 年，普匯的專屬生態系建構已開始成形，除完成 365 天 24 小時之放款機制外，會員數迄今已有 10 萬 5 千名（截至 2023 年 6 月底），交易筆數突破 10 萬筆。在技術突破上，普匯則獲得企業身分驗證系統專利。在合作夥伴上，普匯除獲新光金國際創投入股一席董事，並開始在新光與王道銀行聯合推廣個人信貸，且首創「全線無人化信保融資平台」，與新光銀行共同合作推出中小企業線上融資之信保商品。

普匯的核心技術主要有 7 大主系統，21 個子系統。最為人熟知的是 AI 風控模組。普匯董事長姚木川直言，過去金融服務奠定在真實「交易」（transaction base）基礎上，新興金融科技則奠定在消費行為（consumer behavior）上。另外還有身分辨識技術，例如線上無人化身分認證，借款人可以用手機直接拍照上傳以確認個人身分之專業技術；另有法人無人化認證專利、光學字元識別（OCR, Optical Character Recognition，可將圖片或掃描文字轉換為數位資料之技術）。姚木川董事長直言，普匯的金融科技是經過全台灣 20 個地方法院判決確認過的證件辨識專利。

若從貸放流程來看，普匯的核心技術包括核貸前的自動核貸上架系統，強調實名認證以確認簽約內容；核貸中的風控信評額度系統、關係人歸戶系統與競標即時撮合、線上對保核撥系統；貸款後的無卡分期系統、債權轉讓、貸後管理系統、分秒計息系統、虛擬帳戶金流管理系統。整個服務流程更需要有反洗錢系統與反詐欺系統等，例如在反詐欺系統的建置上，普匯金融就特別設計一個「1 元存款」的帳戶確認機制，以確保借款者不是黑戶或是靜止戶。

普匯強調，國內金融機構因以「大水庫」概念建置基礎交易系統，因此在大量頻繁交易時可能會出現當機事件；相對的，普匯以 P2P 分散交易的底層邏輯，就較不容易牽一髮而動全身，即使部分交易出錯，仍不會影響其他 P2P 的交易連結。以下說明普匯在不同類型貸款之創辦歷程與服務特色。

三、P2P 借貸平台：學生貸、工程師貸、上班族貸

普匯金融最核心的金融服務就是 P2P 借貸平台，並發展出學生貸、工程師貸，與上班族貸等服務內容，以下分別說明其貸放特色。

（一）學生貸

1. 服務需求

「我想要出國交換遊學，學校也好不容易申請到了。但打工的錢不夠，又不想和家裡拿錢。以我現在學生的身分，不太容易貸到 10 萬元。如果用信用卡刷卡分期，要負擔的循環利息壓力更大。」

姚木川董事長回想在 2018 年率先推出「學生貸」的原因。一是從普惠金融（inclusive finance）角度來看，學生族群確實處於金融弱勢，向銀行貸款不易，甚至還未滿 20 歲，連辦信用卡的資格都沒有。二是從無人化信貸的角度來看，學生貸的系統開發相對簡單，「身分識別最單純」，不需要太多個人真實資料佐證，只需要做好風險控管與額度限制，應該就能上線。三是學生族群的行為特質相當適合無人化服務：

「他們不喜歡太複雜的銀行 KYC 流程，不喜歡等待，甚至不喜歡被人檢視。相對的，他們喜歡用手機完成任務，喜歡無人化的服

務體驗。最好還能馬上取得款項，越方便簡單、越能保障個人隱私越好！」普匯主管說明。

　　普匯金融整理學生貸的市場需求主要有以下數者。一是生活消費，尤其是當代大學生在學習工具上不能缺少的 3C、筆記型電腦、手機與通訊費等。此外，學生族群常需要一台機車，不管上課、打工、郊遊、交朋友，都要騎上它。二是進修學雜費，包括「學費、書本費、雜費、生活費」等基本教育費用與自我進修升級費用。較高年級的大三學生還有報考研究所的補習費、學習電腦程式語言經費、第二專長進修費等。三是其他資金需求，例如參加社團、社群活動經費；甚至還有大三、大四學生的畢展、畢旅等經費。例如對設計系的學生來說，畢展就是一筆必要支出。許多大學生，尤其是私立大學學生，因學雜費金額不低（每學期約 5 萬以上，約比公立大學學費多 1/3），有些已經申請學貸，若要再有其他周轉資金支出，就必須尋求類似普匯這類即時周轉融資服務。

2. AI 服務歷程

　　(1) 一是真實身分確認（authentic identity）。2019 年推出的學生貸，需要的基本資料包括學生證、雙證件（身分證與健保卡）、金融帳號、拍照上傳。在申貸流程上，主要包括以下步驟。步驟一是選擇額度，額度最高 15 萬元，分 3-24 期。步驟二是上傳資料，AI 數據分析審核，全程無人打擾。步驟三是持證自拍，審核成功後，立即上架幫貸款者媒合投資人。步驟四是上架媒合，24 小時收到款項。

　　學生證與雙證件的拍照上傳，利用手機完成的步驟相當簡單，也容易達成；但是在持證自拍的過程中，卻需要一定技術以確保是本人自拍。

「我們花了點時間解決這項技術難題，因為自拍照要怎麼證明這是本人，而且是在沒有被脅迫的情況下，就需要多角度攝影。現在有新款手機服務可以同時在自拍時也能拍到背後鏡頭，就是有利做法。我們擔心，學生會淪為犯罪集團或家人親情勒索的工具。以前有保人就是呆人，我們也擔心學生變成他人借款的工具人。」姚木川董事長說明。

AI 金融科技雖然可以解決個人真實身分認證的挑戰，但有關借款人的「人情債」問題卻還是難以解決。例如在 Dcard 平台上就有學生分享一位中國醫藥大學女生，被同居男友鼓動而向普匯借 15 萬，另外也向其他機構前後借了 100 萬元。

「醫學院的學生很有高的信用評等，容易借到錢，但智商不代表情商。許多年輕人常會因愛欠債，這反而是未來金融教育推廣過程中必須重視的人性環節。」金融從業人員指出。

(2) **適當資料**（appropriate information）。上傳完個人所需資金、用途與確認個人身分真實性之後，就需要開始計算個人信貸評分，也就是風控信評額度系統的啟動。而要取得哪些資料才算足夠？太多資料可能讓系統建置與風控計算複雜，太少的資料又不夠精確。因此對學生族群的資料取得，哪些內容算是適當？成為一大學問。除了學校、系所、年級與基本收支外，普匯也發現一些有趣的統計數字值得參考。

「我們後來發現休閒管理學系與企業管理學系的違約率較一般高，這可能是因為他們還沒學習到如何管理資金，但又喜歡大手大腳花錢有關。此外，戶籍所在地與目前居住的樓層高低也有關聯。AI 資料探勘發現，住在低樓層的學生，確實經濟能力較低，風險程度

較弱。其他如臉書或 IG 交友圈，也在評分之列，但不是主要評分項目。」普匯指出。

(3) **精準融資**（accurate/appropriate injection）。「同學，只要一支手機，普匯幫你完成夢想！」普匯推出「5 分鐘申貸、10 分鐘審核、1 小時放款」訴求，確實滿足年輕世代需求。初步統計在年滿 18 歲大學生的借貸資料中，平均借款金額是 2.5 萬元，較最高 15 萬元借款額度（每月利息最低 255 元）仍有一段距離。

出國留學的借貸金額略高，其次是購買 3C、筆電等學習性支出，與租屋、購買機車等；至於偶發事件如修理機車或車禍意外等住院需求，則需視實際狀況而定。普匯主管分享，曾有一位擔任 Uber Eats 外送的工讀生，臨時撥打客服希望調高貸款額度，因為他騎機車外送時不小心受傷住院，3 萬元審核額度不足，需提高到 3.5 萬元。

「我們的客服後來特別打電話請他開影音畫面確認住院事實，考量他車禍住院，且是在打工時出的車禍，短期內也不容易有收入，所以特別提高額度。」普匯主管說明。

但普匯也發現一些購買手機的經費有過度超支情形，甚至出現「黑心通訊行」，而讓普匯對手機借貸趨於保守。

「我們發現有些學生購買手機而向普匯借款金額高達 3.6 萬元，但這筆錢有很大一部分都被通訊行賺走了。怎麼說呢？原本學生可能只要購買一支平價手機，但通訊行人員會勸說他買特定品牌手機，甚至還轉換到其他電信公司。因為買特定促銷款手機的退佣金額較高，若門號可攜轉台，又可拿到 8,000 元獎金！所以如何教育年輕人量力而為，不要成為別人眼中的肥羊，是普匯金融教育推廣的重要環節。」普匯主管說明。

（二）工程師貸

1. 服務需求

　　普匯在 2019 年推出工程師貸，相較於學生族群處於金融弱勢地位，一般工程師雖看似前途似錦，收入豐厚，但卻也有持續進修與買房、買車需求。普匯指出，工程師這個族群包括上班族、SOHO 族、學生，他們是一群「潛力股」，而且經常願意支出大筆金額在教育投資上。

　　「工程師的軟體課程經常一個模組就要 10 萬元！而且很多工程師還同時是遊戲玩家，會買裝備、遊戲周邊等，未必有足夠的可運用資金可以周轉，尤其是資工系學生，或是剛出社會的工程師與 SOHO 族。」普匯說明。

　　除了工作進修需要外，有些工程師在買車、買房上也懂得善用自己的信用評等向金融機構取得相對優惠的借款融資。

　　「工程師是很精打細算的，他們知道要善用自己的優勢！買車、買房原本就是不小的開銷，能夠盡量分期就分期，這樣能夠保留可運用資金在其他投資上。」普匯主管分享。

　　較之於學生族群平均約 2.4 萬元的放款，工程師的平均放款金額明顯提高，平均約 7-8 萬元；若是軟體課程還會增加到 10 萬元。

2. AI 服務歷程

　　(1) 一是真實身分確認（authentic identity）。在普匯的網頁介紹中，工程師的界定範疇包括上班族、SOHO 族、學生。需要上傳的文件包括工作認證、實名認證、社交帳號、電子郵件、學歷證明、工程師專業證照。最高可貸 30 萬元，年息 5%。

在上傳步驟上有以下五者。一是提供完整資訊，有助提高額度。二是選擇身分，根據借款者身分，選擇適合專案。三是 AI 數據分析審核，全程無人打擾。四是持證自拍，審核成功後立即上架媒合投資人。五是媒合成功，24 小時內會收到款項。

上述流程和學生貸款一致，但工程師貸更重視個人任職企業、專業證照、畢業證書等資料。曾有工程師因畢業年度過久需要尋找證書，或是專業證照取得等，都是重要基本資料，以確認其身分眞實性。國內另一個區塊鏈認證公司主管就指出，未來專業認證若能積極採用區塊鏈認證技術，就能避免證書丟失或認證程序繁瑣的困擾。

(2) 適當資料（appropriate information）。相較於學生族群重視學校系級及戶籍地址，工程師這個族群更重視的是個人專業知識能力，包括專業證照與工作單位等重要資訊，因此在資料上傳第一關就是「工作認證」。尤其目前任職企業與任職時間長短、工作職務，更會直接影響風險評級。在普匯的網站就出現不少台積電與日月光工程師的貸款記錄。普匯在企業官網上就有說明：

「人工智慧收集每個人在網路上或其他地方產生的各種數據，包括線上購物的行爲、手機的位置資訊、交友圈情況、個人資訊，利用機器學習等技術把數據轉換成信用分數，信用分數可以用在借貸服務上，普匯即是使用此方式做出信用評級模型，按照一個人分數的高低判斷他守信與否，決定要不要借款，以及借款利率。」

(3) 精準融資（accurate/appropriate injection）。從 Dcard 上請求媒合的多是學生族群，偶爾有上班族與工程師貸的媒合資訊觀察，工程師貸的借款金額明顯偏高。例如一位 27 歲在科技業工作者，因申請家人半年看護資金，借款 23 萬元，年利率 13%；另一位工程師貸則是家中裝潢需求，借款金額 6.2 萬元，均較學生族群高。這也顯示

工程師貸的融資金額和個人信用、任職企業、需求內容高度相關。

值得注意的是，部分工程師貸因評級較高，為快速取得款項，會分為 2-3 筆款項申請，例如以家中裝修、保費到期、請保母或看護費等分別申請，每筆金額約在 5 萬元左右，然而此舉卻有利有弊。小額借款雖有助於快速取得資金且貸款利率較單筆大額低，但同時出現同一人的借款資訊，卻未必能爭取投資人認同，且需要多負擔每一筆的平台服務費。

「因為投資人幾乎是同一群人，他們會固定看標案項目。同一人在同一時間（或前後時間差距不大）提出多個標案，意圖很明顯，未必有利，反而讓人有投機取巧的感覺。」普匯主管說明。

（三）上班族貸

1. 服務需求

普匯在 2021 年推出上班族貸。適用對象是 18-45 歲的上班族，主要對象有幾種類型。一是一般企業員工，不論公司規模，只要收入穩定皆可適用。貸款用途可能是生活急用、資金周轉、添購家具、車輛或小孩教養金。二是金融機構員工，例如證券、銀行、保險業均適用；主要貸款目的可能是投資理財或股票交割，若能快速取得資金，就有助於掌握投資契機，提高獲利。三是公家機關優質貸，包括學校、醫院從業人員都可適用。

值得注意的是，普匯強調「借款記錄不上聯徵，不影響信用」，且全程免照會，無人化安全又隱私。四是上市櫃企業菁英貸，包括台積電、日月光等大企業員工都是客戶；只要持照自拍，就可快速審核，且免跑銀行又免受干擾。

2. AI 服務歷程

(1) 一是**眞實身分**（authentic identity）**確認**。上班族必須提供基本收入資料，持雙證件自拍上傳，信用良好，無催收或呆帳記錄。普匯官網顯示，目前已有超過 10 萬上班族使用。

在申請流程上有以下步驟。步驟一是選擇申貸專案，上傳「資金需求佐證文件」並選擇借款金額與週期。步驟二是完成身分驗證、完成其他資料提供後，確認送出審核。需要準備的資料包括雙證件、銀行存款金融卡、工作收入證明如勞保異動明細、近 3 個月薪資憑證、近 3 個月存摺封面與內頁、近年度扣繳憑單等。另需提供個人聯合徵信報告。步驟三是取得核准額度、選擇借貸金額，並完成線上簽約。步驟四是案件上架、快速媒合、立即到帳，最快 1 個小時到帳。

上班族在眞實身分確認上較大的挑戰是如何取得正確的佐證資料，尤其是過去畢業證書等資料。例如一位上班族就分享：

「普匯金融在每個步驟都有即時提醒『認證資料已經上傳』。但最令人印象深刻的還是有人服務的客服。因在證件上傳時出現問題，普匯客服即可解決，包括畢業證書申請等，因而能順利提高申貸額度。我認爲 AI 將是未來趨勢，希望普匯在平台穩定性可再提升，服務項目可以增加，以幫助更多年輕人。」

(2) **適當資料**（appropriate information）。相較於學生族群著重在學校、科系與居住地點等個人資訊；上班族的資訊提供則以個人聯合徵信所的資金借貸與還款記錄、目前所在公司與薪資、勞健保記錄等爲主。其中，金融從業人員與公務人員是信用較好的族群。一位在銀行工作的陳小姐就分享：

「我擔任銀行內勤三年，準備和男朋友出國充電；原本可以申

請銀行的行員優惠貸款，但工作太忙已經過了申貸期限。在急需用錢下，尋找網路上推薦『安全可靠、快速撥貸』的普匯，在 1 天內完成線上簽約撥貸。總貸款金額 12 萬，每個月還款 5,000 多元，相當於買一件衣服的錢，只要省一點就好了！」

對於普匯的快速撥款核貸速度，較傳統銀行必須一關一關通過書面審核流程來得快速有效率，她也擔心未來銀行業的內勤人員恐怕要失業了！但她也會推薦給工作年資只有 1-2 年，銀行還不會提供信貸借款的族群。另一位在公部門服務的陳先生則分享，個人原本已有二個信貸，原本準備要在年底（2022）完成整合信貸，但臨時有小額周轉需求，所以查詢普匯借貸服務。

(3) 精準融資（accurate/appropriate injection）。普匯的精準融資服務表現在以下面向，一是即時性，例如一位上班族王小姐分享：

「普匯金融的好處在不用跑銀行，24 小時的服務隨時都可以辦理，而且不會有人知道。對於急需的人提供方便快速的借款方式。」

二是適當金額，例如剛出社會的李小姐分享，她因為工作尚未滿一年，但卻需要有一筆周轉金來安置生活；普匯願意提供適當金額的周轉金，可以解決社會新鮮人的燃眉之急，達到安頓身心的效果。另外如準備結婚的新人，因為想辦一場難忘的婚禮，因此在 Dcard 看到普匯的推薦分享後，就決定嘗試申貸。

三是適度安全性。普匯在整個核保與撥款過程，每一步驟都有「資料認證已經上傳」的手機即時通知，這對於確保個人資料安全上，提供適度且即時的安全感。此外，普匯全程無人化服務，也能確保個人隱私安全。例如在銀行工作者就提到，若經過行內申貸程序，可能會出現人多嘴雜的耳語。「人多不一定好辦事，甚至會壞事。」

（四）商業模式：分散式金融服務

　　普匯金融的商業模式，主要可由 P2P 借貸平台之有形收益與無形網絡效益進行分析。首先在有形收益上，普匯所架構的融資平台屬於 P2P 的分散式架構平台，借貸雙方都取得一定實益。借方，一般學生族群可以取得最高額度 15 萬元，最低利率 4%，期數可分 3-24 期。工程師貸與上班族貸，最高分可分別貸款 30 萬元。一位方同學就分享：

　　「普匯是讓人安心的平台，對個資保護很安全，不會有其他人打電話來，也不用冒著生命的危險。很像在大海中抓到一塊浮木！」

　　方同學因打工薪水還沒下來，但信用卡繳費期限又快到了，所以到網路上搜尋貸款平台，發現普匯的申貸流程很快，2 天後就能完成撥款，「就像看到黑暗中的一絲曙光」。

　　普匯已成為全台學生貸市占率最高者，幫助超過 156 所大學，超過數萬名大學生完成即時資金取得。另有學生分享，普匯的學生貸等信用貸款主要有以下優點：一是全程使用 APP，不跳轉，無人打擾。二是申辦免費，不核准免費。三是放款完全不受休假限制。四是核貸通過率超過 90%。五是申貸利率完全公開透明不隱藏。「安全、簡單、快速、隱私」。

　　而在提供資金的投資者，也有不少人分享在普匯投入 P2P 分散投資的優點。設計業的王先生分享：

　　「過去主要存款都是購買美元、外匯或投資基金，利率在 3%-4%。但普匯的投資利率有 12%-15%，收益較高；而且有債權轉讓機制，一旦有資金調度需求，可以將債權再轉讓給其他人。」

　　另一位上班族也是以「小額投資」的心態來看普匯債權投資，首先以 1,000 元投資開始，發現收入很穩定，而且可以幫助到大學生，就持續投入。另一個大學生則是以分散投資方式，將 1 萬資金「投資」給 10 位學生，「每個月可賺到 1-2 個便當的利息收入」。至於服飾業陳小姐，過去投資股票、期貨與基金，最近開始投資債權。她認為這是低風險、高報酬的投資，平均年化報酬率約 12%，在所有投資中屬於穩健型投資。總結來說，投資報酬率較一般銀行定存高，且有分散投資與債權轉讓機制，成為普匯吸引投資人參與投入的主因。

　　至於普匯則是收取平台服務費，一般約收取核定金額的 3%-4%，學生貸的平台服務費較低，約 3%；工程師貸的平台服務費則略高，約 4%。不過根據網路媒體股感（Stock feel）在 2020 年度就國內五個 P2P 投資平台進行比較，信用市集 LnB 是先收取投資額的 1.5%-5%；日生金、必可 Bznk 無另外收取手續費；旭新（InFlux）約收取利息的 10%；至於普匯則收取每月還款金額 1%。

　　除有形收益外，普匯金融 P2P 平台也有特殊的網絡效益形塑機制。在需求方，普匯金融由多元客群需求，拓展服務網絡，由學生貸、上班族貸、工程師貸，逐步拓展到金額更大的購屋貸、添購家具、家電等貸款（上限各 100 萬元）。供給方的拓增則隨著多元投資項目出現，也開始逐漸增加。

　　普匯除扮演媒合供需雙方平台角色外，與知名學生社群平台 Dcard 也形成特殊互動關係，而延伸服務網絡。因許多學生族群與上班族、工程師族群為爭取投資人認同、加速媒合時程，會將個人需要資金的理由在 Dcard 上貼文說明，估計每天均有 10 則以上新貼文，而成為另一個媒合供需雙方的重要場域。普匯也因此和 Dcard 平台間形成特殊的夥伴關係，雙方曾討論進階合作的可能性，但目前仍在討論階段。

表 5-1　普匯金融之三種分眾信貸差異

分眾貸款	學生貸	工程師貸	上班族貸
需求	生活消費、進修學雜費，其他花費如社團、畢展、畢旅	進修課程、買車、買房、遊戲周邊等	生活急用、出國進修、添購家具、小孩教養金
開戶：身分認證	證件：學生證、雙證件、金融帳號	證件：雙證件、專業證照、學歷、社交帳號、電子郵件	證件：雙證件、勞保異動明細、近 3 個月薪資憑證、近年度扣繳憑單
AI 科技	反詐欺系統、關係人歸戶系統、反洗錢系統		
信評：適當資料	常見資料：學校、系所、年級 特殊資料：戶籍、居住樓層、IG 或 FB 交友圈	常見資料：專業證照、任職公司、職務、任職時間長短 特殊資料：社交帳號、電郵	常見資料：聯合徵信所記錄、工作收入證明如近 3 個月薪資憑證與近年度扣繳憑單等 特殊資料：金融與公務機構任職等有利資料
AI 科技	風控信評額度系統、競標即時撮合系統、自動核貸上架系統、線上對保核撥		
放款：精準融資	最高 15 萬元，平均放款金額 2.5 萬元 利息：2%-12% 間 常見「加貸」	最高 30 萬元，平均放款金額 7-8 萬元 利息：2%-15% 間 常見「大額分批貸款」	最高 30 萬元，平均放款金額 5-7 萬元 利息：2%-15% 常見「整合信貸」
AI 科技	虛擬帳戶金流管理系統、分秒計息系統、貸後管理系統、債權轉讓、無卡分期系統		

四、中小企業融資

普匯與新光銀行在 2021 年底合作推出中小企業微企信保融資平台，鎖定小型及微型企業戶融資需求，客戶透過全線上中小微企信保融資服務平台，可不受時空限制、全天候 24 小時快速完成融資申請。初步設定一年目標要達 5,000 戶。

新光銀行董事長李增昌致詞時指出，台灣中小企業約 154 萬戶，其中有 137 萬戶資本額少於新台幣 500 萬元，此類資本額較小的微型、小型企業在金融體系中得到融資的機會及管道相對弱勢，新光銀行此次攜手金融科技新創業者推出數位融資平台，即是鎖定微型、小型企業的融資需求。

企業主完成相關資料上傳後，在銀行營業時間內最快 1 小時提供初核額度，最快 8 小時可得知最終核貸結果，於銀行完成開戶即刻進行撥款入戶作業，相比一般傳統流程從資料上傳到核貸需時 2 週以上，企業透過數位融資平台，可更快速便捷地取得款項。

國家發展委員會主委龔明鑫在新聞媒體上表示，許多中小企業因疫情受到衝擊，需要申請紓困，不過這些中小企業年營收大多不到 50 萬元，過去主要收取現金，很少和銀行來往，即所謂「信用小白」；現在透過信保機制，讓中小微企業可用簡易信用評等取得貸款。

（一）真實身分（Authentic Identity）

適用對象為新創公司（Startups）、育成中心團隊等；其次是電子商務，如 KOL（Key Opinion Leader）網紅經濟、直播業者等；另外還有中小企業主，如文創業者、商店小老闆、一般公司行號。根據天下雜誌統計，台灣新創企業在 5 年內存活率僅有 1%，資金不足與投資者撤資，是名列創業失敗的前十大原因，因此普匯希望能透過

AI 科技，幫助中小企業主快速方便地取得資金。

　　新創或育成中心團隊必須有合法公司或商業登記，但不得爲金融及保險業、宗教或類似組織，或特殊娛樂業。實收資本額不得超過 1 億元，且近一年平均投保員工人數不得大於 200 人；企業、負責人、配偶、保證人不得有任何信用瑕疵記錄。

　　資金需求以營運所需或是周轉爲主；最高貸款額度 300 萬元，最長貸款期間 5 年。普匯平台不收取客戶手續費與服務費，由國家級信保基金協助擔保，並由銀行放款，目前合作銀行是新光銀行。

　　普匯採取實名認證，必須填寫並提供證件資料，以完成實名制。包括：常用電子信箱、個人基本資料、個人所得資料、近 6 個月往來存摺封面及內頁；希望做到全線上申請、手機上傳資料、5 天內銀行放款，以解決企業資金周轉難題。主要有以下四大步驟。步驟一是申請「中小企業融資專案」，完成法人註冊與負責人實名認證。步驟二是確認借款期間與額度，同意申請。步驟三是完成負責人、公司資料提供（包含負責人配偶、新增保證人）。步驟四是等待系統審核並媒合資金方（銀行）、銀行最終核准後，進行簽約對保，且立即撥款。

　　中小企業主的眞實身分不但重要，其相關的負責人配偶與新增保證人同樣重要，以作爲有效評估公司整體借貸與風險承擔之基礎。普匯指出，因台灣許多中小企業主在創辦初期多以「3F」借貸爲主，即家人（Family）、朋友（Friend）、傻瓜（Fool），因此企業主本身的信用風險之外，還必須同步評估重要利害關係人的借貸情況，才能有效評估風險。

(二) 適當資料（Appropriate Information）

普匯在與新光銀行合作過程中，就發現傳統金融服務對中小企業借貸的高度複雜性，這也能說明為何中小企業不容易向傳統金融機構取得資金。

「多數銀行信任上市櫃公司的還款能力，但中小企業因成立時間不夠長，也還沒有經過上市櫃程序的財報查核實績，自然需要更謹慎的融資過程。我們在和新光銀行對接過程中，就已經花了好幾個月時間，將銀行融資欄位由 670 個欄位降到 170 個欄位。只要有 1 個欄位不精確，API 就串接不過去。銀行欄位的一致性與準確性相當重要。」普匯高階主管說明。

普匯對中小企業的風險徵信，主要依據以下重要內容。一是經濟部的工商登記、統編（各地方政府商業司）。二是國稅局的稅籍編號。三是 1 億元的登記資本額，和實收資本額不同（中小企業信保基金）。四是最近一年員工 200 人（中小企業信保基金）。五是聯合徵信的信用狀況，企業、配偶與負責人徵信。普匯董事長姚木川指出：

「每一個步驟都和不同主管機關的業務有關，尤其還有中央部會與地方政府等多個單位！我們光是釐清這些單位的負責內容與窗口，並設法串接所有服務介面，就花了不少時間。這應該也是金融業在數位服務的最大挑戰！」

相較於學生貸、工程師貸或上班族貸等個人信貸的適切資料，中小企業的資料適切性就顯得相當繁雜，這主要在確認公司的資產負債實績、釐清公司的償債能力，並評估公司成長潛力，才能有效評估融資風險級數，確認貸款金額。

（三）精準融資（Accurate/Appropriate Injection）

普匯與新光銀行合作的中小企業線上融資，有以下特色。一是創新又快速，全線上金融科技與銀行合作。普匯善用 AI 科技加速並簡化流程，尤其用一支手機就可以搞定貸款、全線上無人化、不怕洩露個資。

二是由政府信保基金來保證。其中和中小企業信保基金串接，還可以適用「歡迎台商回台投資專案貸款」、「中小企業加速投資貸款信用保證」或「中小企業投資台灣優惠保證措施」等專案，而能享有最高 9 成 5 的保證成數；保證手續費則在 0.3%-1.375% 之間。普匯指出：

「中小企業融資原本就存在銀行與信保基金的運作機制中，既簡單又環保，還可以一次送案多間銀行。其實中小企業信保基金和其他金融機構也在討論合作可能性。精準、快速又安全，是我們的最大優勢！希望在未來能普惠更多中小企業，讓他們不用跑到其他民間借貸管道。」

目前普匯與新光銀行合作的中小企業貸款，各行各業都可以貸款，前 3 個月貸款利率 0.68%，第 4 個月起的貸款利率則為 2.98%-14.88%。貸款金額最高 300 萬元，貸款年限則為 1-7 年。開辦費 9,000 元。但普匯的主管也不諱言，目前與新光銀行的合作還是相當有限：

「我們拿出過去一年多的借款人資料給新光銀行看，他們評估後未貸款的中小企業，其實真正還不出款項的不到 2%，這表示他們錯失了九成的市場商機。有些銀行內控的評估標準是需要調整的，像是沒有固定辦公處所或是未曾有和該行往來記錄，就不能借款。但有些新創就是網路或行動 APP 起家，辦公地點頂多在家或在學校育成基

地，所以沒有固定辦公室啊！從投融資角度，如何鼓勵眞正有技術含量與發展潛力的新創與潛力股，才是重點。」普匯主管說明。

（四）商模解讀：嵌入式金融服務

　　普匯善用 AI 科技優勢嵌入到原本既存的銀行與中小企業信保基金體系，較之原有的 P2P 借貸，主要有以下特色。一是融入原有的金融生態圈中，讓多方受益。其中，金融機構如新光銀行就開始學習用 AI 金融科技的 API 串接，簡化審核流程，降低人工作業成本，甚至在未來可做到完全無人化服務。中小企業信保基金也因爲 AI 金融科技，而能做到精準放款與降低信用保證風險。至於中小企業主則因爲這項服務，而能快速取得所需資金，且利率在 2.98%-14.88% 之間。甚至在未來，普匯還準備開辦企業主速貸、中小企業信貸，讓中小企業主有更多元彈性的借款機制。至於普匯則有效擴增服務範圍，由原來的 P2P 借貸，擴增到傳統金融機構的嵌入式服務體系，大幅拓展客源，並有效提高交易金額。

　　二是特殊網絡效益形成。較之 P2P 平台服務仰賴使用者社群的自主交流（如 Dcard），普匯金融在嵌入式金融服務則開始跨進多元新創網絡。做法一是和傳統金融機構合作，進入到原有銀行的中小企業服務與信保基金網絡。做法二是和網紅經濟結合，進入到網紅直播主網絡，例如普匯積極與美賣電商智慧媒合超過 1,500 位優質網紅及 300 多家供應商，未來可以提供網紅直播主或供應商融資需求。

　　「很多網紅直播主本身就會團購商品，自己就是個網紅創業家。他們會需要資金墊款買貨或支付保證金等，就會有融通資金需求。同樣的，供應商也會有融資需求，中國大陸京東商城與支付寶的供應商融資就已相當成熟，因爲所有線上銷貨的資金流動相當明確，可以做

到精準貸放。」普匯說明。

　　除網紅直播主與供應商之外，在電商平台上購物的消費者，未來也可以透過普匯取得大額資金採購的即時融資。買賣雙方都可以成為普匯金融客戶。

　　「只有買賣雙方都取得即時資金融通，才能建立正向循環關係，有更多優質的供應商加入、有更多有能力的買方加入，自然能形成正向的良性循環。普匯金融的角色就是建構槓動金流、物流與資訊流的基礎建置及交通號誌；透過 AI 精準把關，讓整個資金流動更為順暢。」

表 5-2　普匯金融在中小企業信貸特色

融資平台	普匯金融	傳統金融機構
資格	新創、育成中心團隊、電商網紅、文創業者、一般中小企業等，資格較為寬鬆，137 萬戶資本額低於 500 萬元者（台灣中小企業約 154 萬戶）	合法登記之公司組織，一般需成立滿 3 年以上，且資本額需 500 萬元以上
開戶：身分認證	全線上申請：法人註冊與負責人實名認證（個人基本資料、所得資料、近 6 個月往來存摺封面、常用電子信箱等）	實體申請：個人與公司聯合徵信資料、過去曾與銀行往來記錄等
信評：適當資料	常見資料：經濟部工商登記、統編（各地方政府商業司）、國稅局稅籍編號、1 億元登記資本額、實收資本額、最近一年員工人數（需達 200 人以上）、聯合徵信中企業、配偶、負責人徵信 特殊資料：資產負債實績、償債能力、公司成長潛力等	常見資料：經濟部工商登記、統編（各地方政府商業司）、國稅局稅籍編號、1 億元登記資本額、實收資本額、最近一年員工人數（需達 200 人以上）、聯合徵信中企業、配偶、負責人徵信

融資平台	普匯金融	傳統金融機構
放款： 精準融資	最高600萬元，貸款利息2.98%-14.88%，年限1-7年，開辦費9,000元 常見：最高95%中小企業信保，手續費0.3%-1.375% 前3個月貸款利率0.68%，第4個月起貸款利率2.98%-14.88%	最高600萬元，貸款利息2.98%-14.88%，年限1-7年，開辦費9,000元 常見：最高95%中小企業信保，手續費0.3%-1.375% 前3個月貸款利率0.68%，第4個月起貸款利率2.98%-14.88%

五、解讀：普匯的永續價值，從多元商模談起

普匯金融具體實踐「普惠金融」（inclusive finance）並以多元商模為其創新特色，主要為P2P借貸與嵌入式服務、租賃服務。若由商業模式的創價與取價歷程分析可以發現，普匯金融創價歷程著重在「多對多」的投融資組合；換句話說，借款人扮演投資人角色，可以「小額分散」投資多個借款人。至於傳統金融機構則著重在「一對多」，銀行以存款準備為基礎進行信用貸放，具有一定槓桿乘數效益。

而在取價機制上，普匯金融因扮演借貸雙方中介平台，本身不從事授信，因此僅收取平台服務費或手續費；至於傳統金融機構則因以吸收存款為基礎進行信用貸放，因此以存放利差和手續費為收益來源。

在核心價值主張上，普匯金融強調「普惠金融」（inclusive finance），重視提供弱勢邊緣族群快速有效的緊急周轉資金，包括學生族群這類「信用小白」或是新創企業等「信用空白」者。普匯金融在多對多（P2P）的服務模式上具有「直接金融」之價值內涵。而傳統金融機構的核心價值主張在「間接金融」，強調安全可靠、銀行「不會倒」也「不能倒」的服務基礎上。

同樣扮演中介機構，普匯金融的中介本質在 AI 資訊服務能力，強調精準風控模組的建置；而傳統金融機構的中介本質在資本適足率，強調風控與內控制度建立，因事實上，許多金融機構的不良放貸常因人為因素，內控機制與防火牆機制，更需有效建立。

表 5-3　P2P 借貸平台與傳統金融機構信貸差異

商業模式	普匯： 個人 P2P 借款	普匯： 中小企業 P2P 借款	傳統金融： 消費信貸
創價機制	多對多：分散投資，知道貸款對象，風險由投資者承擔	多對多：銀行對中小企業，分散融資，知道貸款對象，風險由多家銀行共同承擔	一對多：銀行對中小企業嚴格授信融資，風險由銀行承擔
取價機制	服務費，手續費；亦可扮演投資人賺利差	服務費，手續費；亦可扮演投資人賺利差	利差
核心價值主張	普惠金融:弱勢族群，如學生 直接金融，重視回客率	普惠金融：弱勢中小企業，如育成新創 直接金融，重視回客率	消費&企業金融：有擔保基礎之個人或企業 間接金融，重視壞帳率與資本適足率
中介機構服務核心	AI 資訊服務能力，強化風控模組	AI 資訊服務能力，強化風控模組	資本適足率，風控模組與內控機制

六、反思：金融科技的網絡效益與創新服務設計

普匯金融個案可以幫助我們反思金融科技新創所形塑之特殊網絡效益，亦即 P2P 服務如何由使用者端、供給者端與第三方之夥伴關係，建構持續相互增益之網絡效益。這也能說明金融科技業者如何「見樹又見林」，看到本身之經營利基與金融服務範疇之拓展效益（Xu et al., 2023）。

　　過去學者即提出，使用者端重視好用性、易用性、可學習模仿性，是金融科技創新的基礎（Belanche, Casaló, & Flavián, 2019; Rogers & Williams, 1983）。而在普匯金融個案中，使用者端不但有族群的擴增，更有產品服務項目的拓展。族群擴增上，主要由學生貸、工程師貸、上班族貸等分眾客群逐步擴展。而在產品服務內容則有信用貸款、房屋貸款、租賃與融資服務等。至於供給者端則有各種投資族群之加入，包括有資產、有閒錢之學生、上班族、企業主管、熟悉股市或基金投資者。

　　從這個角度來看，借款者也可能同時扮演投資者角色，形成「雙重身分」之特殊交易機制。此外，普匯金融還有特殊的債權轉讓機制，形成二級市場的交流特色。在第三方合作夥伴建構上，過去學者即強調第三方之協調推動角色對網絡效益形塑之重要性（Schulte & Liu, 2017）。在普匯金融之 P2P 借貸中，則有借款人與投資人主動交換投資資訊之 Dcard 平台；普匯金融雖未與 Dcard 有正式合作關係，但卻因借貸雙方之交融，而意外形塑特殊的平台連結關係。

　　在中小企業信貸，族群延伸上則是過去傳統金融機構較忽略之新創育成企業、網紅、文創工作者、SOHO 族等。而在產品延展上則有信貸、營運周轉金、資金收付、展店裝修等。至於供給者端目前以新光銀行為主要合作對象，未來則擬拓展到更多合作銀行。「我們希望做到類似『聯合融資』概念，也就是銀行端的 P2P。」

　　較特別的是在第三方夥伴關係建構上，普匯與中小企業信保基金建立強連結關係，亦即將中小企業信保機制融入到 P2P 平台上；且透過 AI 金融科技協會積極建構銀行同業網絡，以讓更多人加入中小企業之融資行列。

表 5-4　P2P 之網絡效益分析

網絡效益	個人信貸	中小企業信貸
需求端	分眾延伸：學生族群、工程師、上班族 產品延伸：信貸、房貸、BNPL（類似有擔保放款）、租賃	族群延伸：新創企業、企業主、網紅、文創工作者等 SOHO 族群 產品延伸：信貸、營運周轉、資金收付、展店裝修
供給端	個人投資者：學生、上班族、企業主管、資深投資人等	金融機構：新光銀行等金融機構
第三方	Dcard 平台	中小企業信保基金、AI 金融科技協會
網絡特色	P=C 多對多交易之網絡關係 B PC1 ← PC2 → PC3 PC4 ← PC5 → PC6	B2B（Bank to Business）點對點融資關係 B C1　C2　C3

　　最後總結：「金融科技新創有哪些創新服務模式？」若由 AI 金融科技之服務場域和外部夥伴參與度，即與傳統金融機構等合作之可能態樣進行討論。由本個案討論可以發現，普匯金融科技最早提出 P2P 之信貸服務，主要在解決「金融弱勢」之資金取得難題，以金融服務場域為主，透過 AI 風控信評額度系統、競標即時撮合、線上對保撥款系統、自動核貸上架系統等，可以做到客製化之金融服務。至於中小企業融資則較偏向與銀行既有風控系統連結，強化原有風控模組評量設計；未來普匯金融與不同銀行合作，還可以發展出不同風控模組間的調適機制。至於嵌入式金融則是普匯金融正在申辦之租賃等非傳統金融服務場域或是網紅直播場域，藉由分期服務，可以讓傳統租賃服務更具風險分散與精準評估效益。

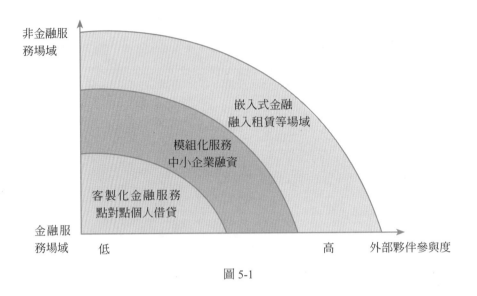

圖 5-1

七、結論：AI 科技導入金融服務之創新實務

　　金融科技新創，尤其是 AI 科技之應用，已被視為金融機構的重要數位轉型環節，更是純網銀之主要服務態樣。如何加強數位服務的即時性、安全性與風險精確性，正是當前金融機構在導入 AI 金融科技服務之基礎。以下表 5-5 來引導傳統金融機構或有意投入 AI 科技創新服務者之檢核表，思考如何有效運用 AI 科技以達數位轉型並創新商業模式。

表 5-5　導入 AI 金融科技新創服務歷程

導入 AI 金融科技服務歷程	分析面向	判斷點
分眾服務： 角色建構	真實身分建構	1. 擇定服務之分眾對象：可區分為學生族、上班族、工程師族、網紅族等。 2. 擇定常見身分認證：如身分證與健保卡、畢業證書等。 3. 擇定隱性身分認證：社群身分、家庭或家族身分、住所身分等。

導入 AI 金融科技服務歷程	分析面向	判斷點
AI 科技：風控模組	眞確資料取得	1. **擇定常見資料**：薪資、勞健保等和現金流量與經常性收支有關者。眞確資料取得著重在精準性與必要性，不同分眾族群間應有「大同小異」之區別，但關鍵在評估借款人之「還款能力」，尤其是每個月現金流量與還款金額之比較。 2. **擇定特殊資料**：需考量族群差異性，如學生貸有系所差異，工程師有證照差異，而上班族有工作類型與管理層級差異。
夥伴關係：服務模式建構	創新產品與服務設計	金融科技新創與傳統金融機構合作，有以下服務模式可作爲循序漸進之參考點，同時必須考量可行性、相容性與必要性。 1. **嵌入式金融**：API 串接。亦即將金融科技視爲第三方服務提供者（TPP）並以 API 串接模式提供所需服務，屬於開放銀行第二階段之做法。 2. **模組化服務**：技術授權。亦即可透過取得金融科技新創技術授權模式，強化原有金融機構之風控模組與流程優化。 3. **機構化設計（內化）**：併購、投資。亦即可考量以併購或投資模式，直接將金融科技服務內化爲整體金融體系之一部分。
商模建構：多元商模連結	創新獲利	金融科技新創之商模建構除有形營收獲益來源外，還有無形之網絡效益形塑，較之傳統金融服務有所差異，可作爲未來建構多元商模之基礎。 1. **有形的營收獲益**：如手續費、服務費、投資收益等。 2. **無形的網絡效益**：多對多之創新擴散效益，會連結在外部平台（屬自發性之弱連結）與原有合作機制（屬既有結構性之強連結）。

參考文獻

1. 聯合新聞網／中央社報導，2021 年 12 月 27 日。新光銀行攜手金融科技業者普匯金融科技公司，推出全線上中小微企信保融資平台，打破融資申請的時空限制。https://www.jdz.tw/post/1625/。

2. 中央銀行，2019。主要國家 P2P 借貸之發展經驗與借鏡。

3. 市場先生，2020 年 9 月 19 日。P2P 意思是什麼？P2P 借貸平台、借貸風險有哪些？https://rich01.com/what-is-p2p-loan/。

4. Belanche, D., Casaló, L. V., & Flavián, C. 2019. Artificial intelligence in FinTech: Understanding robo-advisors adoption among customers. *Industrial Management & Data Systems.*

5. Rogers, E. M., & Williams, D. 1983. Diffusion of innovations. *Glencoe, IL: The Free Press, 1962.*

6. Schulte, P., & Liu, G. 2017. Fintech is merging with iot and AI to challenge banks: How entrenched interests can prepare. *The Journal of Alternative Investments*, 20(3): 41-57.

7. Xu, L., Yang, S., Liu, Y., Newbert, S. L., & Boal, K. B. 2023. Seeing the forest and the trees: Exploring the impact of inter-and intra-entrepreneurial ecosystem embeddedness on new venture creation. *Academy of Management Journal*, 1-56.

第二篇

理論二：AIoT 物聯網科技與金融服務生態系

第六章　AIoT 物聯網科技與金融服務生態系
AIoT and Financial Ecosystem

專書第一部分已介紹 AI 科技如何驅動金融服務變革與商模創新，第二部分則進一步討論 AIoT 物聯網科技之創新特點，並介紹其如何驅動商業生態系之建構。

一、嵌入觀：以科技提高能見度

物聯網（IoT, Internet of Things）乃是奠定在快速發展建置的網路基礎與數位科技上（Atzori, Iera, & Morabito, 2010; Gubbi, R., & Palaniswami, 2013; Turber, Vom Brocke, Gassmann, & Fleisch, 2014），最早由 Kevin Ashton 在 1999 年所提出（Ashton, 2009; Atzori et al., 2010; Gubbi et al., 2013），而高度動態、相互連結，並且和非數位產品交互纏繞乃是特色。相較於過去電腦科技強調人機互動，物聯網科技加入「物件」這項新元素，而能體現人、機、物三者連動的特殊價值（Atzori et al., 2010; Gubbi et al., 2013; Iivari, 2016）。物聯網科技因此可定義為實體物件、消費設備與企業科技資產之相互連結網絡，並能有效偵測和連結外部環境（Iivari, Ahokangas, Komi, & Tihinen, 2016）。

物聯網科技的核心特質就在嵌入（embeddedness），將科技物件嵌入到不同場域，以有效取得關鍵資訊，並作為決策與服務提供依據（Rong, Hu, Lin, & Guo, 2015; Suppatvech, Godsell, & Day, 2019）。第一種資訊乃是使用者資訊，例如 Nike 運動鞋連結行動感測科技，可以有效偵測使用者的運動與走路數據（Gerpott & May, 2016）；又如廠商將科技連結洗衣機，可以偵測使用行為數據（Turber et al.,

2014）；又或者如菲利浦公司曾推出可遠端監控，連結居家 LED 燈泡的使用情況。

　　所謂使用者資訊（usage-based）之取得與應用，則進一步發展為隨需服務（on-demand），例如由 Daimler 在歐美城市所推出的 Car2Go 共享汽車服務，就能讓有需求者可以透過手機登錄、以專用感測卡開啓車門，並找到最近的合法停車位等服務，創新共享汽車服務；而所有的停車場、加油、車輛保養等服務也均由 Car2Go 負責（Rong et al., 2015）。由此也可以體現物聯網科技的相互連結特性。

　　第二種資訊則是在地情境資訊，如車況、天候狀況等。而這類資訊也經常必須與使用者資訊進一步連結。例如 Uber 叫車服務在使用者呼叫特定計程車司機載運後，就能有效規劃行車路線，進而能讓使用者清楚知道需要等候的時間，以及上車後的行車路線。這些即時動線規劃所仰賴者便是在地交通資訊，包括路線規劃與車況壅塞程度等，進而大幅提高嵌入式服務的透明度（Abbasi, Alam, Du, & Huynh, 2021; Abbasi, Shahraki, & Taherkordi, 2021; Guo, Su, & Ahlstrom, 2016; Sangwan, Prakash, & Singh, 2019）。

　　第三種資訊則是不容易體現，也相對不容易看見的行規、法規與遊戲規則等資訊。這也是物聯網科技應用最難突破的最後一哩路，尤其當物聯網科技業者要跨域進入或連結金融服務、醫療服務等場域，就經常需要面對法規遵循等議題。例如特斯拉因能即時掌握電動車的車行狀況與駕駛行為，而能推出保險服務（Catlin, Lorenz, Nandan, & Waschto, 2018）。但國內產險公司在推出類似保險服務時（又稱為 UBI 保單，Usage-Based Insurance），就因駕駛數據的可及性與正確性問題，面臨主管機關對風險評估與保費計算之挑戰。例如南山產險在與 Gogoro 合作過程中，就決定以「里程數」作為任意第三人責任險的保費計算依據，每次進行電池交換時，Gogoro 必須把里程數

數據回傳再計算保費；至於原本擬透過手機 APP 來收集其他駕駛行
為，則因手機狀況不穩定而難以列入風險評估（科技新報，2020）。
由此可知，當涉及保單核准等創新金融商品服務時，就必須經過主管
機關的核准同意。

　　總結來說，以物聯網科技有效收集使用者資訊、在地資訊與法
規、行規等資訊，正是物聯網科技服務基礎，而能見度的大幅提高，
才能優化服務流程，並提高客製化服務內容，提供多元彈性之服務價
值。不過另有學者提出，物聯網科技不僅需要由科技嵌入角度提高使
用場域的能見度，更需要由商業生態系觀點思考其擴充性與多元服務
價值，而它的核心基礎則在於依賴度的建構。以下整理商業生態系的
重要觀點。

二、商業生態觀：以科技建立共創依賴度

　　「商業生態系」（business ecosystem）概念源自於生物學界，
Moore 等學者進一步定義其為：買方、供應商、製造者在相關產品服
務所形成的網絡；還有特定社經環境如機構、法規、框架等，以形成
經濟社群的基礎並傳遞商品、服務給客群與其他利害關係人（Moore,
1993, 2006）。商業生態系的參與者多，因此其本質具有複雜性、
相依性、既競又合，與演化特質（Moore, 2006; Rong, Wu, & Guo,
2015）。

　　Iansiti & Levien（2004）與 Talvitie（2011）則進一步說明商業生
態系的形成乃是有特定的核心（specific core），核心內容可能是平
台、科技、流程或標準，成為生態系成員的共同資產；生態系成員並
由核心資產形成多元產品與服務，而核心企業也因此能有效取用外部
構想與資源以有效創新，因而具有開放創新特質（Iansiti & Levien,

2004; Talvitie, 2011, April; West, Salter, Vanhaverbeke, & Chesbrough, 2014）。因此，商業生態系往往具有生產力（productivity）、穩定性（stability）、創新性（innovativeness），並因此形成正向網絡效益。

　　如果以科技爲主的商業生態系，如物聯網商業生態系來看，它的核心乃是軟硬體系統的科技核心，且往往是具有相互連結性的模組化科技，並形成可持續擴張的生態體系。換句話說，模組化的科技內容可視爲物聯網商業生態系的次系統（Baldwin & Woodard, 2009; Gawer & Cusumano, 2002）。

　　著名學者 Ron Adner（2017）提出生態系研究的二大觀點，一是「生態即聯盟」（ecosystem-as-affiliation），二是「生態即結構」（ecosystem-as-structure）。「生態即聯盟」（ecosystem-as-affiliation）著重在生態系主導者與合作夥伴間的關係建構，以提高其議價能力、增加網絡效益的系統價值，與開創更多元的創新連結互動關係（Adner, 2017）。另一類文獻「生態即結構」（ecosystem-as-structure）則特別重視生態系核心價值主張的體現落實。

　　學者 Iansiti & Levien（2004）分析，一般商業生態系可區分爲有層級結構的明星主導模式（hub-centered star structure），多以美國企業爲主；以及扁平結構模式（flat mesh-like structure），多以歐洲中小企業爲主。一般來說，有高低層級結構者，一旦核心成員如主導者（dominator）或關鍵基石者（keystone）離開，整個商業生態系也會趨於瓦解。商業生態系的形成必須考量不同關鍵角色所扮演的策略行動，除主導者與基石者外，另外還有利基者（niche player）。此外，商業生態系的核心主導者也會隨著生態系演化而發展出不同能力（Tan, Pan, & Huang, 2009）。

　　而在物聯網的商業生態系中，一般多有相互連結的基礎設備（connected devices, internet, gateways）、應用服務（application services）與支援服務（supporting services），進而能提供多元加值的服務內容（Messerschmitt & Szyperski, 2003; Yrjölä, Ahokangas, & Matinmikko, 2015）；更重要的是，這些多元加值服務建構歷程，乃在建立使用者與合作夥伴的依賴關係。

　　學者就特別指出，價值共創、共取，甚至共享的依賴關係建構，乃是物聯網商業生態系能否有效建構的基礎（Iansiti & Levien, 2004; Iivari et al., 2016; Moore, 1993; Rong et al., 2015）。若檢視目前物聯網商業生態系的依賴建構基礎，主要有以下類型：

　　第一種是供需共創的互賴關係，需求者可同時扮演服務提供者角色。例如蘋果電腦的 iPod 以相對簡單好用的平板技術連結音樂播放平台服務（iTunes），而能讓音樂創作者與粉絲閱聽人共創價值（Iivari et al., 2016）；Uber 的 APP 叫車服務也因為能有效連結計程車司機或使用者需求，而能建立雙邊平台之價值共創關係（Stephany, 2015）。至於 Airbnb 則是以網路平台媒合有多餘空房間給租房使用者（Iivari et al., 2016）。使用者可同時扮演服務提供者（如音樂創作家、汽車駕駛，或是空房提供者）、使用者的評分反饋，乃至口碑行銷，成為價值共創的重要基礎，也是平台雙方依賴關係能否有效建構的關鍵。

　　第二種是隨著使用者需求軌跡而建立關聯服務的互賴關係。例如特斯拉的車聯網服務就因能即時掌握電動車的車行狀況與駕駛行為，而推出以使用為基礎（UBI）的保險服務（Catlin, Lorenz, Nandan, Sharma, & Waschto, 2018）。又如亞洲航空（AirAsia Group，以下簡稱亞航）則在 2018 年 6 月將非航空事業部門移轉給 RedBeat Ventures，並在 2020 重新命名為 AirAsia Digital。這家數據公司的任

務就在拓展、變現亞航的數位資產。服務內容正鎖定亞航核心客群的旅客運輸服務、即時金融服務，以及電商購物服務等，成為亞航建構全新商業生態系的起點（Radziwon, Bogers, Chesbrough, & Minssen, 2022）。

第三種是由共享機制建立互賴關係，例如由 Daimler 在歐美城市所推出的 Car2Go 共享汽車服務，就能讓有需求者可以透過手機登錄、以專用感測卡開啟車門，並找到最近的合法停車位等服務，創新共享汽車服務；而所有的停車場、加油、車輛保養等服務也均由 Car2Go 負責（Rong et al., 2015）。

總結來說，生態系成員間乃至與使用者間共創、共取、共享的互賴關係，是商業生態系能有效建構的基礎，也是生態系能持續擴增並滿足使用者階段性需求的主因。學者甚至指出，商業生態系間的互賴共演關係，會形塑直接與間接商業模式；換句話說，第一階段的直接商模看似獲利不易，但卻可能在後續階段有間接獲益機會（Iivari et al., 2016）。不過階段性商業生態系如何形成？又是否能持續穩健經營？則是另一道挑戰。

三、AIoT 與 AI 驅動金融服務之商業生態系

本章個案分析重點在於金融科技新創建構商業生態系之歷程，尤其是其嵌入多元場域之創新實務。相較於過去 AI 或物聯網商業生態系強調階段性之生態系形塑過程（Iivari et al., 2016; Radziwon et al., 2022），本專章個案擬進一步探索在每一個階段的生態系建構過程中，能否形成多元商業模式？近年米，多元商業模式（multiple business model）已逐漸成為永續商模的討論核心，因生物多樣性原本就是生態系建構基礎，越多元越能回應突如其來的環境衝擊（Li,

2020; Snihur & Tarzijan, 2018）。例如知名的蘋果電腦原本銷售平板電腦與手機，到 2003 年推出 iTunes 音樂收費服務，逐步改變獲利模式。2015 年 Apple Music 上線，啟動訂閱制服務。之後蘋果不僅提供音樂服務，還逐步將版圖擴大到電影、遊戲、網路儲存空間等。2020 年 10 月，蘋果整合這些服務並推出更強大的訂閱服務 Apple One。知名企業因有難以取代的優勢資源而較容易建構多元商模，但新興的 AI 或物聯網科技公司如何建構多元商模則值得進一步討論。這背後有幾道重要議題思辨。

首先是互賴機制的建構，對許多物聯網新創來說，如何善用先端科技等智慧資本以嵌入到特定場域並擷取關鍵資訊或服務，成為建立依賴關係的基礎。這也呼應過去商業生態系文獻強調合作夥伴間，乃至與使用者間依賴關係的建構。因此，如何善用本身獨具的科技價值以建構依賴機制，成為重點。尤其，物聯網或金融科技新創企業還必須思考如何善用核心科技，並積極衍生創新科技應用（effectuation）以契合特定情境需求，從而能有效萃取價值。

其次是多元價值創造，由於物聯網新創往往需要嵌入到多元場域，因此如何重新定義或創造多元價值（exploitation）以滿足場域需求，成為重點。這也是生態系文獻強調生物多樣性與多元價值創造，以維運生態系經營的核心（Moore, 1993; Moore, 2003; Radziwon et al., 2022）。只是現有文獻仍較少由多元價值創造觀點，去思辨物聯網新創在建構多元價值生態系之可能性。換句話說，從單一價值到多元價值創造，物聯網新創企業就有機會循序漸進建構專屬生態系服務，這也是過去文獻較少討論者。多數文獻著重在分析中大型企業於既有生態系之特色，卻忽略新創企業在由小變大，建構專屬生態系的價值創造歷程。

最後則是取價機制（extraction, earning）。建構商業生態系之

最終目的乃在多元取價設計，這也是決定商業生態系能否穩健成長
之關鍵。畢竟對新創企業來說，如何生存進而成長，並有效創造獲
利，才是重點。近年已有學者提出物聯網商模的幾種態樣，一是外掛
模式，如 Nike 運動鞋外掛感測科技，以有效偵測運動或走路步數等
（Gerpott & May, 2016）；二是共享模式，例如由 Daimler 在歐美城
市所推出的 Car2Go 共享汽車服務（Rong et al., 2015）；三是使用基
礎（usage-based BM），一般多以訂閱制或按件收費模式計價，屬於
有特定結果產出模式（Turber, Vom Brocke, J., & Fleisch, 2014）；四
是解決方案服務商模（solution-oriented BM），核心服務內容在提供
不中斷的維修服務或營運支援（Gerpott & May, 2016）。不過這些取
價態樣乃單獨存在，並未能由商業生態系的建構歷程探討多元獲利機
制間的關聯。本專章個案分析架構主要有以下分析構念。

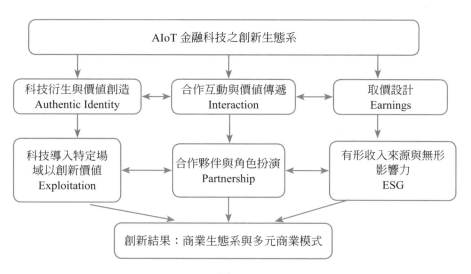

圖 6-1

四、專篇個案說明

在第二部分的個案討論中，專書擇取英國 Abundance、美國 Ellevest、台灣奇雲國際、台灣阿爾發投顧等為代表性個案，主要是從使用者所扮演之「投資者」角色出發，科技複雜度則以 AI 和 AIoT 之嵌入式科技為主。簡要說明本章個案在建構商業生態系之特色。美國 Ellevest 以女性族群為基礎，強調 AI 與真人顧問之專業理財服務，在生態系建構上以虛實整合為主，包括線上線下的社群圓桌會議、生涯規劃諮詢、領導人社群等，形塑特殊的「女性職人」生態系。台灣奇雲國際則將專業的 AIoT 科技嵌入到車隊、高溫高危的工廠，與未來的無人化工廠。它的生態系建構乃是 AIoT 結合 Google 定位系統與各場域的專業服務，乃是軟體即服務（SaaP, Service as a Platform）的生態場域實踐，深具即時動態服務特性。台灣阿爾發投顧則是善用其機器人理財之服務模組，有效嵌入到母嬰平台、Yahoo! 理財、信託公司、大學社群等多元場域，將理財與不同生態場域服務連結，提供整合性服務。以下簡要摘錄個案分析重點，詳細個案介紹請閱讀專章說明。

表 6-1　AI/AIoT 科技驅動商業生態系之代表性個案重點摘錄

AI/AIoT	美國 Ellevest	台灣奇雲國際	台灣阿爾發投顧
價值創造：科技衍生	AI 理財＋專業理財顧問	AIoT 用於車隊管理、高危工廠、科技大廠	機器人理財嵌入母嬰、Yahoo! 看盤、信託公司
價值傳遞：合作互動	虛實生態系：線上理財&實體課程	虛實生態系：人機物協作體系，即時精準互動	虛實生態系：理財與多元服務整合

AI/AIoT	美國 Ellevest	台灣奇雲國際	台灣阿爾發投顧
價值擷取：多元商模	BM1：理財服務專案 BM2：實體服務專案	BM1：車隊管理訂閱 BM2：工廠管理訂閱	BM1：交易手續費 BM2：訂閱服務收費
ESG	E：線上理財之紙本節約 S：弱勢女性為主 G：強化女性在職場地位	E：減少油耗與空汙 S：高危場域之即時預警與員工照顧 G：強化場域安全管理與減排數位化管理	E：數位服務簡化流程與紙本節約 S：新手爸媽族群、股市菜籃族 G：優化金融服務流程

參考文獻

科技新報，2020 年 12 月 16 日。Gogoro 聯手南山推動里程計費保險，每月可自動調整保費。https://technews.tw/2020/12/16/gogor-nanshan-ubi-by-km-base/。

Abbasi, K., Alam, A., Du, M. A., & Huynh, T. L. D. 2021. FinTech, SME efficiency and national culture: Evidence from OECD countries. *Technological Forecasting and Social Change*, 163: 120454.

Abbasi, M., Shahraki, A., & Taherkordi, A. 2021. Deep learning for network traffic monitoring and analysis (NTMA): A survey. *Computer Communications*, 170: 19-41.

Adner, R. 2017. Ecosystem as structure: An actionable construct for strategy. *Journal of Management*, 43(1), 39-58.

Ashton, K. 2009. That 'internet of things' thing. *RFID Journal*, 22(7): 97-114.

Atzori, L., Iera, A., & Morabito, G. 2010. The internet of things: A survey. *Computer Networks*, 54(15): 2787-2805.

Baldwin, C. Y., & Woodard, C. J. 2009. The architecture of platforms: A unified view. *Platforms, Markets and Innovation*, 32: 19-44.

Catlin, T., Lorenz, J.-T., Nandan, J., Sharma, S., & Waschto, A. 2018. Insurance beyond digital: The rise of ecosystems and platforms. *McKinsey & Company*.

Gawer, A., & Cusumano, M. A. 2002. Platform leadership: How Intel, Microsoft, and Cisco drive industry innovation. *Boston: Harvard Business School Press*, 5: 29-30.

Gerpott, T. J., & May, S. 2016. Integration of Internet of Things components into a firm's offering portfolio–a business development framework. *Info*, 18(2): 53-63.

Gubbi, J., Buyya,, R., M., S., & Palaniswami, M. 2013. Internet of Things (IoT): A vision, architectural elements, and future directions. *Future Generation Computer Systems*, 29(7): 1645-1660.

Guo, H., Su, Z., & Ahlstrom, D. 2016. Business model innovation: The effects of exploratory orientation, opportunity recognition, and entrepreneurial bricolage in an emerging economy. *Asia Pacific Journal of Management*, 33(2): 533-549.

Iansiti, M., & Levien, R. 2004. Keystones and dominators: Framing operating and technology strategy in a business ecosystem. *Harvard Business School, Boston*, 3: 1-82.

Iivari, M. M., Ahokangas, P., Komi, M., Tihinen, M., & Valtanen, K. 2016. Toward ecosystemic business models in the context of industrial internet. *Journal of Business Models*, 4(2): 42-59.

Li, F. 2020. The digital transformation of business models in the creative industries: A holistic framework and emerging trends. *Technovation*, 92: 102012.

Messerschmitt, D. G., & Szyperski, C. 2003. *Software Ecosystem: Understanding an Indispensable Technology and Industry*. MIT Press.

Moore, J. F. 1993. *Predators and Prey: A New Ecology of Competition*, 71(3): 75-86.

Moore, J. F. 2003. Digital business ecosystems in developing countries: An introduction. *Berkman Center for Internet and Society, Harvard Law School*. http://cyber. law. harvard. edu/bold/devel03/modules/episodeII. html.

Moore, J. F. 2006. Business ecosystems and the view from the firm. *The Antitrust Bulletin*, 51(1): 31-75.

Radziwon, A., Bogers, M. L., Chesbrough, H., & Minssen, T. 2022. Ecosystem effectuation: Creating new value through open innovation during a pandemic. *R&D Management*, 52(2): 376-390.

Rong, K., Hu, G., Lin, Y., Shi, Y., & Guo, L. 2015. Understanding business ecosystem using a 6C framework in Internet-of-Things-based sectors. *International Journal of Production Economics*, 159: 41-55.

Sangwan, V., Prakash, P., & Singh, S. 2019. Financial technology: A review of extant literature. *Studies in Economics and Finance*.

Snihur, Y., & Tarzijan, J. 2018. Managing complexity in a multi-business-model organization.

Long Range Planning, 51(1): 50-63.

Stephany, A. 2015. *The Business of Sharing: Making it in the New Sharing Economy*. Springer.

Suppatvech, C., Godsell, J., & Day, S. 2019. The roles of internet of things technology in enabling servitized business models: A systematic literature review. *Industrial Marketing Management*, 82: 70-86.

Talvitie, J. April, 2011. Business Ecosystem Creation–Supporting collaborative business concept development, 12.

Tan, B., Pan, S. L., Lu, X., & Huang, L. 2009. Leveraging digital business ecosystems for enterprise agility: The tri-logic development strategy of Alibaba. com. *ICIS 2009 Proceedings,* 171.

Turber, S., Vom Brocke, J., G., O., & Fleisch, E. 2014. Designing business models in the era of Internet of Things: Towards a reference framework. In *Advancing the Impact of Design Science: Moving from Theory to Practice.* 9th International Conference, DESRIST 2014, Miami, FL, USA, May 22-24, 2014. Proceedings 9 (pp. 17-31). Springer International Publishing.

West, J., Salter, A., Vanhaverbeke, W., & Chesbrough, H. 2014. Open innovation: The next decade. *Research Policy*, 43(5): 805-811.

第七章　她經濟——美國 Ellevest 的女性理財平台
A financial Company, by Women and for Women

「當女性變得有錢，世界會變得更好！」

一、女力崛起

隨著時代觀念的進步，女性教育程度逐漸提高，女性已不再是需要仰賴男性家人才得以生活的存在。反之，多數女性在工作上及教育上都有著不凡表現，也因此多數人選擇過著單身貴族的瀟灑生活。經濟學家麥卡錫（F. T. McCarthy）在 2001 年於《經濟學人》首度提出「單身女性經濟」概念，他說：「單身女性在有優渥的收入條件下，是各大行業最理想的消費者，因為她們更有花錢的慾望。」而根據富達投信 2022 年所做的女性投資理財大調查中，台灣、中國大陸及香港三個地區均有過半數的女性認為自己已達到經濟獨立，台灣更是以72% 奪下全球之冠。

富達投信 2022 年女性投資理財大調查中顯示，台灣女性普遍認為薪資水平過低及就業欠缺保障是自身邁向經濟獨立的一大阻礙，在維持正常生活水準下仰賴被動收入達到經濟獨立可謂天方夜譚，因此多數人認為投資理財是達到經濟獨立的有效途徑。但根據調查，僅有22% 的台灣女性有信心管理自己的財富，女性在投資理財方面的確需要一些幫助。

不同於以往，女性市場已發展成為潛力無窮一片藍海，女性愛分享的天性更是能夠幫助企業端在女性社群裡（也就是 C2C）快速串聯。女性族群的消費力更是不容小覷，根據 LINE 購物在 2021 年底公布的報告中可知，經濟獨立的女性主導台灣 70% 以上的消費市場；

並且女性消費者人均獲得之消費回饋較男性消費者多出 20%。此外，京東大數據研究院更指出女性的主要消費模式亦從過去的「家庭式消費」轉變為「悅己式消費」，此變化不僅顯示女性在扮演媽媽及妻子角色的同時，更是扮演自己。時代潮流不斷強調著男女平權，此風潮不僅影響著年輕女性，更多的 X 世代女性亦受此影響，而在人生的後半場試著做出不同的改變，成為捨得投資自己的新時代女性。

二、機器人理財

多數人終其一生努力拚搏所追求的美好生活均建立在財富之上，而投資理財正是許多人增加收入的方式。2008 年金融海嘯爆發後，投資人對自身決策與市場的信心遠不如從前，因此結合大數據及 AI 應用的創新投資服務因應而起，也就是「機器人理財」。近幾年因新冠疫情造成全球經濟大幅波動的情況下，越來越多人加入投資理財行列，較適合新手投資的機器人理財也逐漸走進大眾視野並被廣泛應用。

機器人理財透過一系列問題，了解投資人的資產狀態、欲投入資金及投資目標後，分析其風險承受能力，並透過大數據資料庫為投資人分析出一套最適合的投資組合。當投資出現非預期之負面變化導致投資人可能無法達成目標時，機器人理財將發動自動再平衡機制，重新分析市場狀況，並導正投資組合。

機器人理財的運用普及後，許多問題隨之誕生。不同於傳統投資顧問，機器人理財僅是仰賴大數據的軟體系統，此系統完全依靠過去經驗做出判斷，對於國際情勢、市場趨勢及現況的分析能力較弱；亦無法保證在不同時空背景下，過去成功的投資組合能被完美複製。當金融危機出現時，機器人是否能夠自動協助投資人避險？也仍存在著許多不確定性。

　　爲避免投資人權益受損，國外仍有部分理財機器人機構採用半自動、半人工之運作模式；以台灣而言，機器人理財之發展仍在起步階段，爲保障國內經濟與投資人權益，法規限制仍較爲嚴謹，也使得此項金融科技之運用及發展較爲緩慢與保守，許多自動化功能亦須仰賴投資顧問及投資人手動開啓。

　　現今已有許多國內外金融機構與理財機器人公司合作，「以機器人爲主，投資顧問爲輔」，希望透過此模式能使投資顧問有更多時間專注於投資人的資產規劃及稅務諮詢，亦能透過眞人理專所提供之服務提高投資人對於機器人的信賴。過去機器人理財難以取信於投資人的主要原因，在於機器人完全仰賴數據資料庫之訊息調整投資組合，並且無法向投資人解釋其決策邏輯，僅能仰賴一段時間後投資人對其投資成效的滿意程度累積信任。對於投資人而言，在得到滿意的投資結果前，將資產交由無法溝通的機器人是具有極大風險的行爲，因此「人機合作」的模式不僅對投資人更有保障，對於金融機構及機器人理財機構也能達到雙贏局面。

三、Ellevest：女人投資女人

　　金融業從古至今不論是創辦、營運抑或是服務設計均以男性爲主軸，也因此女性較難以在金融業中立足。過往，多數金融商品很少有專門爲女性設計的金融服務方案。爲解決此現況，2014 年一家由女性打造且專爲女性顧客提供金融服務之機器人理財投顧公司——Ellevest 成立於紐約。

　　Ellevest 創辦人莎莉·克勞切克（Sallie Krawcheck）曾被譽爲「華爾街女王」，經歷了美國銀行與花旗集團洗禮，她在 2014 年創辦 Ellevest，是目前全球最大、以女性爲主的投資顧問公司。Ellevest

在 2020 年間約有 9 萬名客戶，管理資產約 6.34 億美元。最特別的是，其中 94% 為女性客戶，且是平均年齡 34 歲的年輕族群。

Ellevest 以「當女性變得有錢，世界會變得更好」為其創立初衷及營運信念。Ellevest 的使命在於讓女性變得更富有，因此 Ellevest 以資產規劃師結合機器人理財為客戶分析資產狀況，並為其推薦最適投資組合，希望能夠幫助女性成功達成自身財務目標。

Ellevest 秉持著「女人更懂女人」的信念，該公司之資產規劃師 100% 均為女性，且無最低投資金額限制。而在追求投資收益穩定的前提下，Ellevest 以 ETF（Exchange Traded Funds，指數股票型基金）投資組合為主。顧客和資產規劃師討論並制定財務目標，規劃與諮詢服務完全免費。在顧客確認使用 Ellevest 之理財服務時，才需要加入會員付費。

Ellevest 在 2019 年推出付費會員服務制度，並提供三種不同等級之會員服務供使用者選擇。個人財務目標計畫及財務課程優惠為所有會員方案中的基本必備服務；中級會員包含退休基金儲蓄規劃；而最高級會員則涵蓋可作為買房基金、創業基金或是其他用途之大金額預備金儲蓄計畫。Ellevest 所提供之財務規劃均依照客戶個人條件，客製化設計最適投資目標與組合，其中以退休金規劃服務最受矚目。不僅是因為西方國家之父母不仰賴兒女養老，現今東方國家養兒防老觀念也已不復存在，因此退休基金規劃議題值得所有人關注。

Ellevest 指出，女性在退休之際，其所擁有之資產僅為男性之 2/3，但女性的平均壽命卻比男性多出 6-8 年，因此女性有充分理由需要謹慎規劃退休基金。Ellevest 會根據客戶個人收入水準、年紀及其退休後之理想生活，為客戶設計投資組合，並在接近退休年限時將投資組合調整得更為保守以避免意外。

表 7-1　Ellevest 會員制度

會員種類	Pro	Executive	Enterprise
費用	40 美元 / 月 30 天免費試用	150 美元 / 月	395 美元 / 月
線上圓桌會議	免費	免費	免費
社群圓桌會議	免費	免費	免費
線下活動	部分場次 50%OFF	全場次 50%OFF	全場次 50%OFF
生涯規劃諮詢	✓	✓	✓
Ellevest 專家活動	✓	✓	✓
領導人社群	✕	✓	✓
主持社群與活動	✕	✕	✓

資料來源：Ellevest 官網整理

四、簽帳金融卡：整付零存

　　Ellevest 不僅透過投資理財為會員創造財富，平台亦與銀行合作，透過日常消費回饋與分類帳戶，為會員累積回饋金並將儲蓄與花費清楚分類。Ellevest 在 2016 年和 Costal Community Bank 合作推出簽帳金融卡服務，並為會員開通花費帳戶及儲蓄帳戶，此簽帳金融卡之消費綁定花費帳戶，而消費回饋則自動存入儲蓄帳戶。

　　不同於其他金融機構所提供之同類型服務，使用者可選擇開啟無條件進位功能，每次消費時系統將自動把扣款金額無條件進位至最接近整數。舉例而言：使用者開啟此功能後，在消費 3 塊 5 美元之商品時，花費帳戶將扣款 4 塊美元，溢出的 5 美分則自動被存入儲蓄帳戶中。

　　Ellevest 希望透過日常消費小額溢收款項的方式，幫助使用者無痛存錢，達成積少成多的效果。此外，儲蓄帳戶並未強制使用者定存年限，Ellevest 希望此帳戶中的存款能作為使用者日常生活中的緊急預備金之用。根據美國線上借貸比較平台 Lending Tree 在 2018 年所做的調查顯示，美國有超過 50% 的 Y 世代人群無法支付超過 1,000 美元的緊急支出。Ellevest 站在人生前輩的角度建議使用者，在這個「明天與意外不知道誰會先降臨」的世界中，緊急預備金是極其重要的。Ellevest 建議使用者將 3-6 個月之可支配收入作為緊急預備金之用。除了實際金融服務外，Ellevest 亦提供金融課程，教授金融理財知識協助女性增強軟實力，課程設計包含個人及團體討論，使會員之間得以互相交流，同時也加強 Ellevest 會員間之連結。

　　Ellevest 在追求男女平權的過程中，意識到若是不實現種族正義，真正的男女平權將會非常難以被實現，因此 Ellevest 不論是在女性雇員、女性董事會成員抑或是有色人種雇員比例，都遠高於產業平均。Ellevest 在私人理財方案中亦推出一檔名為 Impact Investment 的 ETF，標的審核準則包含了職場男女平權、職場多元共融，以及企業商品與政策是否符合永續標準。

　　近幾年，因極端氣候而發生的天然災害事故頻傳，許多人民更因此流離失所，Ellevest 發現受災戶中有 80% 為女性，並且深受工廠排放之水汙染及有害空氣所苦之地域多是以有色人種為主要居民之區域。

　　正如匯豐銀行負責人所說，金融業不像製造業可以透過改善整個產業結構或是程序來改善汙染問題，作為資金的提供者，金融業者僅能透過訂定審核標準，為達到標的之企業提供資金獎勵。Ellevest 雖非金融機構，但作為投顧理財公司，若能為企業帶來更多的「綠色」投資者資金，對企業而言亦是一大好處。

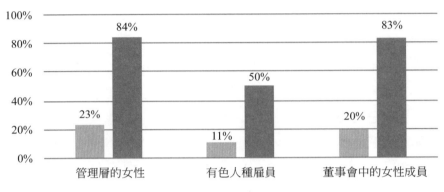

圖 7-1　資料來源：Ellevest 官網

五、解讀普惠金融：授人以漁

　　Ellevest 企業的創立、擴張與成長均是瞄準女性族群未被滿足的理財剛性需求。Ellevest 創辦人 Sallie Krawcheck 先是買下了幫助女性媒合工作、為女性爭取職場平權的 85 Broads，並更名為 Ellevest，隔年（2014）便創立了為女性理財的 Ellevest 平台。

　　Ellevest 平台創立時的價值主張是要讓女性變得更富有。為了貫徹此價值主張，Ellevest 不僅派出專業顧問為會員們量身打造合適的投資理財方案，更直接教授會員們理財知識與技巧。秉持著「授人以魚」不如「授人以漁」的精神，Ellevest 為每一位會員指派理財教練，並提供一對一課程諮詢服務，同時也開設各式不同主題的理財課程，如預算規劃、房地產投資等，供處於不同人生階段的會員們選擇合適的課程主題，加強女性的軟實力。

　　Ellevest 不僅幫助女性變得富裕，更教會女性如何理財。從初入社會的求職、職場生存、職場經驗交流、緊急預備金儲蓄、日常

理財，到最後階段的退休金規劃，該企業從創辦人到理財顧問們，作爲過來人對女性的各式需求與難言之隱有著細緻入微的了解與切身感受，因此能設計出滿足女性一生需求的服務。而在 ESG 方面，Ellevest 透過推出影響力投資組合，以投資人的金錢鼓勵符合永續標準之企業，並積極推動多元共融的職場環境、雇員比例平衡與經濟發展。希望能夠幫助減緩環境汙染，同時爭取女性與少數族群被漠視之基本權益。藉此，Ellevest 由女性的投資弱勢更擴及到環境弱勢與職場弱勢，讓普惠金融有了全新風貌。

參考文獻

1. 關鍵評論，2022 年 4 月 6 日。夾心世代難爲！女性不只爲自己，用投資許孩子一個永續未來。https://www.thenewslens.com/article/165055。

2. 富達女力白皮書。https://fidelity.com.tw/s3files/documents/ 富達 2022_ 女力白皮書 _page.pdf。

3. 機器人理財。https://www.econstor.eu/bitstream/10419/228864/1/Kim_et_al_Robo.pdf。

4. Ellevest 相關網站。https://support.ellevest.com/hc/en-us，

　　https://www.ellevest.com/magazine/personal-finance/emergency-fund。

第八章 劫富濟貧的投資專家——美國 Robinhood
Commission-Free Stock Trading and Investing APP

一、背景：高進入門檻的投資理財服務

　　創辦於 2013 年的 Robinhood，其創辦動機來自於過去美國華爾街行之有年的投資理財風氣，投資人必須先存一大筆錢才能開戶，還得支付高額手續費給證券投資公司。也因此，零佣金、零手續費、還錢於民，成為 Robinhood 的創辦動機，「讓收入所得不高的人，也可以享有投資的權利」，由此達到劫富濟貧的效果，因此命名為羅賓漢（Robinhood）。

　　投資服務完全免費，且不到 5 分鐘的註冊時間，讓 Robinhood 一夕成名，截至 2022 年 4 月，Robinhood 擁有 2,280 萬個帳戶和 1,590 萬名月活躍用戶。2022 年 4 月，Robinhood 向 200 多萬用戶推出了加密貨幣錢包和交易服務。

　　而值得注意的是，Robinhood 也為傳統網路券商服務帶來改變。2019 年 10 月 4 日，美國四大網路證券商之一，Charles Schwab（嘉信理財）宣布免除股票及 ETF（Exchange Traded Funds，指數股票型基金）網路交易手續費。之後另外三家網路證券商，Fidelity Investments（富達投資）、E*TRADE（億創理財）、TD Ameritrade（德美利證券），也跟進取消股票及 ETF 網路交易手續費。Robinhood 的興起，確實讓傳統券商願意還錢於民，實踐俠盜羅賓漢的精神。

　　不過，在 2020 年 6 月發生了一起學生自殺事件，網路新聞報導該學生凱恩斯（Alexander E Kearns）的父母在他的電腦發現一張紙條，上頭寫著：「一個沒收入的 20 歲學生，何以借到 100 萬元投資

股票？」凱恩斯因誤解 Robinhood 上顯示的虧損金額，以為自己負債高達 73 萬美元，最終選擇走上絕路。這也引起各界廣泛討論這類金融科技新創公司是否有過於「鼓勵參與投資」的問題。如何協助「投資小白」建立正確的投資理財觀念，成為另一道金融科技的創新挑戰。

二、小額投資的專屬設計

Robinhood 的核心客群就是「投資小白」，因此從開戶、投資到資訊內容整理都有一套專屬設計。首先在開戶上，沒有最低帳戶限額要求，5 分鐘就能完成開戶流程。Robinhood 會隨機贈送一股免費股票，讓用戶可立即參與並投入股市。

其次在投資資訊取得上，Robinhood 使用介面簡潔直觀，它的字體大、色彩鮮豔、階層式的資料呈現方式，都讓年輕族群喜愛，也因此在推出不到 6 個月就贏得蘋果設計大獎，也是第一間贏得此項殊榮的金融科技公司。不過也有媒體因此擔憂，Robinhood 的投資設計已模糊專業投資、遊戲，甚至娛樂的界線，容易讓涉世未深的年輕人上癮。第三在交易服務上，Robinhood 不收取手續費，但卻可以從股票投資價差中獲得利益。

具體說明 Robinhood 的服務內容主要在於「投資」，包含股票、ETF、期貨選擇權、保證金交易、加密貨幣。免佣金交易是指 Robinhood Financial 以電子方式交易美國上市和某些場外交易證券的自主個人現金，或保證金經紀帳戶的 0 美元佣金。不過 Robinhood 也提醒，個別經紀帳戶可能會收取其他費用，例如交易（非佣金）費、黃金訂閱費、電匯費和紙張報表費。

對比較積極的交易人，Robinhood 推出「Robinhood Gold」方

案，Robinhood Gold 是 Robinhood 提供的「月訂閱服務」，有以下功能。一是賺取閒置資金利息。投資人可將閒置資金轉至 Robinhood 合作的銀行，並以4.4%APY（Annual Percentage Yield，年化報酬率）進行存款利息計算，來賺取利息。如果不是 Robinhood Gold 用戶，年化報酬率則是 1.5%。

二是有更高的即時存款，金額在 5,000-50,000 美元，讓投資人更快抓住機會。過去當投資人將錢存入經紀帳時，通常需要等待幾天清算資金，然後才能使用這筆現金投資股票。但爲把握投資先機，Robinhood 設計帳戶可即時存款。

三是使用保證金交易，Robinhood Gold 提供保證金交易，提高投資人對金融資產的購買力。一旦出現投資組合價值低於保證金之最低要求，Robinhood 就會發出追加保證金通知，否則便會清算資產。保證金帳戶中至少需有 2,000 美元，或資產購買價格 100% 資金。

四是獲得更深入的市場研究。Robinhood Gold 訂閱者可以不限次數使用知名股票研究機構 Morningstar 針對約 1,700 支個股的研究報告服務，內容包括個股公司的業務績效、經營策略，與市場價值等。五是二級市場數據。Robinhood 與美國納斯達克合作，可以提供訂閱者取得二級市場數據，但僅限於納斯達克股票，不包括在其他交易所的股票數據。

Robinhood 另外提供加密貨幣交易，包括比特幣、比特幣現金、狗狗幣、以太坊、以太經典、萊特幣、柴犬幣、Solana、Compound、ChainLink 和 Polygon 等。Robinhood 並提出市價單、限價單、止損訂單與止損限價單等四種交易模式。

值得注意的是，Robinhood 也針對 Z 世代推出可「**一邊消費，一邊存錢**」的現金卡（Robinhood Money），客戶可以利用「零錢整付」機制儲存現金，也就是將零錢四捨五入到最接近的美元，並將其投資

到他們所選擇的資產中。Robinhood 還每週彙整存款金額，並提供最高 10 美元的獎金。客戶也可以設置他們的直接存款，申請最多提前 2 天獲得他們的薪水。此外，還可以使用自動分拆服務，將個人薪資自動分拆到經紀帳戶和加密帳戶中。

三、獲利有術：一邊賺錢，一邊省錢

Robinhood 少了手續費收入，就必須想辦法開源節流才能維持營運，基本上它有三個賺錢及二個省錢的方法。

賺錢法一：Robinhood 將交易人的錢放在銀行的客戶專戶內，銀行會給這些帳戶利息，依美國的法律，證券商可以將這些利息列為收入。由於證券帳戶的利息很低，對個人而言這筆錢很小，一年大約只有 20 美元（以平均帳戶餘額 1,000 美元計），還不如省下的手續費，所以客戶不會跟 Robinhood 計較。但對 Robinhood 而言卻能聚沙成塔（1,300 萬名客戶），讓它一年有數億美元收入，成為免除交易人手續費的主要財源，達到互惠雙贏的結果。

賺錢法二：對比較積極的交易人，Robinhood 推出「Robinhood Gold」融資方案，可以借錢給交易人買股票，額度大約是帳戶裡現金餘額的一倍，客戶則每月付固定金額給 Robinhood（其他證券商大都按借款金額乘上利率計算利息），條件是客戶帳戶的現金餘額必須保持在 2,000 美元以上。

例如：現金餘額有 2,000 美元，就可以買到 4,000 美元的股票，每個月則付給 Robinhood10 美元的費用。交易人還享有盤前（30 分鐘）及盤後（2 小時）交易的權利，股票賣出後也可以立即拿到錢去買其他股票，不需要等 2-3 天。Robinhood Gold 推出後大受歡迎，創辦人 Tenev 形容超出他們的 3 倍期望，每個月以 17% 的速度成長，

幫 Robinhood 賺了不少錢。

賺錢法三：客戶下單買賣股票，Robinhood 會先將有相同標的及數量的部位在內部配對成交，其餘的再交給市場上的造市商（MarketMaker）撮合，造市商會給付金額給 Robinhood（每筆約 2.5 美元）。由於 Robinhood 的客戶交易量大（因為年輕敢衝，而且不需手續費），因此這部分的收入也不錯。

省錢法一：根據統計，證券商找一個新客戶的成本大約是 170 美元，Robinhood 卻只需花 25 美元。原因是 Robinhood 不收手續費的消息本身就是最好的宣傳，曾在 Hacker News（網路人重要的資訊來源）衝上排名第一，交易人間會彼此「呷好道相報」，Robinhood 因此省下大筆廣告費用。

省錢法二：Robinhood 是網路證券商，客戶交易均透過行動 APP 完成，不像「億創理財」（E*Trade）、嘉信理財（Charles Schwab）及 TDAmeritrade 等老牌證券商兼具網路及實體通路，Robinhood 人力需求只有他們的 1/30 到 1/50，省下大筆人事費用與固定場租費用等。

四、遊戲化投資術的雙面刃

「Robinhood Gamification」是近年美國投資理財界所關注的重要議題，它的創新交易設計深具遊戲感，且透過社群媒體傳播效益，也造成不小的流行話題。不過值得注意的是，Robinhood 在 2021 年一度暫停活動，原因就是所謂的 meme 股票（透過社群媒體迅速流行的股票）的大量交易，導致利潤率壓力和系統壓力。以下簡要說明 Robinhood 的投資服務設計。

首先是「獎勵動畫」。投資人的第一筆交易都會有慶祝的獎勵動

畫。其中就以所謂「五彩紙屑」最引起爭議。在早期版本中，投資人每次交易後，五彩紙屑都會落在螢幕上，強化每筆交易都值得慶祝的想法。不過近年 Robinhood 則是將五彩紙屑改成浮動的幾何圖案，以回應爭議。

二是**趨勢股票**，簡化投資決策過程。Robinhood 有一項「百大熱門股票」功能，受到美國眾議員艾斯那（Cindy Axne）譴責，他強調沒有任何一家稱職的券商會給出一份投資清單，告訴用戶他們應該投資哪些標的。若是在台灣，一般券商僅能提供「條件式選股」服務，由客戶設定擬投資股票的價格、時間、股數，並不能針對個股進行推薦。也因此，Robinhood 的「百大熱門股票」推薦確實受到質疑。

三是**顏色設計**。Robinhood 以明亮的叢林綠為主要視覺設計。在官網中說明：「我們希望我們的綠色不是典型的原生綠色，而是更有活力一點。我認為它對年輕一代說話。」叢林綠，不但可以聯想到綠色美鈔，還能與大自然聯繫，產生平靜安定的感覺。

四是**簡約設計**。Robinhood 認為，更少的設計意味著花更少的時間在決策上。若再加上更快速的投資設計，如 Robinhood 從下單到完成投資，只需三個步驟：投入價格、向上滑動、訂單完成，會形成更強大的鼓勵投資效益。

五是**持續更新的圖表**。就有博彩專家指出，不論是戲劇性的價格變化或是圖表上跳動的指標，這些都會讓人產生緊迫感，「它作用在於加深我們害怕錯過的恐懼，迫使我們立即採取行動。」若在股票投資上，則會在每次價格出現變化時，讓投資人緊張地問：「現在是買入的最佳時機嗎？」

總結來說，Robinhood 的遊戲化設計彰顯當前金融科技新創的特色，但也引起不小的批評聲浪。究竟在遊戲化與專業投資之間，如何

引導投資小白建立正確的投資理財觀念，正是金融科技業者在邁向普惠金融的重大挑戰。

圖 8-1

參考文獻

數位時代，2021 年 6 月 2 日。為投資小白推開金融大門，Robinhood 為何害學生走上絕路？ https://www.bnext.com.tw/article/63176/robinhood-investment-student-june。

第九章　減碳行動——英國綠色群募、美國碳幣、台灣碳制郎
Shaping Green Networking with Crowd Movement

　　本章介紹三個案，都以減碳爲主，但卻發展出不同驅動群眾參與的集體行動機制，同時形塑特殊網絡效益。三個案乃代表三種類型，一是具有群眾募資特性，稱之爲綠色群募，如國外英國豐盛投資（Abundance）。二是有綠色代幣特質者，如美國 TerraPass 平台發行代幣，並佐以澳洲能源幣（Power Ledger）說明。三是綠色行動減碳特質者，以台灣碳制郎爲主要分析個案。個案介紹將由平台特色、使用者參與機制、網絡效益進行分析說明。

一、綠色群募：英國豐盛投資

　　平台特色：小額募資平台。英國的豐盛投資（Abundance）創辦於 2012 年，主要協助有意投入再生能源之企業，透過群眾募資方式，完成特定能源專案計畫。創辦至 2021 年止已投入 49 個專案，共 1.21 億英鎊。每位投資人最少一次可投入 5 英鎊，參與太陽能與風力發電等綠能投資，一般以 5 年爲期，年報酬率 8%。目前群募投入項目包括綠能、節約與轉換設備、市政議會、社會住宅等特殊專案標的。

　　例如知名的英國傳統燃煤廠 Atlantis Future Energy（過去也曾以潮汐發電聞名）在 2019 年就發起群眾募資，要將位於南威爾斯 Uskmouth 燃煤電力廠轉換成廢棄燃料的發電廠。主要廢棄燃料如難以回收的塑膠、汽車儀表板等。這項群眾募資有以下特色。

　　一是群眾參與綠能投資發電。投資期間 5 年，年化率 8%，共募

得 66 萬 1,580 英鎊。二是延長燃煤廠壽命 20 年，並提高廢棄物能源再生效率。一般廢棄物轉換發電約 10-50MW（Megawatt 縮寫，兆瓦），但燃煤廠的轉化效率卻可提高到 200MW，相當可觀。三是有效減排，在 2020 年晚期，成功商轉的發電機制中，主要有 50% 是使用生質原料，50% 是使用降低二氧化碳排放的廢氣能源。這家電廠另投入其他煤氣化（gasification）的能源轉化創新機制。廢棄物轉換發電並提供 22 萬家庭節能發電。

　　國外研究報告指出，一般綠色群募與傳統銀行融資主要有以下差異。一是財務報表的公開透明，以強化當責性。在 Abundance 上募資的專案負責團隊，必須清楚說明專案內容、執行進度與財務報表，甚至必須通過 OECD 全球論壇中對於透明度與資訊交換以強化稅務等之審核（OECD's Global Forum on Transparency and Exchange of Information for Tax Purposes），因此其內容可信度較高。二是群眾募集的集體監督性較高。這類募資專案在綠色永續的訴求下，所募集群眾資金來源也多是長期關注永續議題者，因此較能發揮綠色公民監督力量。三是品牌知名度較高。綠色募資專案在參與者的口耳相傳下，一般也較能發揮口碑效益；但另一方面，若是未能有效踐行專案行動者，也容易產生負面效益。

　　使用者參與機制：投資者角色，不定期互動。在英國豐盛投資上的專案有綠能投資、節能設備、能源轉換、綠色城市等不同類型專案，發起綠色募資單位有知名企業，也有市政府或社會住宅等單位。國內金融新創業者分析：

　　「政府機關發起的綠色募資計畫期間較長、償債能力較佳，因此投資年化率較低；相較之下，一般民營企業發起的綠色融資計畫的專案期間較短，年化率也較高。」

　　參與募資平台的投資人彼此未必認識，且以不定時投資為主。不過在特殊情況下，綠色群募可以動員社區民眾參與特定社區專案，有效達到募資效益。例如位於英格蘭東南部的西伯克郡（West Berkshire）就在 2019 年 7 月 2 日意識到極端氣候變遷的嚴重性，並在 2019 年 10 月舉辦 300 人大會，於 2020 年 7 月 16 日擬定環境策略，預計在 2030 年達到碳中和目標。該市以 5 年為期、年化率 1.2%，募集 20 萬 7,374 英鎊，投入永續交通、建築、能源、垃圾與廢棄資源效益等。主要做法包括永續稽核、電動車、太陽能板投資。電動車已有上百部，並有 36 部在住宅區上路行駛；在太陽能供應上，西伯克郡已有 34.2 MW（兆瓦）再生能源，多是以太陽能板發電。預計在未來還要增加 21.5MW（兆瓦），並鼓勵民間自主取得 20MW（兆瓦）太陽能發電，主要在學校、社福場域與市政府的公設場地。

　　相較之下，期間較短的社會住宅案，年化率相對較高。例如以 Liverpool Community 計畫來說，這是個 2.5 年計畫，年化率 6%，共募得 206 萬英鎊，主要投入太陽能板、加熱設備等能源投資。豐盛投資對外說明，綠色能源不但較環保，也較便宜，讓更多人能有效負擔，也與社會住宅幫助弱勢的核心價值相符。

　　網絡效益：單層串聯模式。英國豐盛投資的綠色群募因屬不特定專案募資，對象乃是一般投資大眾，因此在生產者與使用者的連結效益上，以「電商百貨」型態為主，或可謂比價機制；若要提高投資者黏著度或忠誠度，就必須由有形的募資條件如利率、期間長短期等，以及無形的品牌效益如產品服務認同感為主。綠色投資者因在資訊充分透明下可具體比較不同投資專案內容，可以多元認購模式，投資不同專案內容。

　　至於在使用者間的連結效益上，參與募資成員之間彼此較少有連結互動關係，而是由綠色專案的發起募資單位，以及募資條件如利

率、期間長短等進行評估；少數有特定社區改造議題者則可由社區說明會發動特定群眾募資行動，也較容易爭取特定社區認同。也因此，這類綠色群募的網絡效益主要奠定在有形的投資效益與無形的社區認同上，並不容易複製移轉或形成特定社群聚合，屬於單層次串聯模式。

二、綠色代幣：美國 TerraPass

平台特色：抵銷碳排交易平台。TerraPass 是由任教於美國賓州大學的 Karl Ulrich 博士和他的 41 名學生共同創辦，宗旨是幫助人類降低對氣候之影響，提供個人與企業碳抵銷的產品與服務。2004 年創辦至今，擁有逾 1,000 間企業、數十萬個體戶。TerraPass 主張，多數人在日常生活中雖然已盡可能降低碳排放，但依舊無法降至零。因此透過碳交易市集（VCM, Voluntary Carbon Marketplace），讓消費者可以用金錢購買減碳專案以抵銷碳排放，TerraPass 會寄給消費者相關證書，以證明消費者有進行碳補償（carbon offset）。目前TerraPass 的專案僅美國公民有權使用該項服務，其餘國家的人必須使用 TerraPass 在 2021 年 9 月推出的 TerraPass Coin（TPSC）來進行碳補償。

TerraPass 的服務內容有三大項目。項目一是提供碳足跡計算器，讓個體使用者詳細計算平日生活所擁有的碳足跡。若使用者為企業戶，會進一步提供更詳細且複雜的分析報告，希望不論是個體或企業用戶能因此自願加入減碳計畫，進而投注資金至 TerraPass 的減碳專案或代幣購買。教育意味濃厚，強制性低。

項目二是減碳專案與各項計畫。TerraPass 將所得資金投入減碳排專案，並由第三方認證機構如 Climate Action Reserve（CAR）、

Verified Carbon Standard（VCS）負責監督，確保專案內容公開透明。目前專案有四大類型，包括垃圾掩埋場沼氣收集並轉換成再生能源、燃燒農牧業甲烷並藉此產生電能、興建風力發電、挖礦產生的甲烷可燃燒產生電能。項目三是開發符合企業戶的客製化再生能源專案。學者分析指出：

「TerraPass 的運作機制有點像是環保贖罪券，一般人主動投入動機較低，教育宣傳意味較濃。企業投入的意願會較高，因為近年全球要求減碳，不符合規定企業必須尋求短期解決方案，TerraPass 就是相對短期解方。而一般使用者較可能扮演的是投資者角色，透過對碳幣購買與交易流通，提高參與度。也因此，TerraPass 投入永續專案的價值呈現，就非常重要。」

總結來說，TerraPass 將取得資金用於再生能源與減少溫室氣體排放專案，而這些專案總共減少數十億噸的二氧化碳。近年 TerraPass 將減碳焦點轉至航空、能源等排碳比重更高產業。2014 年時 TerraPass 將碳折抵業務部門出售給 JustGreen，因此 TerraPass Energy & Wholesale 集團已更名為 Origin Climate。JustGreen 主要業務為出售天然氣和電力，且隸屬於加拿大 Just Energy Group Inc 旗下。

使用者參與機制：會員制，定期投資與虛擬貨幣交易。TerraPass 特別發行名為 TPSC 的碳幣，屬於 ERC-20 代幣的一種，是 TerraPass 根據以太鏈協定所發行者。一枚 TPSC 代幣價格固定為 15 美元，且相當於 1 公噸的碳抵換（carbon offsets），所有 TPSC 可於加密貨幣錢包中自由使用，包括持有、贈與、兌換等。TerraPass 希望透過區塊鏈特性，讓碳抵換資料可以被明確記載，提升證明效果，再加上 ERC-20 代幣可利用以太鏈生態內的工具進行交易、追蹤或監測，讓 TerraPass 不必重新開發新工具或發展配套措施。

　　客戶只要擁有 TerraPass 帳戶與一個 ERC-20 相容的加密貨幣錢包，就能夠進行 TPSC 交易，而主要的交易成本為「Gas Fee」（以太坊網路上的網路交易費用），TerraPass 不會從中收取手續費。值得注意的是，購買 TPSC 並不等於抵銷碳足跡，想執行碳足跡抵銷的用戶必須將持有之 TPSC 發送至 TerraPass 的電子錢包，當 TerraPass 淘汰 TPSC 數量後，才會進行等量的碳抵換。

　　目前 TerraPass 提供三種循序漸進購買 TPSC 以進行碳抵銷之專案，根據每個月不同的訂閱費用，可得到相對應數量的 TPSC。方案一是每個月 15 美元，亦即每個月購買一個 TPSC，可抵銷 1 公噸碳，每年估計減少 12 公噸碳排放，相當於種 190 棵樹；方案二是每個月 30 美元，抵減碳排效果加倍；方案三則是每個月 36 美元。

　　國內熟悉碳幣發行的學者指出，相較於 TerraPass 發行 TPSC 碳幣以碳抵銷為基礎，成立於 2016 年 6 月的澳洲區塊鏈新創公司 Power Ledger，則開發出全球首個「再生能源區塊鏈的應用平台」，透過智能合約，讓多樣化的市場管理、定價機制以及電力售價，能透過預先購買代幣達到互通性，也讓 Power Ledger 的生態系統能夠無縫對接當地及全球市場，為消費者帶來網絡效益。

　　「Power Ledger P2P 能源交易，是零售商賦權給個人，讓生產性消費者擁有自己生產的再生能源所有權，並透過區塊鏈技術讓能源交易自動化、即時收付款，且具有可信任的對帳和結算系統。Power 幣有雙幣模式，但它的核心乃是建構生產性消費者與一般消費者間的能源交易系統，這在太陽能充足的澳洲具有市場，而在台灣相對不容易推行。」

　　學者進一步指出，澳洲 Power Ledger 更具有積極鼓勵消費者投入節能減碳的主動性角色，而非單純透過碳幣交易抵銷個人碳排

放。此外，Power Ledger 因奠定在太陽能發電的價值基礎上，也和 TerraPass 的價值計算基礎不同。

此外，學者也分析，節能減碳方案也不一定要透過區塊鏈的碳幣交易機制，台灣銀行所推動的台灣碳制郎或環保署推動的環保集點計畫，就相對簡單可行。只是未來在生產性消費者的交易機制如何建構，例如漁電共生或農電共生等，除自給自足或銷售給台電外，未來如何在綠電市場上建構生產性消費者與一般性消費者間的交易機制，可在市場達到一定交易規模後再進行規劃。

網絡效益：多層串聯模式，不特定產銷。在生產者與消費者的連結機制上主要有兩種，一是由個人或企業主動登錄計算碳足跡，並購買 TPSC 之減碳模式。一般認為就個人層面，TerraPass 需佐以教育推廣與地球公民意識推廣才能有效建構；至於企業則在各國政府逐漸要求上市櫃公司需符合一定減排規定下，較具實踐可行性。

二是發行 TPSC 的碳幣交易模式，目的在創造二級流通市場，雖然 TPSC 價格是固定的，但卻可以成為社群流通交易或贈與貨幣。這也進一步說明 TerraPass 在消費者之間的傳播效益上，因有 TPSC 碳幣發行，較之於綠色群募模式更具有社群交流與傳播效益，屬於多層串聯模式。

三、綠色行動減碳：台灣碳制郎

平台特色：隨時計算平台。台灣碳權存摺「台灣碳制郎」是由台灣銀行與財政部財政中心等單位在 2022 年推出的公私協力服務，聯盟並在 2022 年 8 月 11 日舉辦說明會，參與金融機構包括台灣銀行、玉山銀行、元大銀行、王道銀行、渣打銀行、新光銀行、合作金庫、華南銀行等。金融監督管理委員會資訊處蔡福隆處長在媒體發布會上

說明：

「台灣碳制郎緣起乃是總統盃黑客松入選前 20 名計畫，它的核心概念是碳權。只是過去企業碳權多以減少碳排放權利和碳信用為主，較由生產者角度出發；但是碳制郎構想是由消費面出發，鼓勵消費者投入低碳生活，累積金融碳權點數。」

金融碳權聯盟在發布會上說明，根據聯合國政府間氣候變化專門委員會（IPCC, Intergovernmental Panel on Climate Change）報告指出，從需求端著手，可以協助減少 40%-70% 的溫室氣體排放量，效果可能更為顯著。參與聯盟之銀行業者說明：

「碳權存摺的起源和台灣銀行有最多的紙本存摺有關。台銀一年的紙本帳單超過 5,000 萬張，疊起來高達 103 座台北 101。就有統計指出，每年紙本帳單的碳排是塑膠吸管的 2.3 倍。我們希望以公私合作教育引導，達到節能減碳目標。銀行支付工具與民眾日常消費密切相關，碳權存摺若從消金角度分析，可以促成生活轉型與社會轉型。」

「碳權存摺」類似銀行存摺，但是不作為一般存摺的收付存提，主要是用在綁定各種金融支付工具，例如金融卡、信用卡、銀行帳戶等，並專門記載「金融碳權點數」存入與提出的平台。消費者由電子支付所消費的綠色產品、綠色商店、綠色行為等，將轉化為金融碳權點數，存放在個人碳權存摺中。所謂綠色產品乃是指有環保標章的商品；綠色行為則包括銀行的電子帳單取代銀行紙本帳單、行動支付、線上服務等。

在第一階段規劃中，金融碳權點數只能運用在金融機構提出的減碳專案，例如森林碳匯、再生能源、海洋汙染清除技術或公民參與活

動等；並由消費者選擇將金融碳權點數投入，當專案金額達標後，金融機構就必須執行專案。未來則可作爲個人在取得金融服務的「綠色信用評等」依據，成爲消費者申辦金融服務優惠的評估要素。另有銀行業者分析：

「由消費者碳權存摺轉化爲銀行的淨零轉型專案，例如森林碳匯、再生能源等，目的也在幫金融機構取得另一種碳權，未來經過專責單位核可，就可作爲碳權交易或碳抵銷等，背後的正向循環除鼓勵消費者投入綠色消費，也讓金融機構直接受益。」

經常在知名網路論壇 PTT 省錢板活動的消費者指出，其實國內目前已有由環保署所推動的環保集點 APP，其中便有綠色產品、綠色商店與綠色行爲的集點活動：

「我最喜歡大眾運輸的集點活動，只要綁定悠遊卡等電子票證，就可以享有綠點回饋。像最近推出的『台中好生活搭乘捷運集綠點』（2022 年 8 月 1 日到 12 月 1 日），首次下載者有 3,000 綠點。這些點數可以用來兌換便利商店的飲料等。有時候沒帶錢包，早餐就靠綠色點數搞定！」

目前環保集點活動有以下幾種類型：一是各項綠色電子優惠券，例如全國電子環保綠點商品抵用券、綠色餐廳、WeMo Scooter 共享機車、家樂福清淨海環保洗碗精等。二是環保商品上架，例如蒲公英環保抽取衛生紙、福壽芝麻油、三好米、雄獅 NO.600 油性細字奇異筆等。這些上架商品還經常舉辦 Green Weekend 會員日活動，週末六、日的綠點回饋高達 10 倍。三是人眾運輸，如綁定悠遊卡與各地方政府的捷運優惠活動。四是限時活動，例如第一銀行在 2022 年 3 月推出的「第一永續，減碳有你」活動，就包括指定大眾運輸工具綁

定的優惠點數三倍送活動、減碳承諾贈 300 綠點、綠行動抽 10 萬綠點等「三重好禮」行動。另外還有奉茶行動的環保集點等。

因此，碳制郎聯盟行庫成員也指出，未來應會與環保集點活動，乃至各金融機構原已推出的綠色行動優惠方案合作，以鼓勵更多綠色行動的消費連結。

使用者參與機制：由個人存摺到好友社交圈，經常性互動監督。台灣碳制郎初期以個人碳權存摺為主，並可作為銀行端在評估個人信用或其他金融服務的基礎。換句話說，「綠色身分證」的碳權存摺未來有機會轉換為個人的金融消費信用評估點數。不過從中長期來看，若要鼓勵更多人投入碳權存摺行動，銀行同業則認為可借鏡中國大陸螞蟻森林的做法，由社群互動的遊戲機制，鼓勵更多年輕族群加入綠色環保行動。銀行主管指出：

「螞蟻森林除了主動幫消費者計算碳足跡，累績為綠色能量外，還有一定社交遊戲屬性。用戶的綠色能量會在產生 72 小時後消失。除了自己要點擊能量收集外，也可以幫好友收取即將消失的能量澆水。許多大陸台商朋友就分享，他們每天早上都忙著澆水，幫自己的虛擬樹澆灌，到一定程度後螞蟻森林就會真的在內蒙古等地方種樹。」

螞蟻森林的創新做法不但有效增加支付寶的使用頻率，估計螞蟻森林上線半年後的支付寶日活躍用戶增加 40%；螞蟻森林也在聯合國接連獲得環境榮譽，2019 年 9 月 19 日獲「聯合國地球衛士獎」，1 週後又以「利用數位技術擴大氣候行動規模」，獲得 2019 年聯合國全球氣候行動獎。

而台灣碳制郎除可借鏡螞蟻森林創新社群互動設計外，也將進一

步透過綠色行動，或透過限時推薦等機制，鼓勵更多會員加入碳權存摺行動。一位銀行成員指出：

「過去全聯 PX Pay 在 2019 年 5 月推出的 member to member 會員推薦行動，就以極高點數回饋，讓全聯 PX Pay 在婆婆媽媽的相互社群推薦下，在 1 週內增加 100 萬個下載量。類似做法應該更契合台灣的生活脈絡。台灣婆媽族群、學生族群的團購與推薦，會是我們推動社群力量投入綠色行動的基礎。」

網絡效益：多層次互聯模式。台灣碳制郎的綠色行動聯盟雖在起步階段，但已有初步的發展基礎，銀行同業指出，目前由環保署推出的環保集點行動已有一定客群基礎與合作商家，已形成一定的網絡效益，未來在更多金融業者加入碳權存摺的平台後，應會有更多優惠活動推出。

但挑戰則在於參與聯盟銀行間如何彼此合作，銀行同業指出，過去台灣行動支付（台灣 Pay）集結國內八大公股行庫，以「兄弟爬山，各自努力」模式，連結各自的結盟商家提供集點優惠；但這些合作商家與銀行之間彼此並非「一通百通」模式，商家必須個別與其他行庫洽談集點優惠活動，甚至還有獨家設計，較難以形成網絡效益。相對較可行的做法應是類似環保集點行動，以綠色商家及綠色行動基礎，推出聯合集點平台，而各聯盟銀行應是從金融服務面向出發，以優惠金融服務串聯綠色行動與集點優惠。

此外學者分析，相較於群眾募資的特定專案性質或是 TerraPass 碳幣的不特定專案與次級市場流通特性，台灣碳制郎未來應可參考螞蟻森林等收集綠色能量做法，連結更多元的社群與社交圈，發揮相互影響效果，進而提高有形的節能效益，也由此深化社群連結互動，提高無形的同儕認同與影響力。

四、解讀：綠色生活的集體行動

近年來，金融科技之相關論述特別由「普惠金融」角度論述創新科技應用的可及性（accessibility）、可負擔性（affordability）與擴充性（scalability），本個案分析則進一步提出，金融科技的核心價值不僅在降低使用者的進入門檻，更在提高使用者的共創能力，主要有以下內涵。

一是由可及性到「可集性」（collective），提高群眾參與度。過去金融科技強調普惠性，由降低進入門檻讓更多人受益，如肯亞的 M-Pesa 就可以由最簡單的行動支付達到即時轉帳匯款與支付功能（Jack & Suri, 2011; Mbiti & Weil, 2016）。本章個案探討則進一步提出，金融科技的可及性也讓更多人有機會參與，提高集體議價能力以參與永續經營。例如綠色群募中每人只要投資 5 英鎊就可以參與綠色能源開發；綠色代幣中，每人每月以 15 美元購買代幣就可以減碳並參與綠色項目投資；台灣碳制郎與綠色能量中，用戶每天踐行綠色生活就可以收集綠色能量投入種樹保育工作。提高群眾參與的「可集性」是本文對金融科技提出的第一個新觀念。

尤其，金融科技的可集性更表現在科技賦能下的數位化、可視化與可比較性，進而大幅提高化整為零的可集性。例如英國富裕平台以多元專案募資為主，專案內容、募資金額與利率、募資速度等均有明確數字呈現；專案內容清楚，可視化程度高，亦具有可比較性。美國 TerraPass 則以個人與企業減碳計算為主，數位化程度高，且不同類型的會員專案具有可比較性。台灣碳制郎與中國大陸螞蟻森林則更進一步將個人日常生活項目轉化為減碳數字，可視化與明確性高。科技賦能佐以金融服務特性，正是金融科技對永續經營的重要貢獻。

二是由可集性到「可擊性」（collective action），化被動為主

動。也正因爲金融科技大幅提高一般消費者的參與能力，消費者就可以主動聚集參與特定專案，發揮小兵立大功效益。尤其對切身相關的永續項目如特定社區與公共建設的綠色群募，就有機會快速集結群衆，達成任務。本文提出的三種類型中，綠色群募的可擊性目標最明確，綠色行動減碳的可擊層面最廣，而綠色代幣的可擊性則最具即時性，如上市櫃公司需即時達到減碳標準時，就可以購買綠色代幣抵銷。

　　三是由社群網路（social networking）連結機制重新定義可擴增性。本研究提出，金融科技對永續環保的核心價值確實在強化可擴增性（Adhami et al., 2017; Macchiavello & Siri, 2020; Nassiry, 2018），但卻可由不同類型的社群網路連結與社群經營機制重新設計可擴增性。例如綠色群募以專案爲基礎，乃屬於單層連結，偶爾有社區型項目出現可以提高社區民衆參與，強化連結性。至於綠色代幣則屬於多層次連結，有初級與次級流通市場，具有一定的社群連結機制，連結性較綠色群募強。至於綠色能量則是多層次互聯，以好友圈的多元連結爲基礎，連結性最強。由使用者能動性與連結性來檢視永續經營的擴增性，可以爲我們帶來新觀點，進而豐富多元的永續經營機制。

表 9-1　綠色金融科技之永續網絡建構

綠色金融科技	綠色群募：英國皇豐盛投資平台（2012年成立）	綠色代幣：美國 TerraPass（2004年成立）	綠色行動減碳：螞蟻森林（2016年成立）
平台特色（可及性）	5英鎊，小額募資平台	15美金，定期支付平台	不需額外付費，隨時計算平台
使用者參與（角色特性）：互動性	生產端：扮演投資者角色，投入綠能等投資。屬不定期互動 消費端：採購綠色能源	生產端：以會員制定期購買碳幣，投入綠色生產。屬定期互動 消費端：積極計算碳足跡，並投入減碳	生產端：扮演監督者角色、虛實整合、將綠色能量轉換為種樹整合，經營常互動 消費端：隨時計算綠色能量，並成為社群互動話題
網絡效益（延展性）：平台與使用者間使用者	單層連結模式：有形投資效益與無形社區認同 （B → C1 C2 C3）	多層連結模式：有形支付效益與無形價值認同 （B → C1 C2 C3 C4 C5 C6）	多層次互連模式：有形節能效益與無形同儕認同 （B → C1↔C2→C3 C4 C5 C6）
金融科技解讀： 可集性：數字化、可視化、可比較性 可擊性：目標性、時間特性、空間特性 網絡特性：認同特性	可集性：多元專案選擇、募集速度與超額認購程度明確可見 可擊性：企業主體、具目標明確性、特定時空情境下之企業永續專案 網絡特性：在地社區型（Local Community）	可集性：會員類型選購、個人與企業碳排計算明確、數字化、可視化 可擊性：企業與個人主體，具即時性 網絡特性：虛擬社群型（Virtual Community）	可集性：個人日常生活減碳能量計算、具數字化、可視化 可擊性：個人主體，具廣泛普遍 網絡特性：好友社交型（Social Community）

參考文獻

Adhami, S., Giudici, G., & Anh, H. P. N. 2017. Crowdfunding for green projects in Europe: Success factors and effects on the local environmental performance and wellbeing. URL: http://www. crowdfundres. eu/wp-content/uploads/2017/11/Crowdfunding-for-green-projects-in-Europe-2017. pdf. Accessed March 28, 2019.

Jack, W., & Suri, T. 2011. Mobile money: The economics of M-PESA, No. w16721. National Bureau of Economic Research.

Macchiavello, E., & Siri, M. 2020. Sustainable finance and fintech: Can technology contribute to achieving environmental goals? A preliminary assessment of 'Green FinTech'.

Mbiti, I., & Weil, D. N. 2016. Mobile banking: The impact of M-Pesa in Kenya, 247-294. University of Chicago Press.

Nassiry, D. 2018. The role of fintech in unlocking green finance: Policy insights for developing countries, No. 883. ADBI Working Paper.

第十章　智慧監控突圍金融服務──奇雲國際
Disruptive Innovation with AIoT in Financial Industry

即時、追蹤、篩選的可視化服務，正是物聯網科技所表述的「軟體即服務」（software as a service）價值。

一、背景：行人地獄的管理難題

創辦於 2014 年的奇雲國際以智慧監控為核心技術，並將服務延伸到車隊管理、UBI 保單、場域工安與廢棄物管理服務，合作對象囊括新竹物流、麥當勞車隊 HAVI（夏暉）、DHL、台積電等公司。這家隱身台北市內湖區的軟體服務公司近年開始走進大眾視野，並且對永續環保（ESG）乃至金融服務提出全新論述。越危險的地方、越高難度的管理難題，越是奇雲國際的商機。而近年引發高度討論的「行人地獄」，正是奇雲國際的起手式。

「對於車隊管理來說，保費調降不是重點，如何讓車隊調度更順暢、司機駕駛更安全，甚至更符合當前永續環保需求，才是關鍵。而管好車隊，也就能解決行人地獄的難題。」奇雲國際資深主管說明。

台灣車輛高達八成以上都已承保第三人責任險，大貨車保費雖然每輛高達 20 萬元，事故發生後的最高理賠金額約 400 萬元。但若由 UBI（Usage Based Insurance）保單設計邏輯，僅單純從減省保費以鼓勵優良駕駛的角度來看，如優良駕駛每個月減省 15% 保費。因實際支付保費多為車隊，這項保費減省設計並未直接回饋給司機，反而必須思考其他獎勵機制與管理設計。此外，與其每個月調降保費的事後獎勵，在車隊管理上更講求即時有效的監控管理，避免意外發生才

是關鍵。換句話說，管理車隊效率與效果提升，才是避免交通事故、洗刷行人地獄惡名的基礎建設。

二、從車隊管理到車隊派遣

　　奇雲國際的核心技術就是物聯網科技（AIoT），包括雷達偵測、ADAS（Advanced Driver Assistance Systems，先進駕駛輔助系統）、DVR（Digital Video Recorder，車用影像監視）行車視野輔助、維修保護等。主要用於大貨車等車隊管理系統。毫米波雷達的偵測角度可達 120 度廣角，主要安裝於車角（柱），可偵測 120 度、直徑 3 公尺的扇形面積。雷達偵測有三大用途：一是廣域感應，可掃描 120 度廣角範疇，讓危機無所遁形。二是主動式提醒，雷達會透過閃燈或鳴叫方式提醒駕駛，駕駛無須額外查看。三是輕巧體積小，不會造成車體負擔，也不影響美觀。

　　奇雲國際提出三種搭配方案，一是 A 柱，可搭載蜂鳴器與 LED 燈，聲光警示。二是倒車，可搭載蜂鳴器、聲音警示。三是車子倒車，可搭載 LED 燈與燈光警示。「眼有不及之地，放心全靠感應」，正是這項技術的核心應用。另外還有內輪差雷達，主要安裝在車側，可偵測離車身寬 2-3 公尺，長 7-12 公尺的長方形面積。搭配方案則有 A+ 內輪差，可搭載蜂鳴器與 LED 燈、聲光警示等。在車隊管理上，雷達報告每秒會詳細記錄偵測障礙物的時間點，協助重現事故現場。雷達報表包括日期、時間、地址（經緯度）、車速、急剎車、剎車燈、急轉彎、左方向燈、右方向燈、車前盲區、右 A 柱盲區、右車側盲區、車後盲區、倒車燈等資訊。

　　至於先進駕駛輔助系統 ADAS（Advanced Driver Assistance Systems）功能有以下三項：一是智慧輔助，可自動偵測車道偏移、

提醒駕駛，並減少事故發生。二是車距偵測，可解決前車車距問題，即時影像提醒。三是駕駛專注偵測，可識別駕駛眼神飄移並發出警示，避免昏睡、分心等危險駕駛行為。ADAS 主機可自主偵測車輛行駛狀態，依據車速判定碰撞警示距離，內建視訊輸出、音訊輸出與攝影機。其中，攝影機偵測角度約上下 33 度，左右 44 度。另有附屬設備功能 DMS 駕駛監控系統（Driver Monitoring System），系統以高端影像技術偵測駕駛瞳孔變化與臉部變化，在駕駛人員產生疲勞與分心時，即時發出聲光預警，降低行車事故發生風險。且這些警報記錄與預警畫面可分別整合在富立提駕駛行為報表與行車視野輔助系統（富立提，Fleetivity，為奇雲國際之智慧監控服務名稱）。

車用影像監視（DVR, Digital Video Recorder）則有以下功能：一是雲端記錄，包括盲區影音與方向燈使用記錄將同時上傳雲端，事故發生時可作為還原現場依據。二是掃盡盲區，根據不同車種提供適合的掃盲方案，達到完美掃盲目的，運用多種警示方式，提升司機警覺，以減少事故發生損失。由此可大幅提升道路安全，並減少事故發生。

日期	時間	地址(經/緯)	車速km/hr	RPM		FCW	急煞車	煞車燈	LDW	急轉彎	左方向燈	右方向燈	車前盲區	右A柱盲區	右車側盲區	車後盲區	倒車燈
2020.7.21	11:15:10		55	1934													
2020.7.21	11:15:11		54	1928								on					
2020.7.21	11:15:12		55	1933								on					
2020.7.21	11:15:13		55	1935								on					
2020.7.21	11:15:14		54	1931		on						on					
2020.7.21	11:15:15		43	1753		on						on					
2020.7.21	11:15:16		35	1554		on						on					
2020.7.21	11:15:17		27	1488		on						on					
2020.7.21	11:15:18		8	1132		on						on					
2020.7.21	11:15:19		0	510								on					
2020.7.21	11:15:20		0	505								on					
2020.7.21	11:15:21		0	507								on					
2020.7.21	11:15:22		0	505								on					
2020.7.21	11:15:23		0	507								on					
...	...		...	...													
2020.7.21	11:16:10		0	510								on					
2020.7.21	11:16:11		0	505								on					
2020.7.21	11:16:12		0	617								on					
2020.7.21	11:16:13		6	877								on					
2020.7.21	11:16:14		11	1245		on						on					
2020.7.21	11:16:15		5	601		on						on					
2020.7.21	11:16:16		0	507		on						on					
2020.7.21	11:16:17		0	503		on						on					
2020.7.21	11:16:18		0	506								on					
2020.7.21	11:15:19		0	506								on					

圖 10-1　雷達報表，資料來源：奇雲國際官網

圖 10-2　ADAS 顯示畫面：人工智慧偵測鎖定前方車輛，自主判斷行車距離與車輛偏移，資料來源：奇雲國際官網

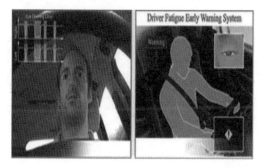

圖 10-3　DMS 顯示畫面，資料來源：奇雲國際官網

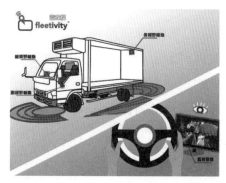

圖 10-4　FHD 高畫質螢幕&雙抗震與雙儲存車載錄影主機，資料來源：奇雲國際官網

這三項數位科技的整合應用範疇則有車隊管理系統、智能減碳車隊，與攜帶式管理平台（APP）。以最主要的車隊管理系統來說，奇雲科技提供智慧車隊的監控管理、即時地圖監控、即時影像監控、冷鏈系統監控、酒測監控系統，與駕駛身分管理。

奇雲國際總經理李雅芳說明，即時監控與篩選（real time tracking & sorting）正是智能監控系統的核心能力，這有助於車隊管理的效率與效益之大幅提升。奇雲國際並由此發展出八種以上的模組化服務，包括駕駛行為風險分析、異常警告管理、數據分析報表、行駛里程管理、行駛風險時段、車況管理、實時車輛跟蹤、區域管理等。車隊可選擇不同的模組方案，並以每台車每月 400-2,000 元為訂閱制的主要收益來源。此外，在初期的數位監控設備導入約 5-12 萬元則需以一次付清或租賃採購。

奇雲國際並發展出視覺化的碳排儀表板，可有效管理每個月的累計加油量、怠速時數與碳排放量。奇雲國際估算，以 3,000 輛車的車隊計算，導入智能監控系統可有效降低 20% 碳排油耗、降低 29% 事故發生率，與降低 34% 維修成本，估計一年可節省約 1.5 萬噸的二氧化碳排放。而碳排油耗、事故發生率與維修成本，剛好呼應環境面、社會面與公司治理面，成為有車隊管理需求之企業，在未來導入「碳排儀表板」以建構永續經營指標的關鍵性服務。

此外，奇雲國際的車隊管理服務也進一步延伸到車輛派遣服務。原本奇雲國際就已針對車輛的行駛路徑發展出一連串的數據管理內容，包括行駛中、離線、怠速、超速等服務；而這些服務內容僅針對單一車輛的車況管理與駕駛行為分析，若再加上「自動路順」的路線優化管理，就有進一步達到減排效益，甚至可減省人員。

「以 momo 這類貨運派遣來說，一台車常要跑幾十個，甚至近

百個地點。過去只能靠老司機的駕駛經驗來排程，但我們可以從訂單地址等數據進行優化排程。尤其我們每個月花近百萬元訂購 Google 的即時路徑管理系統，就可以每 30 分鐘更新車況，包括哪裡有塞車或交通管制，幫助司機優化行車路線。」奇雲國際資深主管說明。

這項服務以每個月 500-1,000 元收費，可涵蓋在車隊管理服務的每月訂閱費用中。奇雲國際稱這項服務為「數位大餅」，明確彰顯數位服務價值正在不斷透過加值服務，擴張經營範疇。經過長達八年的智能監控服務優化與升級，奇雲國際正在思考活化數位資產的可能性，包括將這套智能監控服務授權給其他東南亞國家的車隊管理或智能監控公司，預計每套可有上千萬元營收。

「智能監控系統非常需要專業場域知識，才能有效收集到關鍵數據資訊。我們花了八年才建構這套系統，並不擔心其他同業學習模仿。因為看得到、看得懂，到看清楚細節，並不是一件容易的事。這就像以前大家流行導入 ERP，可真正成功導入者並不多。Domain know-how 與客戶關係管理決定智能科技能否成功導入。」奇雲國際資深主管說明。

車隊派遣服務不但優化司機的行車路線，有效節省成本與達到節能減碳的目的，甚至可以幫公司減省人力。奇雲國際主管說明，在人力短缺的現實上，如何減省節約人力使用，並提高專業人力素養，才是車隊派遣系統的終極目標。在可預見的未來，優質管理的車隊派遣系統應可減省 10%-30% 人力。

圖 10-5　奇雲國際的模組化服務，資料來源：奇雲國際官網

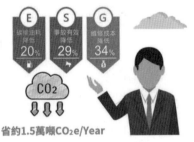

圖 10-6　3,000 輛車以上車隊每年可節省的碳排放量，資料來源：奇雲國際官網

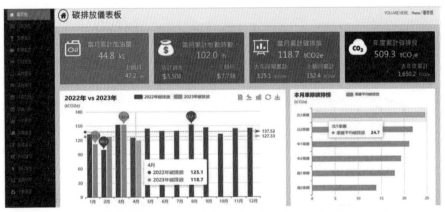

圖 10-7　奇雲國際的碳排儀表板服務，資料來源：奇雲國際官網

三、從公安管理到廢棄物管理

近年來，奇雲國際的智慧監控系統服務也由車隊管理進一步延伸到「場域監控」，包括具有高度公共安全警戒的化學品工廠、建築場域與工廠等。奇雲國際主管指出，強酸、強鹼、高溫等工作場域已逐漸走向無人化與智能化，因為這些場域的安全要求極高，必須做到零事故，也因此，每一個公安場域的管理必須做到百分之百的精準度與安全度。

「以裝載化學品的油罐車為例，我們必須確認駕駛有穿防護衣、輪檔有確認止滑、有接地、有靜電等一系列工序。接著，我們還必須確認內裝液化化學品的存量變化等，這些都是公安管理的細節，也需要專業領域知識的協助。」奇雲國際資深主管說明。

2023 年，「奇雲 2.0-AI 智慧場域」提出場域監控服務的解決方案，包括智慧場域、智慧地磅、智慧倉儲、智慧車牌、智慧存量、智慧儲能等服務。奇雲國際並由規劃（plan）、執行（do）、稽核（check）、行動（act）發展出一系列的智能監控服務。「規劃」著重在訂定廠內作業查核點，「執行」則以設置適合硬體收集現場訊號，「稽核」在設定勾稽規則並發送異常警報，而「行動」則在調查異常原因並進行改善。由此所發展的智能監控服務則有大數據分析、雲端運算、IoT 工廠管理、地磅串接、車牌辨識、影像辨識、即時液位、人工智慧等服務。

例如智慧倉儲可以辨識儲存區、成品區進出貨數量，無須人工清點，這對於庫存管理大有效益。而智慧地磅則可以自動化辨別車牌並智慧對應車重，省去人工登記，還可以避免疏失與偽造。車牌辨識則讓 AI 作為管理者的眼睛，幫忙協助辨識車牌。

　　又如目前已發展的光電建築服務，主要在將建築整合光電模組，奇雲國際可依照客戶需求提供客製化的智慧綠建築解決方案，具備能源效益、減碳、隔熱與美學等，服務內容則包括智慧儲能、即時監控、微電網管理、安全工程、多款零件等。從能源管理面，光電建築連結智能監控，即可透過手機監控整天的用電比例，並計算電費；另外還可智能排程，自由設定鬧鐘並節電減碳。

　　更進一步者，奇雲國際將所有重要監控數據轉為智能儀表板（dashboard）的即時管理服務，並可篩選重要資訊。將服務智能化、可視化、圖像化，正是 AIoT 應用於高危管理的核心。奇雲國際主管指出，場域監控服務的商業模式可視為車隊管理的升級版，光是智能場域建置就至少要 500 萬元，需一次性付清；之後則是每個月的訂閱服務收費，約 10 萬元左右。廠商可以在雲端上看到所有即時監測服務，而且還能連結到行動裝置進行管理。

　　2023 年 6 月間，奇雲國際並進一步將場域監控服務延伸到更難以量化管理的廢棄物管理，尤其是和台積電等多家上市櫃公司之合作，將有機會發展廢棄物的清運、處理，與再運用。奇雲國際資深主管直言，儲能管理與廢棄物管理不但和永續發展議題息息相關，也是更具高難度與高進入障礙的服務內容，可謂奇雲 AIOT3.0 服務。因此，所謂智能監控服務的背後，正是數據科學的精準量化與品質深化。

圖 10-8　奇雲 2.0-AI 智慧場域管理系統，資料來源：奇雲國際官網

圖 10-9　奇雲光電建築服務系統，資料來源：奇雲國際官網

四、對金融科技的意義

相較於 Pensumo、SoFi 等金融科技業者直接訴諸於一般消費者的金融創新服務（B2C），奇雲國際的創新服務內容則是由公司場域出發（B2B），但卻開始撼動原有金融服務的經營邏輯。

首先在保險服務上，近年不論是特斯拉或是國內創星物聯等車聯網公司，都強調以使用者為中心的 UBI 保單與彈性保費設計；但奇雲國際卻將服務場域由個人保險延伸到產物保險，尤其是高危險場域的保險計算，包括化學工廠、中鋼中油，乃至高科技公司如台積電等。過去這類高危險企業的產物保險金額高，也因此必須發展出再保險市場來分散風險。然而，奇雲國際的智能監控卻強調零風險與即時風險管理的重要性。換句話說，最有效的風險管理就在於即時預警、防患於未然。也因此，未來產物保險在保費計算上，有機會加入智能監控的保費調整機制，或作為優良廠商與風險評估依據。

同樣在綠色融資貸款或籌資上，這類智能監控場域建置往往需要較高經費投入，卻也具有較高的綠色環保與公司治理能力，甚至能有效照顧高危工作者的安全環境建構，而應能享有較低的籌資成本。這也像是本專書另一個案，英國豐盛投資（Abundance）強調透過群眾募資給予有志於投入永續經營之專案項目，更優惠的貸款利率。同時，所謂的綠色債券發行亦必須有明確的智能監控場域建置說明與提案，這也成為奇雲國際這類 AIoT 公司的另一項專業服務。

而在上市櫃投資上，近年國際強調「綠色投資」的永續資金配置，也讓企業開始重視「排碳儀表板」的建置與動態管理。奇雲國際主管直言，與其購買碳權，或種樹淨灘，不如從根本改變經營體質做起，讓工廠、車隊、廢棄物處理等朝智能減碳與即時監控管理邁進，這才是闡釋工業 4.0 的現代化管理契機。

總結來說，相較於金融科技業者對傳統金融服務所帶來的直接衝擊，AIoT 這類智能監控服務之科技公司，反而扮演協助金融服務升級的智慧好夥伴。從這個角度來看，與其讓新興金融科技服務業者破壞現有金融服務市場，傳統金融機構不如與 AIoT 業者合作，一起進行一場「破而不壞」的智能蛻變。

第十一章　機器人理財——阿爾發投顧
My Active Income Comes from My Job, while My Passive Income Comes from My Investments

「被動投資，主動人生。」

一、背景：難以靠近的高檔投資理財服務

　　阿爾發投顧成立於 2017 年，在成立初期以風險評估、投資規劃、投資管理與投組建構等四項服務為其營運核心。阿爾發認為，過去數十年來傳統金融機構所提供的投資理財抑或是顧問服務，都有著一般民眾難以長期負荷的高昂價格。此外，傳統金融機構過於亮眼的招牌，也使得部分民眾不敢輕易靠近。因此阿爾發投顧以提供社會大眾都能負擔的「一對一」客製化理財服務為信念，並將真人理專結合機器人理財之投顧服務線上化，解決過去金融服務手續繁雜且耗時過長的問題。

　　在 2022 年 3 月 30 日，阿爾發投顧新增兩項服務，包括投資健檢與動態配息，以優化服務內容。以下介紹核心服務內容，以理解阿爾發在發展嵌入式金融之策略基礎。

二、機器人理財：六項服務模組

　　產品模組一是理財目的規劃。阿爾發目前規劃六種理財目的，以作為理財達成率之計算基礎，包括：快速存下第一桶金、守護財富財產保值、實現擁有家的夢想、當孩子教育的後盾、提早過退休的生活、累積長期財富等，幾乎涵蓋八成以上理財人口需求。只是不同類

型的條件設定有所差異。

產品模組二是風險評估。阿爾發依照性別、年齡，結合七道問題，作為個人風險評估依據，主要風險評估內容包括以下數者。問題一，個人對股票、債券與 ETF 等投資產品的了解程度？（完全不了解、有一點了解、大致上了解、完全了解。）問題二，如果看到您的 100 萬元投資虧損超過 20 萬元時，您的反應是？（什麼都不做、賣掉部分投資、賣掉全部投資、重新配置您的投資、加碼買進您的投資。）問題三，當聽到關乎您財務的「風險」時，您會覺得？（擔心會失去一切、無法避免的過程、看到高報酬機會、投資刺激與快感。）

問題四，假如薪資組合可以選擇，那麼您會偏好如何組合？（全部都是固定薪水、主要以固定薪水為主、固定薪水與業績獎金各半、主要以業績獎金為主、全部都是業績獎金。）問題五，當您在投資時，對於您的投資狀況您通常會？（A：頻繁地檢視，B：久久才檢視一次。）問題六，當您今天遇到下面兩種情況時，您會怎麼選擇？（A：確定可以獲得 5 萬元，B：有一半的機會可以獲得 15 萬元，一半的機會什麼都沒有。）問題七，下列四種投資組合中，您較偏好哪種投資組合？（組合 A 是低風險資產 100%；組合 B 是低風險資產 70%，中風險資產 20%，高風險資產 10%；組合 C 是低風險資產 30%，中風險資產 30%，高風險資產 40%；組合 D 是低風險資產 10%，中風險資產 20%，高風險資產 70%。）

阿爾發指出，目前以平均 40 歲（35-45 歲）「提早過退休生活」族群最多，約近一半。若以一位中壯年教授，年紀 45 歲，採取「單筆＋定期定額」的條件設定（定存 30 萬元，每個月存 5,000 元），經過一系列問題詢問，估計 70 歲退休情況下，退休後每個月領 38,000 元，達成率是 24%，風險投資等級 65（股票占比 65%，債券

占比 35%），投資組合報酬率約 8.33%。退休後每個月領取 38,000
元生活費，其依據乃是目前主計處統計國人每個月平均花費 20,220
元，若加成每年 1.5% 通膨，到退休 70 歲時共 21 年，就剛好是
38,000 元生活費。

　　產品模組三是推薦投資組合。當投資人理解自己的風險偏好度
後，阿爾發會進階推薦投資組合，包括「蒙地卡羅模擬」與效率前緣
曲線。所謂蒙地卡羅模擬乃是結合激勵理論、過去 10 年市場報酬率
回測、市場波動率等計算後，得到一個區段的投資成本機率，在 3 秒
中計算 1 萬次。這是參考美國知名投資顧問 Vangard 所使用的投資組
合系統。至於效率前緣曲線則是投資組合的試算比率，主要用來計算
美國整體股市投資、全球已開發國家股市、全球中小型股市、美國房
地產、全球總體債券等占比，以得出在不同的波動程度下，最有效率
的投資組合。目前阿爾發投資主要與 Vangard 結合，投資都是以 ETF
為基礎。

　　產品模組四是投資健檢。包括國內股票債券投資與國外資產投
資等，結合上述蒙地卡羅模擬與效率前緣曲線，將個人投資組合放入
後，就會得到一個合理的投資效率與現有投資效率間的比較圖。

　　產品模組五是投資再平衡。主要是個人資產配置比重調整。例如
2022 年 2 月俄羅斯與烏克蘭衝突，導致全球股市大跌，資產配置偏
離，這時就可以將原來 65% 股票、35% 債券，調整為各 50%。其次
是個人生命週期調整。依據個人退休等計畫之變更，調整股債市投資
比重。

　　產品模組六是動態配息。當市場有變動或有較高收益報酬時，就
會自動配息。因退休後每個月固定領取 38,000 元較缺乏獲利感受，
但若是有動態性的獲利配息，就會讓投資人更有感。

　　阿爾發投顧前總經理陳敏宏指出，機器人理財投顧（robot advisor）和傳統投顧最大差別在於「不預測、不挑股票、不設買賣點，沒有交易手續費」。首先是看達成率，不看報酬率。機器人理財以長期投資為目標，因此重視的是每個階段的達成率，以及整體投資的年化報酬率，投資人不需關注短期進出；而傳統投顧則以定期投資損益為主，會影響投資人的心情波動。其次是收費機制不同，機器人收 1% 資產管理費，但阿爾發投顧每兩年減少 0.1% 手續費，最多降到手續費 0.5%，以鼓勵投資人長期持有；但一般投顧則收取交易手續費（千分之 1.5）。第三是不設置停損點，機器人理財不設停損點，只有資產配置再平衡；而一般投顧則有設置股票買賣的再平衡點。第四是不預測未來，機器人理財是以蒙地卡羅指數為主。以下分析阿爾發與不同平台合作的嵌入式金融服務特色，包括平台之社群網絡特質、阿爾發的嵌入角色定位，與網絡效益。

三、母嬰平台的嵌入式金融服務

（一）社群網路特質：階段性，母嬰共同成長

　　創辦於 2018 年的 MamiGuide，成立宗旨便是要解決媽媽們從懷孕、生產、坐月子到產後的嬰兒照顧、親子成長等痛點。成立迄今已有 85,000 名會員，每個月持續新增 800-1,000 名會員。執行長李國寧表示，MamiGuide 主要在解決傳統坐月子中心的資訊不透明、知識不交流的問題，希望提供準媽媽們即時有效的套裝解決方案，未來則擬朝母嬰生態系建構。李國寧直言，MamiGuide 是台灣母嬰市場裡的 Agoda，在技術服務上並沒有太特別獨到之處；但進一步調查分析該平台經營，主要有以下特色。

　　一是母嬰連動的精準社會網絡連結。準媽媽群為了訂好月子中

心，會認眞填寫個人資料、預產期等「媽媽手冊」資料；加上預訂坐月子餐點、臍帶血等消費服務內容，有最精準的資訊提供。這些資訊忠實傳達母親與嬰兒的連動資訊，而成爲套裝服務設計基礎。

二是母嬰階段性成長的服務連結。李國寧表示，他一開始投資坐月子中心，但卻面臨服務時間與空間侷限性，因此積極思考延展母嬰服務的可能性。他特別從「家庭生活價值」（family life time value）切入，思考開拓母嬰生態圈的可能性。

「坐月子僅有 1 個月，而且受到空間坪數限制。但家庭生活卻是從親子關係、夫妻關係等成長歷程來思考服務內容，也就是所謂的 family life time value；如此一來，創價空間就很大。台灣目前每年的新生兒已降至 12-15 萬名，離婚率也在提高。我覺得只要做好這一塊，就能有效降低離婚率，提高生育率。」

因此，MamiGuide 特別設立專業教練團，引導新手爸媽經營家庭生活。李國寧分析，新手爸媽最常面臨三大議題，一是親子關係，二是夫妻關係，三是家庭理財。MamiGuide 特別推出「專家顧問團隊」，包括皮膚科主治醫生教導預防痘痘、心身醫學診所院長提供身心治療服務、婦產科主治醫師解析晚婚到懷孕的影響、阿爾發機器人理財教育聰明家庭理財術、夫妻關係與親子教育的專家教練提供成長諮詢，以及婦產科醫生指導注意孕期飲食等。其中，阿爾發投顧創辦人陳志彥就開始扮演家庭理財諮詢顧問的重要角色。

三是良性評選的平台服務經營。MamiGuide 自 2020 年開始辦理「金孕獎」（MamiGuide Golden Award），目的在經由數千位實名制素人媽媽海選與專業評審團隊評選，推廣母嬰產業的優質服務。MamiGuide 不只提供找月子中心、找月子餐、嚴選好物、孕媽指南、頭皮保養等服務，還有孕後的親子教養、寶寶照顧等服務，並且

開設專業課程或幼兒保育服務，以延長與這群媽咪族群的互動往來關
係。

（二）策略角色與行動：理財家教（Financial Guide）

阿爾發投顧特別瞄準準媽媽族群，積極與 MamiGuide 合作，主
要原因乃是母親經常扮演家庭重要經濟決策角色，而且個人經濟能力
也逐漸攀升。富達國際在 2022 年婦幼節前夕進行「2022 年全球女性
投資理財調查」，針對日本、香港、新加坡、德國、英國、台灣等主
要國家女性進行調查，結果顯示逾七成（72%）台灣女性認為自己經
濟獨立，比例為所有調查地區中最高者；且持有為孩子儲蓄的帳戶比
例也高達五成（50%），在全球居冠。

鎖定媽媽族群，阿爾發投顧正以理財專家顧問角色，積極與
MamiGuide 洽談階段性合作內容。目前阿爾發已經在 MamiGuide 平
台上的「親子教養」欄位中植入理財服務相關文章。例如 2022 年 1
月 24 日的「家庭理財」報導，「投資理財產業的特斯拉，機器人理
財如何幫助投資人多創造 4.3% 投資報酬」；又如 2022 年 1 月 17 日，
報導「天下有白吃的午餐？投資全球的小祕密」等專欄，以 7 分鐘內
可以閱讀完畢的短文，用圖文並茂的資訊呈現，提供媽媽族群豐富
專業的理財知識。未來阿爾發投顧則擬依據母嬰族群的成長歷程，與
MamiGuide 合作，推出階段性的套裝整合服務，以下說明。

階段一，「寶寶第一桶金」套裝服務。MamiGuide 指出，「寶
寶的第一次」是 MamiGuide 平台的最大優勢；例如「寶寶出生的第
一組照片」，MamiGuide 就有推出單張與套裝方案，單張免費，套
裝方案則有 1.5 萬元與 2.5 萬元的生活美照服務。又如「寶寶的第一
個彌月蛋糕」，MamiGuide 就與國內知名的阿默蛋糕合作，推出蛋
糕皮、餡料與蛋糕彩繪等模組化服務，讓新手媽媽親自參與繪製寶寶

的第一個蛋糕。也因此，MamiGuide 建議阿爾發可以由「寶寶的第一桶金」著手，鼓勵新手媽媽將滿月禮金存起來，當作「錢母」；加上每年的壓歲錢存款，開始幫寶寶規劃專屬理財服務。

阿爾發投顧與 MamiGuide 洽議以虛實整合服務擔任新手爸媽的理財教練。除擬在 MamiGuide 平台上設置「寶寶的第一桶金」專區外，也以季為單位，在 MamiGuide 於台北市忠孝新生站附近的「Mami Space」專區，定期推出專業投資理財講座，還可以結合 MamiGuide 原有的媽媽 SPA 活動與微醺之夜等，強化理財商品的套裝服務內容。阿爾發資深主管分析：

「將阿爾發的『人生第一桶金』理財教育實體課程，結合線上直播，可以達到積極關懷與即時互動效果，會是有效的獲客方式。未來我們也會搭配投資健檢與理財調查等服務，讓媽媽們更能建立專業理財知識，建置家庭理財的安全網。」

這個階段的新手爸媽，不僅要細心規劃各種「寶寶人生第一次」的服務專案，如第一個蛋糕、第一組照片、第一桶金等；也要照顧到新手媽媽的「第一次體驗」，包括坐月子餐、減重餐、醫美 SPA 服務等。MamiGuide 也分享，鎖定孕媽咪商機，知名大廠雀巢也積極推出「孕媽咪營養膠囊」，安永鮮物則擬推出專屬坐月子營養套餐等。

階段二，新手爸媽家庭理財套裝服務。在小孩逐漸成長的過程中，新手爸媽會開始規劃年度家庭旅遊、親子共學等計畫，需要專業投資理財設計；而 MamiGuide 也開始將投資理財與其他心身醫學、皮膚健康、親子關係等服務連結，提供一站式服務。國內理財專家指出，台新銀行推出的「萬用罐」與「零錢罐」組合，背後就有清楚的年輕族群理財脈絡，相當值得參考。

　　「『萬用罐』可設定存入定期定額款項，隨時依需要存提；而『零錢罐』則只能存入，需要將零錢罐打破後才可提領，每月僅有二次查看存款機會。從這個角度來看，以阿爾發目前六種理財目的來說，除寶寶第一桶金外，當作孩子教育後盾的理財計畫，或者守護財產保值，也相當適合這個階段服務。」

　　另一位專家指出，學齡前兒童成長階段的日常生活花費相當高，許多新手爸媽在投資理財上自然相當辛苦；但如果未來能有類似西班牙金融科技新創的 Pensumo 服務，幫助新手爸媽一邊消費、一邊存款，也許會是重要切入點。

　　階段三，空巢期或訂婚期的彈性理財套裝服務。相較於「寶寶第一桶金」與「新手爸媽家庭理財」，在小孩邁入青春期後的空巢期退休準備，或是往前看到結婚準備期的理財服務，也是阿爾發與 MamiGuide 的合作切入點。不過這兩個階段客群並非 MamiGuide 主要客群，也相對不容易取得精準資訊。

　　阿爾發投顧指出，國外有專門針對女性族群設計的 Ellevest 理財網站，台灣目前尚未有類似服務，但卻可提供參考點，讓阿爾發與 MamiGuide 思索未來延伸平台服務內容。尤其 MamiGuide 已掌握精準優質的媽媽客群，並有專業 SPA、瘦身套餐等精緻服務內容，也是多數女性族群需要的中長期服務內容。如何提供進階加值服務，可以參考借鏡。

（三）網絡效益（Network Effect）

　　阿爾發投顧在 MamiGuide 扮演專業理財家教角色，除強化 MamiGuide 供需雙方的連結關係外，也有效建構平台與阿爾發投顧的連結關係。首先在 MamiGuide 的供需雙方關係連結上，

MamiGuide 的專業顧問團成為媽咪的生活教練，隨著母嬰關係的成長演化，相關專業服務比重也會有所差異；尤其理財服務規劃也會隨著母親與孩子的生命歷程演化，而有階段性改變。例如上述嬰兒期需要第一桶金理財，與媽媽坐月子、減重、減壓等生理照顧，以及幼兒期需要教育基金與健康生活服務，而青少年期則需要退休基金準備與親子關係等連動加值服務。

　　阿爾發投顧則可由多平台串聯有效拓展客源，並且可收取服務建置費與一定的分潤抽成。尤其 MamiGuide 的準媽媽們乃是優質客戶，多有一定經濟基礎；而母嬰或親子連動的服務設計，也有助於阿爾發投顧持續耕耘拓展客群，除媽媽客群外，還有未來的小朋友客群。

四、Yahoo! 看盤平台的嵌入式金融服務

（一）消費者需求特質：經常性，股民交易日常

　　Yahoo! 的看盤軟體是許多中壯年族群習慣的股票資訊平台，上面不但有當日行情、大盤、類股、期貨、港滬深股、美股、新聞等，還有基本面、財務面、技術面、籌碼面、消息面、股性分析。基本面提供最近一季每股獲利（EPS）、本益比、股價／淨值比（P/B）、最近現金股利、股本、現金流量等資訊；財務面則有最近一季毛利率、最近一季股東權益率（ROE）、資產報酬率（ROA）、最近一季營益率、負債比率、淨值等。籌碼面則有三大法人連續買超、外資連續買超、投信連續買超、主力連續買超、自營商連續買超、券資比排名等。

　　此外，Yahoo! 看盤平台還設有國內外 ETF 專區、每天超過 2,000 則的即時財經新聞與影音新聞，以及「台股聊天室」。尤其「台股聊

天室」在股市狂熱之際，每天晚上 12 點還會有近千人在線上討論台股。

投資人還可以看到自己的股票庫存，例如台積電 1,000 股、聯電 500 股的即時損益，但這些股票漲跌距離「投資健檢」仍有一段距離。許多投資人只看到自己庫存股票的個別表現，無法分析整體投資優缺點，也甚少分析自己的投資偏好。阿爾發投顧指出，其實投資人應該在下單交易前，先了解自己的風險屬性，如穩健型或積極型等；進而開始有專屬投資組合設計。

「投資人的風險屬性其實相當重要，這就好比現在年輕人很喜歡做的 MBTI 人格分析，可以更了解自己適合哪一類的工作類型；投資風險屬性分析，則可以幫助投資人分析適合組建哪一類型的風險性投資。」

目前 Yahoo! 看盤軟體或國內多數中小型券商並沒有開發這套系統，而必須仰賴阿爾發投顧協助。

「這就好像是精誠科技的看盤軟體需要定期做軟體維運更新，阿爾發的投資組合建議或再平衡、投資健檢等專業資訊服務，也非一般中小型券商可以自建，這成為阿爾發的專業利基。」

（二）策略行動與策略角色扮演：投資顧問（Financial Consultant）

阿爾發投顧說明，投資健檢的目的在分析個人投資風險與報酬間的關係，是否達到效率投資，也就是 Sharpe Ratio；若未達有效投資效率，或者投資不健康或不積極，就可以推薦他們找「阿爾發醫生」，來提高投資健康度。例如可以調整股債比率，或者基金與股票投資比例及組合關係等。阿爾發專業投顧說明，投資人要追求的是

「超額報酬」而不僅是「市場報酬」，如果跟著大盤漲跌，難謂有效率投資。

　　阿爾發投顧表示，理財健康檢查和個人健康檢查一樣，都是需要一定的專業投入。阿爾發每年要花幾百萬元資金與精誠資訊合作，導入即時金融資訊，包括投資標的價格、取得成本等重要資訊，還有國外 ETF 等交易資訊。這些資訊取得的建置費用，加上阿爾發的健檢分析系統，若轉換成「人體健康檢查費用」也是需要上千元或近萬元。因此，協助 Yahoo! 的即時股票看盤軟體導入專業投資健檢服務，不但是一項加值增能的有價服務，優化的客戶體驗也可以減省客戶個別輸入個股資訊，大幅降低轉換成本。

　　阿爾發認為，Yahoo! 看盤軟體服務可進一步升級為投資健檢，並且與其他服務打包，開始提供訂閱制，例如每個月 99 元，可以提供「投資健檢＋咖啡券＋ LiTV 影音串流」等服務。賦能給消費者，正是 Yahoo! 正在思索的平台轉型方向。雙方已在 2022 年 9 月對外宣布合作，但尚未由訂閱制服務收費。

（三）網絡效益（Network Effect）

　　阿爾發的投資健檢服務搭配其他有價服務，將可以有效改變 Yahoo! 與目標客群的關係。Yahoo! 由過去的資訊服務提供者轉型為資訊顧問，若以每個月 99 元「訂閱制」就能將客戶轉化為中長期會員制。而阿爾發也可由有效導客中，將 Yahoo! 會員轉為自己的投資理財客群。當 Yahoo! 與訂閱會員間的關係越穩健，就越有機會將會員進一步轉化為阿爾發的投資理財客戶，兩者具有正向增益關係。

　　「其實越能正視自己的投資組合健康良窳者，就越能朝穩健投資理財服務邁進。此外，具一定資產部位的專業投資戶也會希望分散風

險，建構穩定投資部位，阿爾發的機器人理財就會是一個合理的投資管道。」一位專業市場投資人員分析。

投資健檢的嵌入式服務不但有機會為 Yahoo! 創造新的營收，阿爾發也可以由此擴大服務客群。在收益部分，阿爾發同樣是可以爭取服務建置費與導流或訂閱制的分潤收益；例如在客群穩定後，可於每個月 99 元訂閱費用中收取 10 元左右的分潤收益。

甚至在未來，阿爾發也可以將高資產客戶有效引導到其他海內外投資交易。目前阿爾發投顧透過國內最大民間憑證發行機構「TWCA 台灣網路認證」的「行動身分識別服務（Mobile ID）」，來進行實名身分驗證機制，透過手機輸入門號及身分證字號，就可以經由所屬電信業者確認門號持有人真實身分，完成實名身分識別認證，並搭配電子簽章完成線上開戶。

而在數位服務設計上，則有行動理財，尤其是機器人理財（robot advisor）服務。例如永豐金證券與阿爾發投顧合作，參與實驗的投資人（約 1,000 多位），可以從阿爾發投顧取得機器人投資建議，並透過 API 將交易指示串接到永豐金證券完成交易；阿爾發投顧機器人理財介面，則提供帳戶管理，包括查詢交易資訊、部位損益、帳戶餘額與配息金額。

2023 年 4 月間，阿爾發進一步宣布與國內多家信託投資機構合作，開始邁向高端客群的信託投資服務。此外，阿爾發也與逢甲大學開啟場域實踐，希望讓更多年輕族群理解「小額投資＋機器人理財」之整合效益。

表 11-1 阿爾發嵌入外部平台之網絡效益

鑲嵌機制	MamiGuide	Yahoo! 看盤軟體
需求端：消費行爲特色	階段性（Stages） 母嬰共生成長階段	經常性（Speculation） 股民買股或當沖日常
供給端（平台＆金融科技提供端）：金融與非金融服務連結	家庭理財＋健康生理照顧、親子關係建構等 Saving & Stable	個人投資交易＋生活消費解壓 Stock Trading & Shopping
平台網絡特色	家庭網 Family Network	股票投資網 Stock Network
阿爾發嵌入平台機制：角色扮演	理財家教 Coaching (Education)	投資顧問 Consulting (Expert, Enriching)
社會網絡特性	懷孕期・生理照顧・保胎準備 嬰兒期・生活照顧・教育基金 青少年期・親子關係・退休基金	
解讀： 1. 解析社會網絡；網絡特殊性 2. 轉化社會角色：夥伴角色變化性 3. 強化社會加值：服務動態調整性	1. 家庭網絡，母子關係 2. 轉化並強化「家教」角色 3. 階段性服務加值調整	1. 投資生活網絡，股東關係 2. 轉化並強化「顧問」角色 3. 經常性服務加值調整

五、解讀：場景金融與永續商模

　　阿爾發投顧將機器人理財模組嵌入到不同平台的合作模式，積極實踐所謂「場景金融」效益，主要有以下特色。一是多元場景，同步嵌入，以爭取不同類型客群。例如：阿爾發與母嬰平台合作，著重家庭理財的階段性需求；而與 Yahoo! 看盤平台合作，則讓交易頻繁的股市投資人能放慢腳步，檢視投資組合與另類理財投資效益。近年，

阿爾發投顧也與信託投資公司合作，針對高資產客戶提供穩健理財服務；而與學生族群合作，則有理財教育的積極意義。由此來看，阿爾發投顧從學生族群、母嬰族群、股市投資人到高資產客群，都有機會提供客製化的理財服務。

二是多元角色設計。阿爾發投顧在與多元平台合作過程中，更善用金融科技新創的靈活彈性，隱身在主流平台之後，並積極扮演不同角色。在母嬰平台扮演理財家教角色，在股票投資人社群扮演專業投資顧問角色，在學生族群扮演投資教育角色等。這也充分體現場景金融的價值，就在於由多元配角的角度，融入多元場域服務設計。

三是多元商業模式建構。阿爾發投顧一邊融入不同場景，一邊構思可能的商業模式。例如與母嬰平台合作推出家庭理財顧問教室的服務收費，並結合機器人理財顧問服務收費；或者未來有機會與Yahoo! 看盤平台推動的訂閱制收費；又或者與投顧公司或信託公司合作的授權服務收費等。這些多元商模設計，正是金融科技新創邁向永續經營的重要指標。

第三篇

理論三：敏捷生態系
&數位貨幣

第十二章　敏捷生態系與數位貨幣
Agile Ecosystem with Digital Coin

　　專書第三部分將由敏捷生態系的理論觀點，來探討數位生態系之建構歷程與商業模式創新，同時也將討論數位貨幣之可能應用。首先討論數位貨幣特質。

一、貨幣的本質：經濟值與社會互動價值

　　貨幣，一般被視爲是計價、儲存與交易的媒介。但若加上其他社會因素考量，就會發現一國貨幣價值高低，其實和信任機制（Ingham, 2012）與權力結構（Baker, 1990）息息相關。事實上，貨幣的有用性與價值性，和貨幣的交易價值密切相關，更是社會建構與在地情境產物。

　　知名學者 Simmel（1900）在檢視貨幣的交易價值時，特別提出在經濟價值之下的社會互動關係，並提出「在交易關係之外，貨幣其實沒有意義」（Simmel, 1900）。另一位學者 Dodd（2018）也指出，貨幣是一個交易過程，而不是一個物件，它的價值來自於動態的、持續改變的，且訴諸於社會關係，以維持其流通性。

　　但是在數位時代，對許多科技研發者或是金融產業來說，數位貨幣似乎僅被視爲是簡單的、無菌的、標準化的線上資源；數位貨幣的交易被視爲是有效率的代幣交易，它在不同網絡中交易流動，並由遠端金融稽核單位考核。學者提出，數位貨幣具有無摩擦性、匿名性、透明性、非計價交易特定與豐富資料性。尤其所謂「無摩擦性」更提高數位貨幣交易效率，例如 Amazon GO 結合電腦影像、偵測技術與深度學習，以行動支付直接完成所有交易，「拿了就走」（grab-

and-go）的交易模式，以完全自動化的交易機制，建構「無摩擦」交易環境，消費者由走進店內、選擇商品到離開，完全不需經歷傳統結帳流程。

數位貨幣在網際網路與行動科技驅動下，確實有效提升交易效率，尤其在身分辨識機制與交易確認機制的完備下，數位貨幣更逐漸躍升主流。數位交易較之傳統紙鈔的交易成本低。一般估計，傳統紙鈔的交易成本約占國內生產毛額（GDP）1%；相較之下，電子交易系統的行政成本較低、安全成本較低，且不需運輸，因此降低不少前置成本。也因此，相較於傳統紙鈔，數位貨幣來得更快、更便宜、更具行動性，也因此更有效率。不過數位貨幣發行，不但需要全新商業生態系統建置，背後的社會情境與互動關係建構，同樣令人關注。尤其近年盛行的非同質化代幣（NFT）不但具稀有性、專屬性與特殊內涵價值，更已成為企業和特定社群或會員互動的全新媒介。另外還有各種特殊數位貨幣如澳洲能源幣、台灣咖啡幣，或是運動健身幣等。以下將說明敏捷與數位科技和商業模式創新之間的關係。

二、敏捷與數位科技創新

「敏捷」（agility）已被廣泛運用在製造業、供應鏈、知識管理，乃至於數位創新等重要領域（Goldman, 1995; Swafford et al., 2006）。而「敏捷」一詞最早在 1991 年由專長於工程科學的理海大學（Lehigh University）的 Iacocca Institute 所提出，並開始廣為管理實務所應用（Kidd, 1995）。敏捷主要有以下三種論述基礎：一是以時間為基礎的競爭，強調快速回應充滿不確定性的市場變化（Stalk Jr & Hout, 1990; Tong, Li, & Yuan, 2008）；二是以精實思考為基礎，簡化流程與不必要的儀式與文書作業等（Van Hoek et al., 2001;

Womack, Jones, & Roos, 1990）；三是商業元件或資源之有效整合運用，以達到共同目標（Kidd, 1995; Tong et al., 2008）。總結來說，敏捷強調企業組織能快速回應不確定的市場變化，但也由此創造改變以有利於組織發展（Zhang & Sharifi, 2000）。

敏捷式開發也被運用在軟體開發（Highsmith & Highsmith, 2002），更被廣泛運用在供應鏈管理。學者提出，敏捷供應鏈必須要能善用銷售數字變化，敏感察覺市場變化；並以資訊而非存貨為基礎，創造「虛擬供應鏈」，並有效整合買方與賣方資源，建構回應網絡（Christopher et al., 2004）。尤其供應鏈管理常常有牽一髮而動全身的連漪效應（ripple effect），因此也有學者進一步提出敏捷實務如延遲策略（postponement strategy）以有效回應市場變化（Van Hoek et al., 2001）。具體做法如在前端附加價值較低的共同組件可以模組化、標準化或流程再造等降低成本；並在接近後端市場部分強化客製化之創新回應。而「大量客製化」（mass customization），兼顧標準化與客製化，也成為敏捷製造與供應鏈管理的重要論述（Van Hoek et al., 2001）。

近年來，敏捷實務更因數位科技變革而有更突破性的創新作為。學者指出，相較於資訊科技導入在強化現有價值主張與企業識別（Henderson, Thomas, & Venkatraman, 1992），數位科技不但會改變組織創價路徑、組織結構，更會重塑組織經營疆界（Vial, 2019; Wessel, Baiyere, Ologeanu-Taddei, Cha, & Blegind-Jensen, 2021）。學者分析，數位創新的本質就是由產品主導邏輯轉為服務創新邏輯（Barrett, Davidson, Prabhu, & Vargo, 2015; Porter & Heppelmann, 2014; Wulf, Mettler, & Brenner, 2017）。最有名的例子之一就是網飛（Netflix）由原本的錄影帶出租服務轉為數位影音串流服務，除以會員制改變原有的租賃收費外，近年網飛更積極由點擊時間、收看行為

等數據分析，作爲創作內容的重要參考（Günther, Mehrizi, Huysman, & Feldberg, 2017）。

　　除組織價值主張改變外，數位科技更會對價值傳遞與價值網絡帶來改變。例如數位科技扮演去中間化角色（disintermediation），網絡中的參與者可以直接交易，如蝦皮或大陸淘寶就扮演消費者間的交易平台（Andal-Ancion, Cartwright, & Yip, 2003; Hansen & Sia, 2015）；數位科技也扮演中介角色（remediation），能直接協調供應鏈上的協作體系（Klötzer & Pflaum, 2017）；數位科技也可能讓潛在競爭者有合作共創的機會（co-opetition）（Tan, Pan, Lu, & Huang, 2015）；或是創造產銷共創契機（prosumer），例如社群媒體或線上平台就讓網紅或直播主可直接對話並共創價值（Saldanha, Mithas, & Krishnan, 2017; Yeow, Gani, Ahmad, Rodrigues, & Ko, 2017）。數位科技還會建構數位通路，除可幫助企業直接面對消費者外，還能提高虛實整合效益，並透過演算法優化決策，強化供給效益（Günther et al., 2017; Hansen & Sia, 2015; Klötzer & Pflaum, 2017）。

　　重新定義價值主張、改變價值網絡，與建構數位通路，也正是當代企業提高敏捷服務的重要實務；近年更有學者將敏捷與商模設計相連，強調企業必須發展快速回應市場需求變化的創價與取價邏輯，以實踐獲利。尤其商業模式亦是近年快速發展的概念。所謂商業模式乃是商業概念的架構與結構（George & Bock, 2011; Mason & Palo, 2012; Teece, 2010）；是企業經營相關之活動與互動連結（Wirtz, Pistoia, Ullrich, & Göttel, 2016）；更是企業實踐未滿足需求以有效獲利並提高服務效益之路徑（Wirtz et al., 2016），而這可視爲是企業創價與取價邏輯之實踐（Shafer, Smith, & Linder, 2005; Teece, 2010）。學者 Zott & Amit（2010）則提出，企業商模的整體目標乃是在善用商業機會；尤其當代企業身處數位環境中，企業的創新機遇

更與數位環境連動，而必須學會應用數位科技以有效開發並實踐數位
商機（Zott & Amit, 2010）。

數位環境不但改變企業創新商模的歷程，也顛覆過往以長期取
向（Chesbrough, 2010; Teece, 2010）、以預測為方法（Zott, Amit, &
Massa, 2011）、以前瞻機會探索為核心（Zott & Amit, 2010）的因果
商模邏輯。取而代之的是強調試誤實驗以快速創造、改變、創新商模
的效益實踐原則（Ries, 2011; Sosna, Trevinyo-Rodríguez, & Velamuri,
2010）。創業家有計畫、有目的性地與潛在網絡互動，以共同形塑
專業識別、建構能力與開創未來，是效益實踐的核心，較單純的試誤
實踐更具方向性與網絡連結特性。

近年學者提出「數位破壞」（digital disruption）強調藉由數
位創新以快速取代傳統的經營邏輯，創造並擷取價值（Gartner &
Padman, 2017; Mathiassen & Pries-Heje, 2006）。例如 Uber 顛覆傳
統計程車市場、Airbnb 顛覆傳統旅行住宿訂房市場、Amazon 破壞傳
統書籍銷售與零售產品市場等，都是數位科技所帶來的典範移轉。

不過若從敏捷觀點探究，數位創新具有敏感偵測（sensing）、
快速回應（speedy）、規模擴展（scalable）等特色（Seo & La Paz,
2008; Tan et al., 2015）。首先是敏感偵測（sensing），透過即時數
據變化，可以快速感知市場需求變化。例如透過 Google 關鍵字排
行，可以察覺流行性感冒或 COVID-19 疫情對民生物資的影響。或
是東森購物透過對銷售數字的變化，可以掌握不同客群對生鮮食品與
家庭衛生用品的需求等。

其次是快速回應（speedy）。數位化科技可以即時回應市場需求
變化，尤其是全通路與生態系類型廠商，因能即時掌握終端使用者需
求，而能即時調節整合資源以有效回應（Weill & Woerner, 2015）。

例如全聯近年就透過PX Pay與PX Go!結合全台1,124家實體門市（截至2022年12月），推出「小時達」送貨到府、「跨店取貨」，與複合店經營等多種通路經營模式，滿足會員需求。

第三是規模擴展（scalable），數位化有助於企業建立與終端客戶和合作夥伴的持續性往來關係，更能藉由交叉銷售與整合行銷拓展經營規模。例如東森自然美在加入東森購物電商平台後，銷售業績在一年內成長二成，便是借助數位科技有效拓展消費對象與產品服務內容。學者分析，相較於傳統企業競爭力分析強調核心能耐與不可替代或稀缺資源掌握（Iansiti & Levien, 2004），數位科技更重視所謂網絡經濟（networked economy），在資訊流動、疆界模糊、無定形的數位環境中，提高集體動態能力（Iansiti & Levien, 2004; Teece, 2010）。以下將進一步說明敏捷在數位變革的重要論述，包括企業轉型觀、供應鏈整合觀與生態系之角色轉化觀點，並說明本章節案例特色。

三、轉型觀：敏捷是組織的數位創價與取價能力

對許多現有大型組織來說，數位變革確實在敏捷回應市場變化，這包括競爭面、需求面與獲利面的挑戰（Baines et al., 2017; Oliva & Kallenberg, 2003; Wilkinson, Dainty, & Neely, 2009）。學者更直言，導入數位科技就是引導企業邁向「服務化」之組織變革（Martinez, Neely, Velu, Leinster-Evans, & Bisessar, 2017）。對許多傳統製造業來說，數位科技帶來的服務化，可能是既有產品的補充服務（smoothing），如汽車銷售的融資保證服務等；或是相關產品連結綁定或客製化的調適服務（adapting），如金融機構數位開戶可同時辦理信用卡與投資理財服務等；或是替代關係（substituting），如

由銷售汽車到租車服務（pay per use）等（Gawer & Cusumano, 2014; Gebauer et al., 2013）。

但傳統製造業要歷經數位轉型的服務化，或服務業的數位轉化，並不如想像中容易，學者提出服務化的具體做法如改變組織活動（reactivities）、改變活動連結（relinking）、改變核心企業疆界（repartitioning）、改變活動場地（relocating）（Santos, Spector, & Van der Heyden, 2009）。這些改變往往會牽動組織內部的敏感神經，原有組織內部的功能結構、工作例規、組織文化與認同識別，都會出現衝突與不適（Henfridsson, Mathiassen, & Svahn, 2014; Svahn, Mathiassen, & Lindgren, 2017; Tripsas & Gavetti, 2000）。學者進一步提出四種組織變革歷程（Banker, Wattal, & Plehn-Dujowich, 2011; Van de Ven & Poole, 1995），一是科技導入的計畫性變革（technology, planned change），二是對話性的衝突變革（dialectics, conflict change），三是生命週期性的經常性變革（life cycle, regulatory change），四是演化性的競爭稀有資源變革（competitive change）。多數企業在數位轉型過程中，往往同時歷經上述四種不同程度之變革衝擊，而組織往往需要發展新的能力以應變（Teece, 2014; Warner & Wäger, 2019）。

例如學者研究 Volvo Cars 在計畫性導入科技以啟動汽車產業的數位變革時，就歷經衝突變革（Svahn et al., 2017）。Volvo Cars 自 2012 年起開始成立數位創新基地、建立 APP 開發部門、擴展研發部門、建立 Volvo 雲等。過程中，Volvo 遭遇多項挑戰，包括建立新能力與善用現有能力、聚焦產品或流程、與內外部合作、控制或彈性治理等衝突。最明顯的例子就是建構連結汽車雲端（connected vehicle cloud）服務，如在 2012 年與 Spotify、TuneIn 建立資訊娛樂串流服務；2012 年 12 月與 Ericsson 建立夥伴關係；2014 年春天與瑞典最

大線上購物平台（Linas Matkasse）合作推出「送貨到車」服務等，都跳脫傳統汽車製造的標準化與專業分工的「出廠前凍結設計」。開放式平台的數位服務架構，在啓動一系列「出廠後服務成長」（aftermarket business growth），以有效回應市場需求變化。這對組織原有研發設計流程帶來巨幅衝擊，包括由研發產品到生產後的服務整合、汽車重要功能特點的數位化與雲端分享機制、數位防火牆建置、外部合作契約擬定等，都需要全新的能力建構與組織調適。

另一個數位轉型案例則是荷蘭銀行（ING），其在 2014 年 11 月宣布「走向敏捷計畫」（going agile），宣布減少 25% 人力，重新設計辦公室，並重建組織團隊、開會模式與發展基礎。以任務團隊（squad）和研發部落（tribe）爲基礎的編制，打破過去的部門劃分，由產品經理與部落導師主導。而站會、修訂與 2 週短打計畫（sprint planning）則有助於由定期反思中建立更快速、更有感、更有效的數位銀行能力（Kerr, Gabrieli, & Moloney, 2018）。

因此，敏捷被視爲是企業數位轉型的重要能力環節。學者就指出，企業必須有效建立數位感測（digital sensing）、數位取價（digital seizing），與數位轉型能力（digital transforming），有以下幾種類型。

一是與客戶共創體驗的客戶敏捷（customer agility），如 eBay 每週取得萬則客戶回應，從中獲得創新來源、測試構想與共創價值（Hof, 2003）。二是與外部合作夥伴共同協調的夥伴敏捷（partnering agility），如 Yahoo! 由搜尋引擎到入口網站以提供數位內容、電商購物等服務，便是善用供應商、配銷通路、合約製造商之知識、資產與能力，以有效探索創新機會（Rindova & Kotha, 2001）。三是有效提升財務績效之作業敏捷（operational agility），如達成速度、正確性與成本效率等（Lewis, 2003; Warner & Wäger, 2019）。

四、互賴觀：敏捷是整合供應鏈資源

相較於企業轉型觀點重視個別組織在敏捷能力的建構，另一類文獻則更重視企業在供應鏈上資源整合之敏捷能力（Christopher & Peck, 2004; Ivanov, 2020）。學者並發展出供應鏈敏捷的重要內涵，一是客戶敏感度（customer sensitivity），如對市場變化、客戶需求樣貌等快速回應。例如近年學者提出大量客製化（mass customization），在上游共同元件端以標準化和模組化降低生產成本，並在下游市場端以客製化快速回應市場需求（Fadaki, Rahman, & Chan, 2020; Naylor et al., 1999）。二是虛擬整合（virtual integration），善用需求資訊與創新知識進行虛擬整合，以快速回應市場需求。三是程序整合（process integration），如強化自主回應並即時整合資源。四是網絡整合（network integration），由變異流動的資源集合（fluid clusters）強化網絡效益（Van Hoek et al., 2001）。

供應鏈的敏捷創新不但應用在製造業，也應用在時尚產業。產品生命週期短、高度流動、低度可預測性、高衝動性購買的時尚產業特性，讓敏捷供應鏈逐漸成為主流（Christopher et al., 2004），尤其在快時尚產業崛起之際，供應鏈的敏捷回應更有其必要。它反映在市場客戶端的即時銷售與趨勢變化掌握；虛擬資訊端，則有紡織、成衣製造與零售端的資訊共享及合作開發；流程整合端的共同管理存貨、合作產品設計與同步供給；網路端的核心能力聚焦與夥伴能力槓動等。

供應鏈上的敏捷創新強調牽一髮而動全身的上下游互賴關係，尤其時尚產業供應鏈末端常需連結 300 家以上的小型工作坊以完成細部縫製等細節，即時敏捷的網絡協作就有其必要性。學者也提出，供應鏈上的敏捷（agility）、調適（adaptability）與契合（alignment）是三位一體的概念，而連結性（connectivity）與資訊分享（information sharing）的能見度（visibility）是建立敏捷供應鏈的基礎（Dubey et al., 2018）。其中連結度經常以資訊科技建構來強化組織間的資訊分享效益（Barratt & Oke, 2007; Brandon Jones, Squire, Autry, & Petersen, 2014; Dubey et al., 2018）。

供應鏈上的連結度與資訊分享是提高敏捷彈性以契合市場需求變化的基礎，不過近年學者也提出，供應鏈上的相互依賴度必須由緊密結合（tight coupling）朝適度鬆綁（loose coupling）發展，以建構適度彈性回應市場衝擊。而所謂的適當鬆綁則以模組化、適度多樣化、審慎差異化作為基礎（Ping & Debin, 2010）。

五、演化觀：敏捷是生態系角色重塑

供應鏈上的敏捷機制主要建立在成員間彼此休戚與共的互賴機制上，但近年來，不少數位平台的創生演化卻不是奠定在上下游的供應關係，而是跨領域協作的互賴關係，目的在開創全新市場並快速回應多元之使用者需求。因此，我們必須以生態系建構與核心成員的角色扮演進行檢視（Costa-Pierce, 2008; Teece, 2014）。生態系成員包括供應商、生產者、零售商、消費者等，共同創造價值（Moore, 2006）。生態系中有所謂的核心企業（core firm）與其他提供互補性產品及服務的「互補者」（complementors）。核心企業可透過互補協作，加強採購流程、最適化商品組合、提高營運效率與資訊分享等（Iansiti & Levien, 2004）。更且，核心企業也可由生態系建構提高敏捷度，如提高組織察覺與回應市場及科技機遇的能力、強化即時有效的價值共創與創新（Adner & Kapoor, 2010）。

而生態系發展又由核心企業策略與角色扮演所決定（Tan et al., 2015）。核心企業策略以企業核心資源為優勢基礎（capability

logic），以吸引其他生態系成員，並由此建構專屬識別與形成會
員制（Barney, 1991）。另一項策略則是採取游擊策略（guerilla
logic），以建立破壞式的持續創新與自我更新（D'Aveni &
Ravenscraft, 1994; Moore, 1993）。也有採複雜邏輯（complexity
logic）以由共享價值、集體前瞻、控制機制等持續創新生態系
（Lengnick Hall & Wolff, 1999; Stacey, 1995），並維持生態系在某
種混亂邊緣（edge of chaos）。

　　生態系成員角色則有所謂基石（keystone）與主導者（dominator）。
基石角色（keystone）可以透過維持一定生態系成員數量而提高生產
力；或連結不同網路節點（nodes）以降低複雜度與協作成本；或由
持續創新與相互依賴，以回應市場劇變和不確定性；或由多樣性建構
創新能力（Iansiti & Levien, 2004）。至於主導者角色（dominator）
則能善用其網絡中心性位置，有效進行水平與垂直整合以創造價值；
但也因此可能危害多樣性發展，而讓生態系有窒息之虞。此外，主導
者若強力謀取生態系的共創價值，也可能留下「飢餓而不平衡的生態
體系」（a starved and unstable ecosystem）。而生態系的角色與其策
略選擇，將帶來全然不同的創價基礎。例如利基者可選用能力邏輯以
控制生態系最適生產力能量；或選擇游擊邏輯以提高生態系韌性；或
選擇複雜邏輯以提高生態多樣性。而主導者則可選擇能力邏輯以建
立生態系之所有權與控制基礎；選擇游擊邏輯以進行網路之水平與
垂直拓展；選擇複雜邏輯以操控並取得價值（Iansiti & Levien, 2004;
Moore, 1993; Tan, Pan, Lu, & Huang, 2009）。

　　學者研究中國大陸知名電商平台阿里巴巴的生態系建構歷程，
就提出三個階段的敏捷發展（Tan et al., 2009）。階段一是「軸幅網
絡生態系」（hub-and-spoke ecosystem），阿里巴巴占居網絡中心位
置，並善用基礎的「感知與回應」（sense-and-response agility）以

達企業敏捷。主要有兩項重要機制，一是強化核心企業的感知能力，透過與生態系成員間（主要是中小企業）的即時連結，核心企業可取得即時回饋，提供關鍵資訊給其他成員。其次是強化回應能力，以偵測生態系內相關企業需求與回應次級團體成員之組織行動。階段二是「網絡生態系」（networked ecosystem），阿里巴巴由過去的手把手型（hands-on）轉為基石平台提供者角色，以提供生態系成員交換多元知識與資訊，創造獨特價值。在這個階段，基石平台提供者不僅在感知與回應成員需求，更能監控與分析成員互動，以預測其可能的需求變化（predictive agility）。階段三則是強化共生（fostering symbiotic），主要做法是集體共強式敏捷（collective agility），個別成員除能力提升並與核心企業有更強的依賴關係外，核心企業也因強化商譽與社會關係，建構更有力的資訊服務基礎建設，而能吸引更多成員加入，提高生態系多樣性。

　　總結來說，從回應式敏捷、預測性敏捷到集體式敏捷，生態系的核心企業角色也發生特殊變化，由網絡中心、基石平台，到聲譽領導與基礎建設提供；生態系本身也有特殊質量變化，由軸幅生態系（hub-and-spoke ecosystem）、網絡生態系（networked ecosystem），到共生體系（symbiotic ecosystem）。

六、個案分析架構

　　本章個案奠定在敏捷供應鏈與生態系與商模創新之文獻基礎上，發展出一個理論分析架構，以解析個案中主要供應夥伴，他們之間互賴關係之建構歷程。過去敏捷供應鏈文獻提出，客戶端的敏感察覺、虛擬整合、程序整合，與網絡效益形成，乃是主要構成基礎（Christopher et al., 2004）。不過相較之下，敏捷生態系所重視者除

客戶需求外，還有生態系成員的角色變化、資源特質，與互賴關係
建構（Tan, etal., 2009; Sklyar wt al., 2017），而有以下分析構念之發
展。

　　構念一：客戶需求洞察，包括對產品、服務、體驗之需求。
不論是敏捷供應鏈或敏捷生態系，首要任務都是客戶端的需求洞察
（customer sensitivity），以有效回應客戶需求（Christopher et al.,
2004; Ivanov, 2020; Fadaki et.al., 2020）。例如咖啡幣的核心客群正
是一群喜歡職人咖啡的消費者，他們對咖啡豆、咖啡質感、拉花，甚
至喝咖啡的場域體驗，都有一定要求，「他們是一群重度使用者！」
而澳洲能源幣的使用者則是一群特殊的生產性消費者，他們一邊產製
太陽能，一邊交易並消費太陽能。相較之下，咖啡族群雖也有生產性
消費者特質，但相對較弱。

　　構念二：資源解構以創新價值。過去敏捷供應鏈強調供應鏈上
的程序整合，但在生態系的經營體系下，要有效整合生態系夥伴的前
提是先釐清生態成員的資源特質。雖然咖啡幣的核心成員是職人咖啡
館，但不同類型的職人咖啡卻有差異性的資源特質，有些職人咖啡的
咖啡豆別具特色，有些職人咖啡場域有「廢墟」體驗，還有些職人咖
啡擅長冷萃冰滴等。越能有效解構不同資源特質，就越能創新資源價
值，進而有機會重新建構生態夥伴間的連結關係。而澳洲能源幣則以
太陽能爲基礎並發展出多元網絡資源。因此，本章個案將供應鏈上的
程序整合，重新定義爲生態系成員的資源解構，以作爲有效整合與創
新連結的基礎。

　　構念三：角色變化以傳遞價值。生態系的另一個特色是成員間
的角色扮演（Moore, 1993; Tan et al., 2009），學者更提出生態系成
員間的關係鑲嵌性與結構變化，將影響其拓展合作網絡與提供進階服
務之進程（Sklyar, et al., 2017; Gebauer, Paiola, & Saccani, 2013）：

這也和過去供應鏈敏捷實務提出虛擬整合的概念相呼應，所謂虛擬整合並非僅是數位網路的連結，背後更是生態系成員間的關係建構與由此產生的結構變化；而角色變化也將會影響上述元件價值之傳遞與溝通。因此本章個案也將進一步調查生態系成員間的角色特質、角色變化，與由此出現的傳價變化。

　　構念四：網絡效益形成以擷取價值。過去生態系文獻多觀察核心主導者的組織作為（organizing），探討其動員組織內外資源的能力與特殊組織文化資產等，以建構生態系並形塑網絡效應（Cenamor, Sjödin, & Parida, 2017; Sklyar et al., 2019）；但卻較少探討生態系成員間，如何透過資源整合或關係建構，以形塑全新價值網絡。因此本章個案最後會分析生態系成員間如何建構網絡價值、有何特殊模組化設計，以強化網絡效益，進而改變不同成員的獲利取價機制。最後則討論多元商模建構與 ESG 之實踐效益。

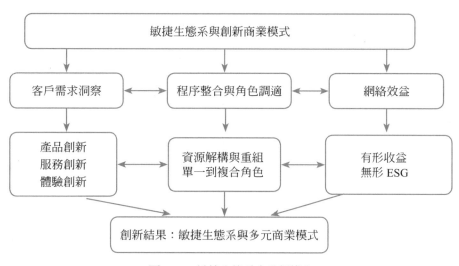

圖 12-1　敏捷生態系之分析構念

表 12-1 敏捷生態系之代表性個案重點摘錄

敏捷生態系	澳洲能源幣	台灣咖啡幣	台灣 Jcard
客戶需求	產品：太陽能 服務：交易平台 體驗：零售到批發結算體驗	產品：職人咖啡 服務：拉花技藝等 體驗：廢墟、網紅店	產品：NFT 產品 服務：機構認證等服務 體驗：虛實整合體驗
資源解構	產品：零售與批發能源 服務：雙幣交易模式 體驗：交互電網實驗	產品：咖啡、咖啡豆、蛋糕、鹹派、環保杯 服務：拉花技藝 體驗：杯盤與咖啡廳設計	產品：生活代幣化、文件代幣化、個人代幣化 服務：原創市場與二級交易市場 體驗：粉絲見面會、真實資料取用、遊戲代言
角色變化	生產性消費者：生產者、消費者、交易者	生產性消費者：專家、教育者、連結者、消費者	生產性消費者：每個人都可發行 NFT
多元商模	BM1：交易手續費 BM2：電網顧問費	BM1：單元件串聯，集體採購分潤 BM2：外部平台互聯，上架分潤 BM3：虛擬貨幣交易與落地，交易手續費	BM1：鑄造費 BM2：交易手續費 BM3：經紀顧問
ESG	E：綠色能源 S：全民創電售電 G：政府永續能源治理機制	E：公平交易、無紙化 S：微型咖啡館之永續經營 G：微型企業良善治理	E：將與碳權結合 S：投資明日之星 G：從個人治理到企業機構治理

參考文獻

Adner, R., & Kapoor, R. 2010. Value creation in innovation ecosystems: How the structure of technological interdependence affects firm performance in new technology generations. *Strategic Management Journal*, 31(3): 306-333.

Andal-Ancion, A., Cartwright, P. A., & Yip, G. S. 2003. The digital transformation of traditional business. *MIT Sloan Management Review*, 44(4): 34.

Baines, T., Bigdeli, A. Z., Bustinza, O. F., Shi, V. G., Baldwin, J., & Ridgway, K. 2017. Servitization: Revisiting the state-of-the-art and research priorities. *International Journal of Operations & Production Management*, 37(2), 256-278.

Baker, W. E. 1990. Market networks and corporate behavior. *American Journal of Sociology*, 96(3): 589-625.

Banker, R. D., Wattal, S., & Plehn-Dujowich, J. M. 2011. R&D versus acquisitions: Role of diversification in the choice of innovation strategy by information technology firms. *Journal of Management Information Systems*, 28(2): 109-144.

Barney, J. B. 1991. Firm resources and sustained competitive advantage. *Journal of Management*, 17(1): 99-120.

Barratt, M., & Oke, A. 2007. Antecedents of supply chain visibility in retail supply chains: A resource-based theory perspective. *Journal of Operations Management*, 25(6): 1217-1233.

Barrett, M., Davidson, E., Prabhu, J., & Vargo, S. L. 2015. Service innovation in the digital age: Key contributions and future directions. *MIS Quarterly*, 39(1): 135-154.

Bernard, H. R., & Bernard, H. R. 2013. *Social Research Methods: Qualitative and Quantitative Approaches*. Sage.

Brandon Jones, E., Squire, B., Autry, C. W., & Petersen, K. J. 2014. A contingent resource based perspective of supply chain resilience and robustness. *Journal of Supply Chain Management*, 50(3): 55-73.

Cenamor, J., Sjödin, D. R., & Parida, V. 2017. Adopting a platform approach in servitization: Leveraging the value of digitalization. *International Journal of Production Economics*, 192: 54-65.

Chesbrough, H. 2010. Business Model Innovation: Opportunities and Barriers. *Long Range Planning*, 43(2-3): 354-363.

Christopher, M., Lowson, R., & Peck, H. 2004. Creating agile supply chains in the fashion industry. *International Journal of Retail & Distribution Management*, 32(8): 367-376.

Costa-Pierce, B. A. 2008. *Ecological Aquaculture: The Evolution of the Blue Revolution*. John Wiley & Sons.

D'Aveni, R. A., & Ravenscraft, D. J. 1994. Economies of integration versus bureaucratic costs: Does vertical integration improve performance?. *Academy of Management Review*, 37(5): 1167-1206.

Dodd, N. 2018. The social life of Bitcoin. *Theory, Culture & Society*, 35(3): 35-56.

Dubey, R., Altay, N., Gunasekaran, A., Blome, C., Papadopoulos, T., & Childe, S. J. 2018. Supply chain agility, adaptability and alignment: Empirical evidence from the Indian auto components industry. *International Journal of Operations & Production Management*.

Fadaki, M., Rahman, S., & Chan, C. 2020. Leagile supply chain: Design drivers and business performance implications. *International Journal of Production Research*, 58(18): 5601-5623.

Fusch, P. I., & Ness, L. R. 2015. Are we there yet? Data saturation in qualitative research. *The Qualitative Report*, 20(9): 1408.

Gartner, D., & Padman, R. 2017. E-HOSPITAL–a digital workbench for hospital operations and services planning using information technology and algebraic languages. *MEDINFO 2017: Precision Healthcare through Informatics*, 84-88. IOS Press.

Gawer, A., & Cusumano, M. A. 2014. Industry platforms and ecosystem innovation. *Journal of Product Innovation Management*, 31(3): 417-433.

Gebauer, H., Paiola, M., & Saccani, N. 2013. Characterizing service networks for moving from products to solutions. *Industrial Marketing Management*, 42(1): 31-46.

George, G., & Bock, A. J. 2011. The business model in practice and its implications for entrepreneurship research. *Entrepreneurship Theory and Practice*, 35(1): 83-111.

Goldman, S. L., Nagel, R. N., & Preiss, K. 1995. Agile competitors and virtual organizations. *Manufacturing Review*, 8(1), 59-67.

Günther, W. A., Mehrizi, M. H. R., Huysman, M., & Feldberg, F. 2017. Debating big data: A literature review on realizing value from big data. *The Journal of Strategic Information Systems*, 26(3): 191-209.

Hamel, G. 1991. Competition for competence and interpartner learning within international strategic alliances. *Strategic Management Journal*, 12: 83-103.

Hansen, R., & Sia, S. K. 2015. Hummel's digital transformation toward omnichannel retailing: Key lessons learned. *MIS Quarterly Executive*, 14(2).

Henderson, J. C., Thomas, J. B., & Venkatraman, N. 1992. Making sense of it-strategic alignment and organizational context.

Henfridsson, O., Mathiassen, L., & Svahn, F. 2014. Managing technological change in the digital age: The role of architectural frames. *Journal of Information Technology*, 29(1): 27-43.

Highsmith, J. A., & Highsmith, J. 2002. *Agile Software Development Ecosystems*. Addison-Wesley Professional.

Hof, R. D. 2003. The eBay Economy The company is not just a wildly successful startup. It has invented a whole new business world. *Business Week*, 3846: 124-124.

Holsapple, C., & Jones, K. 2005. Exploring secondary activities of the knowledge chain. *Knowledge and Process Management*, 12(1): 3-31.

Iansiti, M., & Levien, R. 2004. Keystones and dominators: Framing operating and technology strategy in a business ecosystem. *Harvard Business School, Boston*, 03-061: 1-82.

Ingham, G. 2012. Revisiting the credit theory of money and trust. *New Perspectives on Emotions in Finance*, 137-155. Routledge.

Ivanov, D. 2020. Predicting the impacts of epidemic outbreaks on global supply chains: A simulation-based analysis on the coronavirus outbreak (COVID-19/SARS-CoV-2) case. *Transportation Research Part E: Logistics and Transportation Review*, 136: 101922.

Kerr, C., Nixon, A., & Wild, D. 2010. Assessing and demonstrating data saturation in qualitative inquiry supporting patient-reported outcomes research. *Expert Review of Pharmacoeconomics & Outcomes Research*, 10(3): 269-281.

Kerr, W. R., Gabrieli, F., & Moloney, E. 2018. Tranformation at ING (A): Agile. *Harvard Business Review*.

Khanna, T., Gulati, R., & Nohria, N. 1998. The dynamics of learning alliances: Competition, cooperation and relative scope. *Strategic Management Journal*, 19(3): 193-210.

Kidd, P. T. 1995. Agile manufacturing: A strategy for the 21st century.

Klötzer, C., & Pflaum, A. 2017. Toward the development of a maturity model for digitalization within the manufacturing industry's supply chain.

Lengnick Hall, C. A., & Wolff, J. A. 1999. Similarities and contradictions in the core logic of three strategy research streams. *Strategic Management Journal*, 20(12): 1109-1132.

Lewis, W., Agarwal R., & Sambamurthy, V. 2003. Sources of influence on beliefs about information technology use: An empirical study of knowledge workers. *MIS Quarterly*, 27(4): 657-678.

Martinez, V., Neely, A., Velu, C., Leinster-Evans, S., & Bisessar, D. 2017. Exploring the journey to services. *International Journal of Production Economics*, 192: 66-80.

Mason, K., & Palo, T. 2012. *Innovating Markets by Putting Business Models to Work*. Paper presented at the 28th IMP Conference, Italy.

Mathiassen, L., & Pries-Heje, J. 2006. Business agility and diffusion of information technology. *European Journal of Information Systems*, 15(2), 116-119.

Moore, J. F. 1993. Predators and prey: A new ecology of competition. *Harvard Business Review*, 71(3): 75-86.

Moore, J. F. 2006. Business ecosystems and the view from the firm. *The Antitrust Bulletin*, 51(1): 31-75.

Naylor, J. B., Naim, M. M., & Berry, D. 1999. Leagility: Integrating the lean and agile manufacturing paradigms in the total supply chain. *International Journal of Production Economics*, 62(1-2): 107-118.

O'reilly, M., & Parker, N. 2013. 'Unsatisfactory Saturation': A critical exploration of the notion of saturated sample sizes in qualitative research. *Qualitative Research*, 13(2): 190-197.

Oliva, R., & Kallenberg, R. 2003. Managing the transition from products to services. *International Journal of Service Industry Management*.

Ping, Z., & Debin, T. 2010. *Evaluation of Agricultural Products Supply Chain Flexibility*. Paper presented at the 2010 IEEE International Conference on Emergency Management and Management Sciences.

Porter, M. E., & Heppelmann, J. E. 2014. How smart, connected products are transforming competition. *Harvard Business Review*, 92(11): 64-88.

Riasanow, T., Flötgen, R. J., Setzke, D. S., Böhm, M., & Krcmar, H. 2018. *The Generic Ecosystem and Innovation Patterns of the Digital Transformation in the Financial Industry*. Paper presented at the PACIS.

Ries, E. 2011. *The Lean Startup: How Today's Entrepreneurs Use Continuous Innovation to Create Radically Successful Businesses*. Currency.

Rindova, V. P., & Kotha, S. 2001. Continuous 'Morphing': Competing through dynamic capabilities, form and function. *Academy of Management Journal*, 44(6): 1263-

1280.

Rogers, E. M. 1995. *The Diffusion of Innovations*. New York, NY: Free Press.

Roy, R. 2018. Role of relevant lead users of mainstream product in the emergence of disruptive innovation. *Technological Forecasting and Social Change*, 129: 314-322.

Saldanha, T. J., Mithas, S., & Krishnan, M. S. 2017. Leveraging customer involvement for fueling innovation: The role of relational and analytical information processing capabilities. *MIS Quarterly*, 41(1).

Santos, J., Spector, B., & Van der Heyden, L. 2009. Toward a theory of business model innovation within incumbent firms. *INSEAD, Fontainebleau, France*, 1-53.

Seo, D., & La Paz, A. I. 2008. Exploring the dark side of IS in achieving organizational agility. *Communications of the ACM*, 51(11): 136-139.

Shafer, S. M., Smith, H. J., & Linder, J. C. 2005. The power of business models. *Business Horizons*, 48(3): 199-207.

Simmel, G. 1900. A Chapter in the philosophy of value. *American Journal of Sociology*, 5(5): 577-603.

Sklyar, A., Kowalkowski, C., Tronvoll, B., & Sörhammar, D. 2019. Organizing for digital servitization: A service ecosystem perspective. *Journal of Business Research*, 104: 450-460.

Smith, W. K., & Lewis, M. W. 2011. Toward a theory of paradox: A dynamic equilibrium model of organizing. *Academy of Management Review*, 36(2): 381-403.

Sosna, M., Trevinyo-Rodríguez, R. N., & Velamuri, S. R. 2010. Business model innovation through trial-and-error learning: The Naturhouse case. *Long Range Planning*, 43(2-3): 383-407.

Stacey, R. D. 1995. The science of complexity: An alternative perspective for strategic change processes. *Strategic Management Journal*, 16(6): 477-495.

Stalk Jr, G., & Hout, T. M. 1990. Competing against time. *Research-Technology Management*, 33(2): 19-24.

Svahn, F., Mathiassen, L., & Lindgren, R. 2017. Embracing digital innovation in incumbent firms: How Volvo cars managed competing concerns. *MIS Quarterly*, 41(1).

Swafford, P. M., Ghosh, S., & Murthy, N. 2006. The antecedents of supply chain agility of a firm: Scale development and model testing. *Journal of Operations Management*, 24(2): 170-188.

Tan, B., Pan, S. L., Lu, X., & Huang, L. 2009. Leveraging digital business ecosystems for enterprise agility: The tri-logic development strategy of Alibaba. com. *ICIS 2009 Proceedings*, 171.

Tan, B., Pan, S. L., Lu, X., & Huang, L. 2015. The role of IS capabilities in the development of multi-sided platforms: The digital ecosystem strategy of Alibaba. com. *Journal of the Association for Information Systems*, 16(4): 2.

Teece, D. 2010. Business models, business strategy and innovation. *Long Range Planning*, 43: 172-194.

Teece, D. J. 2014. The foundations of enterprise performance: Dynamic and ordinary capabilities in an (economic) theory of firms. *Academy of Management Perspectives*, 28(4): 328-352.

Tong, Y., Li, D., & Yuan, M. 2008. Product lifecycle oriented digitization agile process preparation system. *Computers in Industry*, 59(2-3): 145-153.

Tripsas, M., & Gavetti, G. 2000. Capabilities, cognition, and inertia: Evidence from digital imaging. *Strategic Management Journal*, 21(10/11): 1147.

Van de Ven, A. H., & Poole, M. S. 1995. Explaining development and change in organizations. *Academy of Management Review*, 20(3): 510-540.

Van Hoek, R. I., Harrison, A., & Christopher, M. 2001. Measuring agile capabilities in the supply chain. *International Journal of Operations & Production Management*.

Vial, G. 2019. Understanding digital transformation: A review and a research agenda. *The Journal of Strategic Information Systems*, 28(2): 118-144.

Warner, K. S., & Wäger, M. 2019. Building dynamic capabilities for digital transformation: An ongoing process of strategic renewal. *Long Range Planning*, 52(3): 326-349.

Weill, P., & Woerner, S. L. 2015. Thriving in an increasingly digital ecosystem. *MIT Sloan Management Review*, 56(4): 27.

Weiller, C., & Neely, A. 2013. Business model design in an ecosystem context. *University of Cambridge, Cambridge Service Alliance*.

Wessel, L., Baiyere, A., Ologeanu-Taddei, R., Cha, J., & Blegind-Jensen, T. 2021. Unpacking the difference between digital transformation and IT-enabled organizational transformation. *Journal of the Association for Information Systems*, 22(1): 102-129.

Wilkinson, A., Dainty, A., & Neely, A. 2009. Changing times and changing timescales: The servitization of manufacturing. *International Journal of Operations & Production Management*.

Wirtz, B. W., Pistoia, A., Ullrich, S., & Göttel, V. 2016. Business models: Origin, development and future research perspectives. *Long Range Planning*, 49(1): 36-54.

Womack, J. P., Jones, D. T., & Roos, D. 1990. *The Machine that Changed the World*, 323: 273-287. New York, NY: Rawson Associates.

Wulf, J., Mettler, T., & Brenner, W. 2017. Using a digital services capability model to assess readiness for the digital consumer. *MIS Quarterly Executive*, 16(3): 171-195.

Yeow, K., Gani, A., Ahmad, R. W., Rodrigues, J. J., & Ko, K. 2017. Decentralized consensus for edge-centric internet of things: A review, taxonomy, and research issues. *IEEE Access*, 6: 1513-1524.

Yin, R. K. 1994. *Case Study Research: Design and Methods*. Thousand Oaks, CA: Sage.

Zhang, Z., & Sharifi, H. 2000. A methodology for achieving agility in manufacturing organisations. *International Journal of Operations & Production Management*, 20(4): 496-513.

Zott, C., & Amit, R. 2010. Business model design: An activity system perspective. *Long Range Planning*, 43(2-3): 216-226.

Zott, C., Amit, R., & Massa, L. 2011. The business model: Recent developments and future research. *Journal of Management*, 37(4): 1019-1042.

第十三章 分散式電網生態系──澳洲能源幣
Ditributed Generation of Power Ledger

一、背景：2050 淨零排放

從十多年前的臭氧層破洞，到近幾年全球暖化議題，以及各種極端氣候現象都在告訴我們，地球生病了。而這也是全球人類必須共同解決的問題，因此環境保護逐漸成為現今各大企業與國家最重視的議題之一。為確保在減少溫室氣體排放的同時，人類能夠維持正常的經濟活動，多數企業選擇善用天然資源發電，並以再生能源取代傳統的燃煤發電。

說起豐富的天然資源，很難不想到地廣人稀的澳洲。澳洲作為仰賴能源出口獲利的傳統能源大國，政府仍參與多項環境保護協定並鼓勵企業與人民以再生能源取代傳統能源。其中最廣為人知的即是《巴黎協定》，參與《巴黎協定》之國家必須在 2050 年達到淨零排放目標。

為落實綠能永續，澳洲從 2011 年開始，鼓勵家家戶戶在住宅屋頂安裝太陽能板，因此讓太陽能的發電量占電網的 30%，預計到 2030 年占比將至少達到 69%，逐漸超過傳統電網。目前澳洲有高達 1/3 的住家有裝置太陽能板，太陽電能供給充足，導致舊有的燃煤電廠提早關閉，甚至太陽能源供過於求，價格大幅滑落，並且產生棄光問題。所謂的「棄光」乃是太陽能發電的尖峰時刻，因有大量光電湧入電網，影響電網負荷超載，並出現調度失衡，甚至可能降低民眾設置太陽能的意願。

除棄光問題，再生能源本身擁有的「分散式」特性，讓能源的生產及配送，從傳統電業仰賴單一大型電廠（電站）的發電、中心化、

單向的能源傳遞，轉而成爲「雙向」的能源流動，並出現「產銷者（prosumer）」的角色。

不過，產銷者的出現對能源市場而言是一大挑戰，因爲由各個小型、分散的再生能源發電系統進行發電，具有波動性和隨機性，難以精準控制或計算發電量，對於電網的調度及穩定性造成不小挑戰，站在能源業者的角度，更是增添再生能源市場在管理、交易的複雜性。

二、能源、雙幣交易，與交互電網實驗

澳洲區塊鏈新創公司 Power Ledger，成立於 2016 年 5 月，希望透過區塊鏈技術「簡化能源市場」，改變能源生產、配發與交易模式，創造一個更靈活、成本更低的能源體系。

Power Ledger 透過雙幣機制進行再生能源交易，並透過自動結算系統實時接收付款，讓每個人都能生產、擁有再生能源的所有權，而且能根據自己的喜好選擇再生能源的交易及運用，進而達成降低電費、提高生產再生能源的投資報酬，並激勵更多單位加入再生能源的生產及運用。

因此，Power Ledger 開發出全球首個「再生能源區塊鏈的 P2P 交易平台」，透過智能合約，在降低管理、交易成本的前提下，藉由自行研發的交易匹配算法（trade matching algorithms）進行公平的再生能源交易，消除人爲錯誤的可能性。

同時，區塊鏈分散式帳本技術（DLT, Distributed Ledger Technology）去除傳統電力銷售的中介商，讓需求端及供給端直接交易，提高能源交易效率、透明度與自動化程度，讓生產性消費者獲得公平的投資回報，進而促進再生能源的使用率。

Power Ledger 聯合創始人 Jemma Green 在 2017 年 12 月接受訪問時曾表示：「區塊鏈平台將有助於提倡我們的分散式能源未來，為太陽能板和電池帶來更好的投資報酬。它還能帶來低成本、低碳與具有彈性，且將消費者視為優先的在地能源系統。」

其實 Power Ledger 是從傳統能源業者的角度切入，提供全新的商業模式讓傳統電力、電網等產業不會被再生能源的趨勢淘汰，同時讓消費者獲得再生能源所有權、便宜的電價，透過漸進式改變，達成再生能源可以全球化、相互流通的再生能源生態系。

也因此，若太陽能是產品，電網服務與能源交易平台就是提高產品價值的必要服務。事實上，Power Ledger 能源交易平台，也是一個生態系，透過區塊鏈技術，讓多樣化的市場管理、定價機制以及電力售價，均能透過預先購買代幣達到互通性（interoperability）。因此，Power Ledger 的生態系統具有能夠無縫對接當地及全球市場，並為消費者帶來相互連結的網絡效應。

在 Power Ledger 的生態系統中，目前擁有 10 大應用場景，分別是 P2P 交易、NEO 零售商、微電網／嵌入式網路營運者、電力批發結算、購電協議（PPA）、分布式市場管理、電動車、電力港、碳排放交易、傳輸交易。

值得注意的是，Power Ledger 的交易底層是區塊鏈技術，並有特殊的雙幣定價機制，也就是 POWR 和 Sparkz 的技術基礎。主幣 POWR 是 Power Ledger 使用 ERC-20 智能合約所發行的代幣，總供給量有限，總共 10 億個。Power Ledger 在 2017 年 10 月透過首次代幣發行（ICO, Initial Coin Offering）籌資時，已出售 3.5 億個 POWR，剩餘的 6.5 億個 POWR 則將由項目方保留，以支付早期投資者的未來開發成本和分配。副幣 Sparkz 是用來衡量全球各個市場

每單位電力的價值，其定價與當地貨幣之間會維持 1:1 的穩定匯率，而 Sparkz 沒有供應限制，且只能在 Power Ledger 生態系統中使用。

　　而在 Power Ledger 的共識機制（consensus mechanism）建構上，最初在 2016 年 9 月，Power Ledger 建立一個 EcoChain 區塊鏈，為了結構優化（structure optimization），EcoChain 採用公有鏈（public blockchain）和聯盟鏈（consortium blockchain）混合模式，以及 POS 權益證明的共識機制。2017 年，EcoChain 改採 PoA 權威證明的共識機制，並聯盟以太坊網絡。

　　2021 年，Power Ledger 考量智能電表讀數將朝向更短的數據間隔發展，以及需要更快速的交易吞吐量，因此宣布將 EcoChain 從以太坊移至基於 Solana 的私有區塊鏈，但 ERC-20 代幣 POWR 將會繼續保留在以太坊中。Solana 可實現 400 毫秒的出塊時間、每秒超過 50,000 筆交易的快速吞吐量，將比以太坊快數萬倍，而且更節能。當 Power Ledger 生態系的區塊鏈移至 Solana，「EcoChain 區塊鏈」將被稱為「Powerledger 能源區塊鏈」取代。

　　而在交易結算中，Power Ledger 採用鏈下的交易結算，買賣雙方的支付方式類似創建第三方託管帳戶，不需要將結算交易寫入區塊鏈，雖然犧牲掉部分去中性化的特質，但能擁有不需要支付鏈上的交易費用（transaction fee）並且有效率地進行交易認證，且能解決區塊鏈技術最關鍵的「擴容困境（scalability）」。Power Ledger 所建構的商業模式如下圖所示。

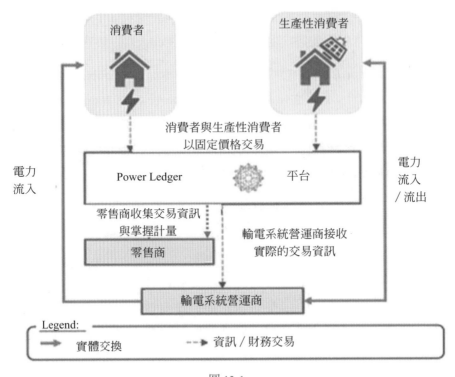

圖 13-1

資料來源：Power Ledger 公開說明書

　　在 Power Ledger 能源區塊鏈中，POWR 代幣是由公用事業公司（application host）在公開市場買進，再透過智能合約將 POWR 兌換成相應數量的 Sparkz。擁有 Sparkz Pool 的公用事業公司，方能提供一般消費者將法幣兌換成 Sparkz（匯率均維持 1:1）之服務，擁有 Sparkz 的消費者才能在 Power Ledger 生態系進行 P2P 的再生能源交易。

　　消費者或是生產性消費者的 P2P 能源交易，是一個僅會使用到 Sparkz 的封閉系統，其運作方式如下：生產性消費者可自行決定自家電力出售的對象及價格，消費者則使用 Sparkz 在 P2P 交易平台上

向想販售再生能源的生產性消費者進行購買。當交易成功，消費者所支付的 Sparkz 一方面會提供給售出能源的生產性消費者，另一方面會需要支付 Power Ledger 手續費。

因此，對公用事業來說，POWR 是進入 Power Ledger 生態系的通行證。對於消費者或是生產性消費者而言，單就 P2P 再生能源交易僅需使用到 Sparkz，而 Sparkz 的發行量與 POWR 之匯率，則是由公用事業來決定。

總結來說，Power Ledger P2P 能源交易，乃是將傳統能源零售商的權力及功能，交還給一般消費者，讓生產性消費者擁有自己生產之再生能源所有權，並透過區塊鏈技術讓再生能源交易自動化，並且具有可信任資訊系統。

三、多元商模與 ESG

Power Ledger P2P 能源交易平台的服務費用與電網顧問，乃是最主要的商業模式。首先在能源交易平台上，Power Ledger 將傳統能源零售商的權力及功能，交還給一般消費者，讓生產性消費者擁有自己生產再生能源的所有權，透過區塊鏈技術讓再生能源交易自動化，並且具有可信任資訊系統。相較於螞蟻森林或未來台灣碳制郎所發展的社群互動模式，Power Ledger 的 P2P 模式更具地方社區性，因生產性消費者所產生的太陽能最終仍需透過地區電網傳輸。

例如 2018 年 8 月，Power Ledger 就與泰國再生能源公司 BCPG 合作。BCPG 設計與安裝社區內的太陽能板、電表及社區內的電網連結。Power Ledger 的區塊鏈將作為平台中的交易層來支援 18 個電表節點，同時使個別參與者之間能夠實現 P2P 交易、能源監控與收發帳單。曼谷的大都會電力管理局（MEA）特別允許利用該城市的電

網，以實現能源交易的同時，還能從 Power Ledger 的區塊鏈平台獲得資訊，藉此讓付費客戶取得電表數據。初步參與這次能源交易者主要包括一家購物中心、一所國際學校、服務式公寓與一家牙醫診所。這四家機構交易最多達 635KW（千瓦）的太陽能發電。

Power Ledger 總經理 David Martin 表示：「藉由能夠交易再生能源，這個社區滿足了自身的能源需求，使得買方要支付的帳單費用降低、賣方獲得更好的價格，而且所有人的碳足跡減少了。這將鼓勵更多的消費者轉向可再生能源，因為可透過向鄰居出售多餘的能源來彌補（再生能源）成本。」

除了與泰國城市合作外，Power Ledger 還與紐西蘭奧克蘭都會區的 Vector 公司合作，針對超過 500 處地點進行測試，包括家庭、學校及社會團體，Vector 公司對於屋頂型太陽能支援監測與管理應用技術，同時他們也和特斯拉公司合作，將特斯拉的家用 Powerwall 及企業用 Powerpack 鋰電池儲能系統帶到澳洲與紐西蘭。

總結來說，Power Ledger 目前已有 10 大應用場景，分別是 P2P 交易、NEO 零售商、微電網與嵌入式網路營運者、電力批發結算、購電協議（PPA）、分布式市場管理、電動車、電力港、碳排放交易、傳輸交易。透過與不同產業與城市間的合作，讓 Power Ledger 兼顧地區性與全球性特質。除了仰賴各地電網建構地區電力傳輸系統外，Power Ledger 所建構的能源幣交易平台仍需具有一定全球流通性，這也讓國際投資人有機會成為 Power Ledger 的投資人。從長遠來看，若 Power Ledger 能有效與其他國家的在地電網連結，建構各地的生產性消費者交易體系，就有機會建構一個以太陽能發電交易為基礎的太陽能幣交易平台。

若從 ESG 的角度檢視，Power Ledger 的太陽能發電原已深具綠

色永續的能源價值，而它所建構的 Power Ledger P2P 能源交易平台，更建構全民創電與售電平台基礎，讓一般家庭用戶也能扮演生產性消費者角色，深具社會價值。而突破傳統集中式電網的分散式治理結構，則對台灣乃至其他仍以中央電網爲主的國家，特別是政府，帶來在永續能源治理上的重要省思。

四、合作夥伴：澳洲聯邦銀行的綠色貸款方案

　　澳洲聯邦銀行是澳洲最大金融機構，也和澳洲政府一同以《巴黎協定》爲目標朝著淨零經濟方向前進。澳洲聯邦銀行特別以此爲切入點，提供綠色融資方案，並爲「綠色屋頂」搭建者提供貸款。

　　首先在綠色房貸方案（Green Home Offer）上，澳洲聯邦政府與當地權威機構 Green House Council Australia 合作，提供房貸利率折扣，以此鼓勵澳洲居民在興建或裝修房屋住宅時，能將房屋建造得符合永續房屋住宅標準。Green House Council Australia 致力於打造具有彈性、健康且宜居的永續住宅，並擁有評估可持續性標準之獨立評鑑系統，旨在打造高效能且由再生能源供電之住宅。通過 Green House Council 評鑑之住宅，稱之爲 Green Star Home，並將獲得通過評鑑之證明，該機構也公開了評鑑系統中最重要的三個指標：

A. 正向：房屋是否完全以電取代燃煤，並使用高能源效率之再生能源。

B. 健康：房屋建築是否宜居，且所使用之建材與設備對人體和環境是否有害。

C. 彈性：面對匱乏的天然資源，如：水資源與極端氣候，房屋是否具備良好條件，水循環系統是否在極端環境中持續爲人類提供宜居環境。

欲申請澳洲聯邦銀行所提供之 Green Home Offer 貸款之客戶，申請貸款之房屋需持有 Green Star Home 之證書，或需完全符合澳洲聯邦銀行所制定之再生能源或綠色能源使用率之標準。Green Home Offer 為顧客現有之房貸利率提供折扣，該方案所提供之浮動利率為 1.99%。即使涵蓋貸款期間所有隱藏費用之利率 2.49%，也均低於各大銀行所提供之房屋貸款利率，並且提供客戶極大彈性。Green Home Offer 貸款允許連結澳洲聯邦銀行之對沖帳戶（offset account）、分割（split）與再提款（redraw）。

澳洲聯邦銀行所提供之對沖帳戶名為 Everyday Offset Account，在貸款還款日前一天對沖帳戶中的存款總額，將可用來對沖貸款中計算利息之本金金額，而平時帳戶持有者仍可自由運用該帳戶中的金錢且無存款上限。舉例來說，客戶貸款 10 萬元且在對沖帳戶中存入 5 萬元，則該名客戶僅需支付以 5 萬元本金計算之利息費用，但其所需償還之本金仍為 10 萬元。澳洲聯邦銀行使用對沖帳戶之客戶，一年平均省下 1,158 澳幣之利息費用。

「分割貸款」則允許顧客將貸款拆分為多筆金額並為其創建帳戶，顧客可自行選擇要將各個帳戶設定為浮動利率或是固定利率，提供顧客找到從中節省利息費用的可能性。一般而言，當利率下跌時，固定利率帳戶將保障貸款人之權益，而浮動利率帳戶則可使借款人從中得利。最後，「再提款」則是允許顧客在最低還款金額上多還錢，並且日後可將多償還之金額再次提領使用，多償還之金額將直接算入本金償還並以此減少利息費用。

澳洲聯邦銀行為鼓勵民眾加入環境保護之行列，提供低利率且富有彈性之貸款，而針對只想在家中安裝綠色能源裝置之客戶也提供了 Green Loan 的綠色貸款方案。這項綠色貸款方案給出 0.99% 且免除一切隱藏費用之 10 年低固定利率，並且允許顧客提前完成還款，不

需支付任何違約金，以此來鼓勵澳洲居民使用太陽能，並將住宅改造得更具有能源效率。

綠色貸款方案提供所有與澳洲聯邦銀行有房貸或投資型房貸合約之顧客申請，顧客若同時和澳洲聯邦銀行有多筆房屋貸款，則可申請多次 Green Loan 方案。此方案唯一限制就是設定「房貸與綠色貸款的綁定條件」：由此貸款方案所購買的綠色能源產品，必須安裝在由澳洲聯邦銀行貸款購買之房屋中。

澳洲聯邦銀行為確保綠色貸款資金之妥善運用，特別採取實報實銷制度。在放款時需由販賣綠色能源產品之廠商將顧客的申請資料與購買證明提交給銀行，並由銀行端直接撥款給廠商。此貸款方案最低申請金額為 5 千澳幣，上限則為 2 萬澳幣，若顧客購買超出 2 萬澳幣之商品，則需自行負擔超額金額。而 Green Loan 方案中所謂的綠色能源產品涵蓋了太陽能板、太陽能熱水系統、電動車充電站等，亦即能減少燃煤與溫室氣體排放之產品。

參考文獻

澳洲 Power Ledger 官網與公開說明書。

　　　https://www.powerledger.io/，

　　　https://www.powerledger.io/company/power-ledger-whitepaper。

沈煒翔，2017。全球應用區塊鏈技術建構分散式能源交易之實例與效益探討。

　　　https://km.twenergy.org.tw/ReadFile/?p=Reference&n=2017428144547.pdf。

Jan Wozniak, 2018. Power Ledger (POWR)- Analysis of the token and business model.

　　　https://medium.com/trivial-co/power-ledger-powr-analysis-of-the-token-and-business-model-7bee0ca1908a.

澳洲聯邦銀行綠色貸款之參考文獻。

　　　https://www.commbank.com.au/home-loans/commbank-green-loan.html，

https://www.commbank.com.au/content/dam/commbank-assets/about-us/docs/green-framework.pdf，

https://www.commbank.com.au/home-loans/latest/green-home-offer.html，

https://www.commbank.com.au/home-loans/interest-offset.html?ei=feat_offset，

https://myhomeloan.com.au/mortgage-knowledge/offset-vs-redraw/。

第十四章　職人咖啡館的敏捷生態系──咖啡幣
Agile Ecosystem of CAFFÈCOIN

一、背景：職人咖啡的需求洞察

　　台灣喝咖啡的族群正在逐年拓展中，根據《食力》統計，台灣人2000 年的每人平均咖啡飲用杯數是 101 杯，2016 年 151 杯，但到了2018 年已達到 204 杯。成長速度逐年加快。之前擴增 50 杯要花 16年，現在則只需要 2 年就達標，顯示台灣現煮咖啡市場的爆發潛力（《食力》，2021）。若進一步分析咖啡族群的消費行為，可以發現以下特點。

　　首先是價格需求，以中等價位為主。根據《食力》2019 年的「咖啡迷們，你『啡』誰不可？！」問卷調查結果顯示，有 76.73% 消費者願意花 51-150 元買一杯現煮咖啡，價格帶落在平價～中等價位區間。若由 7-11 等連鎖通路的咖啡售價觀察，精品類的平價咖啡，價格也在 50-70 元間；若是星巴克等知名連鎖咖啡店，則以 100-150 元為主。

　　在通路選擇方面，有 52.7% 消費者首選超商咖啡。而店數雖然趕不上便利商店，但是強調風格與品質的連鎖咖啡店（如：路易莎、cama、85 度 C 等）近年強勢展店，獲得 23.73% 民眾支持。獨立經營的咖啡館（包含精品咖啡館）則有 15.95% 的支持率。

　　其次是產品需求，對精品咖啡豆等產品之需求。在《食力》2021年的調查報告中發現，「單價較高的獨立精品咖啡館」消費族群仍屬小眾，雖然有不少咖啡達人跟隨全球咖啡潮到產地探尋精品咖啡豆，為台灣市場帶回別具特色的風味，但 iCHEF 共同創辦人程開佑也明指：

「目前主流咖啡市場還是便利超商，在價格和通路上都有優勢，品質也在往上提升，所以如果你只有好的咖啡，在現在的市場中，很難突出。」

因此除咖啡豆之特色外，職人咖啡還必須在其他特殊風味進行創新，以提高回客率。另外則需以特殊服務如拉花藝術，或是佐以咖啡糕點或其他周邊服務，才能有效吸引消費者，這就涉及第三項需求，也就是對咖啡服務的需求。

第三是服務需求，例如咖啡寄杯服務、外帶、外送服務等。過去職人咖啡館也嘗試推出咖啡寄杯服務，例如一次購買一本咖啡券（10張、20張），可享有八折或七折的折扣優惠。但是在 COVID-19 期間，估計有近三成職人咖啡館倒閉，咖啡族群已繳交的咖啡預購金無法追回，這也是咖啡幣出現的重要起點。此外，疫情期間，許多咖啡族群轉向外帶與外送服務，也為職人咖啡館帶來全新服務契機。

第四是對咖啡的整體體驗需求。iCHEF 共同創辦人程開佑就明確指出，所謂職人咖啡若要成功，「口味、價格、空間品質、服務」缺一不可，且商業的成功不以規模而論，是以淨利而論。從「iCHEF 2018 年度餐飲白皮書」中可知，iCHEF 針對 5,000 間餐廳抽樣調查得到 2017-2018 年的咖啡館數量持續快速成長，開立一年以上咖啡館數量較前期增加了 35%。然而，2018 年的平均年度業績，每月多是負成長，即使拉高客單價，但若來客數和翻桌率拉不高，整體營收還是相當艱辛。

豐富有趣的咖啡體驗，成為提高回客率的重要基礎。例如提供適合拍照打卡的網美牆、拉花設計；不同主題的咖啡體驗，如冷萃冰滴咖啡、廢墟咖啡、約會咖啡、60 年代風味咖啡，或咖啡烘焙教學等。藉由多元體驗設計，提高咖啡族群回客率與維持社群討論熱度，

成爲職人咖啡能否有效維運關鍵。

二、解構元件以創新價值

　　券券文化（CAFFÈCOIN 公司名稱）創辦人暨執行長陳顯仁說明，咖啡幣創立起源乃是「咖啡寄杯」，他個人因熱愛全家便利商店的咖啡寄杯，而由這項服務中，發想串聯全台職人咖啡寄杯的創新服務。不過事實上，除咖啡寄杯之外，CAFFÈCOIN 也持續整合職人咖啡的相關資源，而首要任務便是由上述使用者需求探索中，有效解構職人咖啡的資源價值。以下分析職人咖啡的重要元件內涵。

　　元件一，咖啡（產品）。陳顯仁說明，CAFFÈCOIN 跳脫傳統便利商店寄杯與星巴克等連鎖品牌的寄杯服務，而以「職人咖啡」爲服務核心。他發現在台北市有許多精品咖啡小店，老闆有一手研磨咖啡與拉花技藝，但卻缺乏宣傳，也難與其他特色咖啡店合作，進行聯合「寄杯」或聯合行銷活動。少數有單店進行「寄杯」活動，常以「集點卡」方式鼓勵消費者「團購」或「寄杯」，但卻有以下風險：一是「集點卡」容易遺失。二是倒店風險，若咖啡店倒閉，已經「寄杯」的消費者可能求償無門，缺乏安全可靠的信託機制。三是單店要開發「寄杯」手機 APP 服務較爲不易，多數咖啡達人並不熟悉科技應用。

　　聯合咖啡寄杯除可有效解決職人咖啡店的營銷痛點外，也具有互補性。陳顯仁分析，上千家名品咖啡店不但各有所長，風味獨特，且價位也不盡相同。早上適合 70-80 元咖啡，下午茶時段適合 120-130 元咖啡，晚上適合 180-250 元咖啡。多數人在晚上六點以後不喝咖啡。「如果能讓這些特色咖啡店也能集體寄杯，這對咖啡愛好者與精品咖啡店來說，都是一大福音。」

　　元件二，咖啡豆（產品）。職人咖啡店之所以能調製風格獨特的

咖啡，關鍵乃在於自烘豆的特色豆子。

「咖啡最重要的是豆子，好的咖啡豆能讓咖啡從聞香、熱飲，到冷飲，呈現不同風味。」一位咖啡職人說明。

咖啡的香氣和味道，是在烘焙後才產生的。烘焙過程中，咖啡生豆的水分慢慢釋放，重量減輕，顏色加深，體積膨脹，含有香氣的油脂慢慢釋放出來。此外，生豆中原本含有的大量綠原酸，隨著烘焙過程會逐漸消失，釋放出好聞的水果酸，其味道隨烘焙時間長短而有所差異。

咖啡達人說明，咖啡風味主要表現在以下特質。一是酸度（acidity），喝咖啡時，舌頭邊緣感受到的刺激。和檸檬那種酸不一樣，而是咖啡提振味覺的一種清新、爽朗感，有時又被稱為明亮度（brightness）。酸度是咖啡很重要的一個特質，沒有酸度的咖啡味道會很平淡。二是香氣（aroma），咖啡沖煮後的香味，比舌頭能感受到的味道更為多樣化。常用來形容咖啡香氣的形容詞有果香（fruit-like）、土地芬芳（earthy）、煙燻（smoky）、花朵香（flowery）、莓果（berries）、堅果（nuts）等等。三是醇度（body），咖啡在口中的口感，從清淡如水或脫脂乳，到濃稠如牛奶或奶油、糖漿都有。四是餘味（aftertaste），和品酒的概念相似，指咖啡喝下去後嘴巴裡殘留的味道。有些咖啡有可可或巧克力的餘味，有些則有水果、莓果、堅果等。五是平衡度（balance），這是對咖啡整體味道的評價，好的咖啡豆味道均衡、有層次，並且香氣柔和，不好的咖啡豆則通常只呈現單一味道。六是香醇（mellow），指低至中酸度，平衡性好的咖啡。七是溫和（mild），表示咖啡具有調和、細緻的風味，通常指生長於高海拔的南美洲高級咖啡。八是柔潤（soft），指低酸度，帶點甜味的咖啡，通常指印尼咖啡。

　　豆子烘烤的時間越長，酸味越淡，咖啡因含量也越少，常見的烘焙方式有以下幾種。**極淺焙**（light roast），指有濃厚的青草味，香氣不足，很少用來品嚐。**淺焙**（cinnamon roast）的酸度高，略帶香氣，常用來沖美式咖啡。**中焙**（medium roast）的口感偏酸帶苦，香氣適中，保留咖啡豆的原始風味，常用來做美式咖啡或混合咖啡。**中深焙**（high roast）的口感層次豐富、酸苦均衡且略帶甜味，香氣及風味都好。**城市烘焙**（city roast）比中深焙的酸度低一些，完美展現咖啡的風味，是標準的烘焙程度，最受一般大眾歡迎。**深焙**（full city roast）的苦味比酸味強，餘味回甘，香氣飽滿，多用來做冰咖啡或黑咖啡。**法式烘焙**（French roast）的苦味濃、味道強烈，沒什麼酸味，帶有煙燻香氣。**重焙**（Italian roast）的豆子表面有油光，苦味強，有焦味，主要用來做義式濃縮咖啡。

　　「好的咖啡豆是一杯好咖啡的開始！」也因此，除咖啡寄杯之外，咖啡豆本身也成為產品銷售核心，可以銷售給同業或是一般消費者。

　　元件三，咖啡周邊（產品），如蛋糕、點心與環保材質容器。除了與咖啡直接相關的元件，如咖啡豆、咖啡、職人咖啡師、咖啡屋之外，與咖啡間接相關的產品，如蛋糕、甜點與咖啡杯材質，也是重要元件。陳顯仁分享，很多職人咖啡師會烘焙咖啡，但卻不會製作甜點，也就難以提高整體營業額。知名的廢墟咖啡就以莓仁愛（草莓 Cobbler 搭配底層莓果醬、冰淇淋，充滿少女風味）、冰淇淋布朗尼、巧克力起司茶點蛋糕、蜂蜜戚風等，與店內的冰滴咖啡同享盛名。好的蛋糕、甜點不但能提高有形的營業額，還有無形的話題影響力，並且也是提高回客率與客單價的祕密武器。

　　「我正在尋找合適的蛋糕或麵包師傅洽談合作，希望可以由分區經營角度，幫助自己與其他咖啡職人館經營優質甜點，讓下午茶時間

更具風味。」一位職人咖啡老闆說明。

除了蛋糕、甜點之外，CAFFÈCOIN 也積極整合竹吸管、環保杯蓋等價格較高且小店家不容易採購的耗材，整合需求之後大量採購，為小店家爭取更好的進貨價格。

「這些特殊產品叫貨都很貴，我們結合起來供貨，形塑一個與廠商溝通的新模式。目前，在台北已有 10 多間店有這樣的合作，未來也將持續拓展。」陳顯仁說明。

元件四，咖啡達人（服務）。「職人咖啡」的核心除好喝的咖啡與高品質的咖啡豆外，還有咖啡達人本身。陳顯仁說明：「目前我手上有 7、8 個冠軍戒！」包括曾參加國際賽事，如拉花、烘豆、沖泡等，具體呈現咖啡寄杯背後的優質實力。一般咖啡達人需要熟悉咖啡的歷史探索，如咖啡起源與發展；熟悉生豆的品種、產區與後製處理；能利用感官品嚐咖啡、熟悉各類沖煮器具；還能製作良好品質的奶泡，並了解如何評斷咖啡風味。

除咖啡豆的烘焙、沖泡外，職人咖啡另一個重要元件在於拉花技巧，主要需掌握搖晃、流量與推奶的技術，就能推出各種大小愛心、洋蔥心等特殊拉花風格。專業拉花達人在選擇鋼杯、牛奶上也有專業觀點，如牛奶要選擇全脂牛奶，而非脫脂牛奶；鋼杯大小究竟是選 350 毫升或是 600 毫升，則和咖啡杯的容量大小有關，大咖啡杯如外帶杯就需要 600 毫升的較大鋼杯。至於拉花之前的重要工作之一，就是奶泡製作，包括打奶泡的進氣、旋轉、收細過程，可由聲音的尖銳或舒緩、溫度在 60-65°C 等細節，學習打奶泡的技巧，以進一步展現拉花技藝。

元件五，咖啡寄杯與外帶外送（服務）。在全家便利商店的推動

下，咖啡寄杯已成爲咖啡族的生活新常態；「買一送一」或利用折扣優惠一次購買 10 杯或 20 杯，也成爲咖啡幣的主要促銷方案。咖啡迷可以優惠價格購買咖啡幣，以儲值 1,000 元贈送 100 元或 200 元咖啡幣模式，取得咖啡寄杯優惠，並進行跨店消費。換句話說，這較過去職人咖啡的單店儲值或寄杯更具彈性。而在 COVID-19 期間，許多職人咖啡店也結合咖啡幣優惠，發展出外送與外帶服務。一位桃園市的職人咖啡店老闆就直言：

「對我來說，咖啡幣就好像外送平台一樣，是一個新的服務平台。我的店以社區常客爲主，但 COVID-19 確實影響來店意願。咖啡幣可以幫我做聯合行銷，拓展客群。同時我們也推出外送外帶服務，讓疫情期間無法出門的客人，可以持續喝到好咖啡！」

元件六，咖啡屋（體驗）。除咖啡豆、咖啡飲，與咖啡達人外，咖啡屋本身也是一大特色，這也是街口職人咖啡與傳統便利商店間的重大差異。例如「老宅重生，老靈魂咖啡廳」主題，就特別精選台北五家老宅、廢墟改裝的特色咖啡廳，讓咖啡迷感受不同類型老宅的舒適空間。例如「巷弄咖啡／貓中途」就以巷弄裡的日式老宅爲訴求，加上小島甜點工作室切片蛋糕、kuki house 司康、Studio Confluence 義式配方豆與單品豆著稱。

另外還有老宅以綠意蓊鬱爲主題，或隱藏在華山文創園區，或是以小廢墟爲主題，創造特殊體驗情境，例如隱藏在台北市文山區指南宮山腳下的小廢墟咖啡（Ruins Coffee Roasters），就是文青族的口袋名單之一。2021 年 12 月間，咖啡幣進一步推出「60 年代風味咖啡」、適合約會的咖啡店等；另外還有網美打卡熱門咖啡館。這些特色主題，都以到店體驗爲訴求，也成爲疫情趨緩之後的熱門體驗。

三、角色變化以傳遞價值

由以上咖啡元件解構歷程可以發現，過去職人咖啡以「煮咖啡」為核心的角色扮演已有所改變，而咖啡幣創辦人陳顯仁也正在積極重塑這些角色，以推動職人咖啡生態系的品質變化。

第一種角色是具有特殊專長的專家，兼具教育推廣者角色。例如具有一定競賽認證的「拉花冠軍戒」或是烘焙咖啡豆達人等。陳顯仁指出，好的咖啡豆不但稀有，更要能有好的烘焙技術，從淺焙、中焙、深焙等，都需要一定功夫。好的咖啡豆能讓咖啡從聞香、熱飲，到冷飲，呈現不同風味。不過在職人咖啡館中，並非所有咖啡達人都會烘焙咖啡豆，也非所有咖啡達人都會特殊拉花技藝，這就讓陳顯仁察覺到重要商機。教導同業或對煮咖啡有興趣的小眾同好，就可以開專班授課方式，提供專業服務。如此，咖啡達人的角色就由專家轉變為教育推廣者的老師角色。

除咖啡豆烘焙外，還有咖啡達人投入手沖咖啡教學。例如位於桃園的走走咖啡近年就開始推動手沖課程，從初級入門到進階規劃，有不同課程設計與收費機制。負責人說明：

「初級入門以一對一或一對多教學，從咖啡器具、示範、實作、變因探討到校正，學習沖泡好咖啡。一次課程 2 小時，一人收費 800 元。進階課程則有更專業的內容，如研磨度對沖煮的影響、水溫對沖煮的影響、粉水對沖煮的影響、手沖器具介紹、咖啡的起源及生豆處理法、各產區風味及特色等。」

第二種角色是原咖啡達人，兼具設計師角色。在咖啡幣所串聯的上千家職人咖啡店中有不少深具設計特色的咖啡店，也因此在促銷活動中，有「約會告白聖地」，如充滿神祕感的老上海咖啡館、浮誇夢幻的網美咖啡店、充滿文青風情的藝術森林系咖啡，或是以黑白色系

歐美設計為基調的餐館等。這些職人咖啡店主人多深具設計巧思，也成為其他咖啡店改造轉型或新創咖啡店的參考點。

第三種角色是原咖啡達人，轉型為甜點達人。陳顯仁注意到，有些咖啡店雖然老闆很會拉花，烘焙豆子的技藝也很高，但卻不會搭配甜點或其他鹹派等，以致於有些客人到接近傍晚時分想吃點鹹派卻不盡人意。陳顯仁與幾位咖啡達人積極尋找糕點或鹹派好手，開創另一個咖啡幣的周邊商品系列。

「這就好像路易莎咖啡有名的除了咖啡外，也有熱磚壓吐司，包括鮪魚玉米磚壓、法式紅酒牛肉磚壓等，還有豬肉瑪芬堡加蛋、豬肉起司炊米堡等。這些經常讓消費者琅琅上口的美味早午餐，正是提高客戶黏著度的另一個亮點！」經常逛路易莎的咖啡達人分享。

協助職人咖啡館尋找適合的糕點、磚壓吐司或鹹派合作廠商，或者是在咖啡幣生態圈內尋找適合的合作夥伴，正是咖啡生態圈的另一項商機。

四、模組建構以形塑網絡價值

在有效解構職人咖啡館的創新元件後，就可以開始進行各種模組化的排列組合設計，也是形塑網絡效益的重要基礎。以下說明幾類模組連結機制。

模組一：單元件串聯。主要針對上述各種產品元件或服務進行串聯，以達到聯合行銷目的。最常見的做法之一就是咖啡寄杯。消費者可以一次充值 2,000 元或 3,000 元，然後咖啡幣（CAFFÈCOIN）會贈送 200 或 500 元點數。不同合作方式的回饋金額有別，如永豐卡友獨家優惠，以永豐卡加上 Apple Pay，儲值 2,000 元贈 1,000 元點數，提高「寄杯」誘因。會員可以寄杯點數在全台特約咖啡店消費。充值

回饋方案是由加入咖啡聯盟者所分擔。

「我們一般會提供 9% 咖啡幣點數給消費者，另外給咖啡幣平台 10%，所以一杯咖啡的真正收益是 81%。對我們來說，這筆費用就好像是上架到 Uber Eats 的行銷費用，也是綁定客戶的回饋方案。長期來看，有它的行銷價值。」一位參與咖啡幣的職人咖啡館老闆分享。

就消費者而言，剛加入的「新星會員」可以執行各種任務以累積星級點數，如填寫個人資料就有 5 顆星，完成首次儲值也有 5 顆星，完成首次兌換則有 5 顆星等。完成累積滿 60 點就可以升級為銀星會員，享有更多點數優惠。

做法二則是特殊品種咖啡豆、冰滴咖啡、咖啡達人、咖啡屋等聯合促銷與議題行銷。例如在 CAFFÈCOIN 平台推出「台北 5 家冰滴咖啡推薦」、「老宅重生，老靈魂咖啡廳」、「約會告白聖地」等，藉由不同主題，鼓勵咖啡愛好者前往店家享用咖啡。

做法三是咖啡豆、糕點等周邊的聯合團購。相較於上述咖啡寄杯或是咖啡屋之促銷活動，主要是針對會員使用者進行聯合促銷活動（B2C, Business to Customers），咖啡豆與糕點團購則以內部咖啡店之間的資源串流與整合為主（B2B, Business to Business），又可區分為針對內部咖啡店成員的分銷，與整合內部咖啡店向外部採購的團購。分銷做法即是以同行為會員客群，將優質咖啡豆或糕點以自產自銷方式，在 CAFFÈCOIN 社群內分銷；這個做法可以有效解決部分咖啡店的豆子與烘焙技術不夠到位的困擾，也可增加優質咖啡豆種類。至於向外部糕點店、環保杯蓋、竹吸管等進行團購的做法，就是整合 CAFFÈCOIN 社群力量，發揮集體採購優勢，以降低採購成本。

模組二：**跨平台互連**。CAFFÈCOIN 除整合平台力量，進行聯合促銷與內部經銷活動外，近期則積極與外部平台合作促銷，也藉此吸

引更多咖啡愛好者加入。例如「PChome 揪揪餐桌」就以 9 月（2021年 9 月）揪團喝咖啡為題，只要加入 CAFFÈCOIN 登錄序號，就贈送 50 點，可在店家兌換好咖啡；若分享給一個好友，可以再獲得 50點。另外 CAFFÈCOIN 還與 Yahoo! 合作，以「找咖啡」主題，由網美咖啡、老宅文青、冠軍咖啡等主題，讓咖啡愛好者可以在全台各地隨處找到好喝咖啡。

「對 CAFFÈCOIN 來說，與其他媒體或電商平台合作可以創造雙贏。CAFFÈCOIN 可以增加客源與提升知名度；而原有的媒體平台則可以優質服務提高平台造訪率與黏著度。分眾經營是當前媒體平台的主要任務，而咖啡幣的核心客群就是一群優質且具消費力與影響力的族群。」

CAFFÈCOIN 創辦人陳顯仁指出，跨平台聯合行銷不只在拓展客群，更在協助職人咖啡館思考各種創新資源運用機會，活化資源價值；未來更可以進行交叉行銷，與 Yahoo! 平台或 PChome 平台上的相關周邊商品進行交叉行銷，如咖啡杯、烹煮咖啡器具等。

模組三：平台虛擬貨幣化。 透過 CAFFÈCOIN 除可兌換到有形的咖啡與其他周邊商品外，CAFFÈCOIN 本身在未來也將具有商品貨幣價值，並有機會行銷全世界；而支持咖啡幣價值的基礎，除了CAFFÈCOIN 的內涵價值外，還有認同咖啡文化的社群認同價值。

在區塊鏈的技術底層下，未來 CAFFÈCOIN 咖啡幣將發行到日本、首爾等咖啡城市，讓咖啡愛好者可以喝遍亞洲主要城市。值得注意的是未來咖啡幣如何確保「1:1 兌換基礎」，包括匯率間的交換設計等，以有效降低會員的換匯風險，並藉此提高交易速度與效率，將是咖啡幣未來能否行遍全球的關鍵。陳顯仁直言，「安全感、便宜實惠、方便好用」，就是咖啡幣的核心價值。

除此之外，成立於 2020 年 9 月的咖啡幣，未來仍有機會在虛擬貨幣交易所上市流通，創造咖啡幣的交易價值。如此，咖啡幣本身不但有儲存預付價值，還有流通增值等經濟價值；更是全球咖啡族的社群認同幣，社群成員可以在平台設計各種任務闖關行動中，提高社群互動，未來可有組隊競賽等虛實互動設計。不過正式上市時間仍在規劃中，以確保 CAFFÈCOIN 與交易安全爲首要任務。

事實上，過去國內亦有業者發行咖啡幣，例如由沃田咖啡所發行的咖啡幣（Bean），鼓勵消費者藉由所持有的咖啡幣來兌換沃田咖啡所推出的精品咖啡豆等商品。創辦人周詠珵接受媒體採訪時就曾指出，咖啡幣的公開發行面臨兩個問題，一是價格浮動，若咖啡幣沒有錨定價格，則一杯咖啡可能今天是 100 元，明天卻變成 200-300 元，虛擬貨幣的價格浮動，會讓消費者不容易進入市場。二是法規適用。若將咖啡幣定位爲禮券或是消費券（或可稱爲 utility token），就不屬於金融監管對金融商品的管轄範疇，而較偏向經濟部的商品交易規範。也因此，CAFFÈCOIN 未來若要上市交易，也必須考量價格浮動與商品定位，以降低發行風險。

五、生態系成員之商模特色

從上述 CAFFÈCOIN 的交易模組建構歷程，可以彰顯 CAFFÈCOIN 參與者，也就是職人咖啡館的網絡建構價值，包括相關性元件串聯、跨平台連結，與平台虛擬貨幣化等。而咖啡幣生態系的參與者也各有特殊價值擷取機制。

首先是參與咖啡幣的職人咖啡館，也就是中小企業將可以獲得以下創新獲利機制。一是從賣咖啡，到賣咖啡豆、咖啡服務與咖啡體驗等多元獲利。換句話說，過去職人咖啡館以銷售咖啡爲主要收益，

但加入咖啡幣之後，則可以擴增營業內容到服務與體驗，提高營業收入。二是從消費者（B2C）到同行（B2B），例如開班教授烘焙咖啡或拉花技藝者，就可以針對一般消費者或同行開課、扮演顧問角色。三是客群拓展，透過咖啡幣連結其他電商平台等，可以有效擴增客群，提高產品、服務與體驗收益。四是未來咖啡幣上市的增值收益，參與咖啡幣店家也將有一定的咖啡幣分潤機制，而有機會享受增值空間。

其次是 CAFFÈCOIN 創辦團隊，夯夯文化的收費服務機制有以下幾種類型。類型一是生態圈內部的交易手續費與各種服務收費。如協助職人咖啡導入 CAFFÈCOIN 交易模式的顧問費與交易手續費等。尤其，會員使用 CAFFÈCOIN 的交易手續費才是主要收益來源。另外還有咖啡社群內部的咖啡豆銷售分潤，或是咖啡社群向外團購糕點、環保杯等團購手續費等，也是收入來源。

類型二是跨平台的服務費與分潤。在有效整合全台上千家職人咖啡後，CAFFÈCOIN 積極與不同平台串聯合作，如 Yahoo!、PChome等，以達到雙贏目的。在這過程中，CAFFÈCOIN 可以進一步對外爭取交易分潤收益，也藉此幫助優質職人咖啡拓展客源；同時也可以開始扮演顧問角色，協助其他類型商家開發「類 CAFFÈCOIN 服務」，如餐酒、特色手搖飲等服務內容。陳顯仁指出：

「咖啡、手搖飲、餐酒等，有極為相似的利潤結構，且都是具有一定客戶忠誠度與黏著度的客群，消費習慣也有其特殊性，值得持續開發社群連結。」

類型三是咖啡幣的金融交易費用。陳顯仁不諱言，目前在進行二輪或三輪募資過程中，有不少投資人關心咖啡幣在虛擬貨幣交易所上架交易的可能性。未來若規劃上市交易，就有機會收取咖啡幣的交易手續費，也可享受咖啡幣增值分潤收益。

　　至於負責金流服務的永豐銀行，則有信託帳款的持續收益與中小型企業及分眾客群經營。隨著咖啡幣使用人口擴增，咖啡幣的信託帳戶資金水位也開始逐漸增加。一位金融服務人員分析，金融機構需要一定的存款基礎作為可投資部位的計算基準；因此當信託資金越高，金融機構可用來投資於股票、基金或其他投資商品的金額也會增加。

　　「其實銀行真正獲利的不僅是利差、匯差，而是投資！因此信託帳戶資金增加，銀行可投資部位也會跟著提高，有助於在多頭市場布局獲利。」一位資深金融主管人員指出。

　　除信託存款部位外，永豐銀行也可以由收單業務中獲益。咖啡幣主管分析，一家職人咖啡店加入 CAFFÈCOIN 所需要繳交的手續費、行銷折扣的費用吸收等，約占月營收的 3% 左右，金額並不高；但這些費用在集結上千家咖啡店後，就是一筆收益。

　　「過去永豐金也曾與全家、全聯等合作收單業務，但是和大型連鎖集團合作，未必能取得議價優勢，看得到卻吃不到。例如國泰世華與 Costco 合作，就未必占到便宜。只是可以進入這個社群，創造更多周邊加值服務內容。這很像是在買會員點數的概念。」資深銀行主管說明。

　　除生態系參與者在商業模式創新之有形效益外，在 ESG 無形效益上也有特殊價值。首先是對街頭巷弄咖啡店等職人咖啡館之經營，透過咖啡幣的聯合發行與集體行銷，可以創造更多元的營收獲利價值，而能在大型連鎖店如 7-11 或全家的咖啡寄杯之外，另闢藍海市場，屬於弱勢照顧之一環（S）。此外，消費者帳款在第三方銀行信託帳戶的保障與聯合數位行銷，也有助於公司治理之強化（G）。至於綠色環保則展現在減少紙張使用之效益上。

表 14-1　咖啡幣之敏捷生態系建構與創新商業模式

敏捷生態系	敏察消費者需求	解構資源以創造價值	界定角色以傳遞價值	連結資源（模組化設計）以獲取價值
產品	特色咖啡，如冷萃等 咖啡豆烘培，如重烘培、中烘培、輕烘培等 蛋糕、點心等	元件1：咖啡 元件2：咖啡豆 元件3：蛋糕與鹹派等	1. 從咖啡店老闆到咖啡豆烘培者角色（專家角色）	模組1：單元件串聯。 元件整合如咖啡寄杯、拉花與蛋糕組合等（B2C），咖啡豆烘培銷售、聯合採購環保咖啡杯等（B2B）。
服務	拉花技藝 咖啡寄杯 外帶外送服務等	元件4：拉花技藝 元件5：咖啡寄杯與折扣服務等	2. 從咖啡達人到拉花教育與甜點製作等推廣者角色（推廣者與連結者角色）	模組2：平台互連。 與外部平台結合，聯合促銷，例如 與 Yahoo!、PChome 合作（Platform 2 Platform）。
體驗	廢墟咖啡體驗 網美咖啡館 60年代咖啡館 約會咖啡館等	元件6：咖啡杯、咖啡盤等 元件7：咖啡廳設計	3. 從咖啡達人到設計師角色（專家角色）	模組3：平台虛擬貨幣化（Cryptocurrency）。
解讀敏捷機制	系統性調查使用者需求：由產品、服務、到體驗	過程整合：重新解構與定義關鍵資源，以創新資源價值	虛擬整合：重新定義多元角色以傳遞價值	網絡擴展：多種連結機制以擷取價值

參考文獻

食力報告，2021 年 5 月 13 日。 「咖啡市場不斷擴大，想一圓創業夢該投入嗎？不妨先評估這開咖啡館的 8 大地雷」。

https://smart.businessweekly.com.tw/Reading/IndepArticle.aspx?id=6004208。

第十五章 代幣經濟學——台灣 Jcard
Tokenomics: NFT Platform of Jcard

一、背景：非同質化代幣發行熱潮

近年來，不少產業相繼投入金融科技的創新研發，各種「虛擬貨幣」開始產生落地應用，例如非同質化代幣（NFT, Non-Fungible Token）在 2020 年出現大幅成長，除由 Beeple 所發行的「每天：最初的 5,000 天」（Everydays: The First 5,000 Days）以高達 6,930 萬美元售出，引發市場熱議外，2020 年 NFT 的全球市場交易量更出現大幅成長，並已達虛擬數位貨幣交易量的 1.3%，預估在未來還會持續成長。

所謂 NFT 乃是利用區塊鏈技術的去中心化與加密技術，讓每一個 NFT 作品都具備不可替代性與獨特性。不但在發行數量上具稀有性，且具有數位資產保全價值，並有文創作品的內涵價值與交易價值，而被視為全新藝術創作型態。此外，NFT 的技術底層與元宇宙技術相容，故也成為虛擬遊戲鏈遊的重要交易媒介。例如知名「遊戲金融」（GameFi, Gaming + Financing）Axie Infinity 就是一款結合加密貓（Cryptokitties）和寶可夢（Pokémon）的遊戲，玩家必須取得三隻加密貓 NFT 才能參與遊戲對戰。在 2022 年 1 月間，每隻加密貓價格為 300 美元。換句話說，玩家必須至少投入近 3 萬台幣才能參與遊戲，代價不低。

目前國內在 NFT 發行與交易市場亦開始出現大幅成長，知名發行平台 Jcard 成為不少品牌與機構發行 NFT 的平台；另外還有 OURSONG、TIMEART 等新興交易平台。而發行者從知名明星如周杰倫、畢書盡，知名美術館如朱銘美術館，以及國寶級布袋戲霹靂布

袋戲，與各類文創和詞曲創作者相繼投入 NFT 發行。Jcard 等發行平台開始連結品牌方、機構、投資人、實體生活情境，甚至是未來元宇宙等虛實場域，形塑特殊的商業生態系。

Jcard 創辦於 2021 年 4 月，公司負責人鄧萬偉原是科技背景出身，並在 2019 年 7 月成立思偉達科技公司，之後則投入區塊鏈交易平台建置，尤其是 NFT 發行平台之創建，積極鼓勵不同類型的創作者投入 NFT 發行。該公司在剛成立第一年，就已有不同類型的 NFT 發行，包括明星類如歌手畢書盡、網紅珺珺；美術館類如朱銘美術館與資深文創工作者如蔡玉龍；紅酒等生活用品類等。並有法務部、學校機構等單位洽談 NFT 發行。例如東吳大學 EMBA 高階經營碩士在職專班在 2023 年 6 月 4 日就首發「NFT 數位畢業證書」，將學生的個人簡歷與過去二年的學習歷程製作成 3D 立體 NFT，並放在「我們這一班」數位展間，作為 EMBA 社群經營的基礎。

Jcard 平台不但有多種類型 NFT 發行，是國內前三名的 NFT 發行平台，且有特殊的生態系建構與發展脈絡。以下將以「生活代幣化」、「文件代幣化」，與「個人代幣化」三階段，說明 Jcard 的經營模式。每階段將說明其核心客群特質、核心價值、互補價值，與共創機制。

二、階段一：生活代幣化

創辦於 2021 年的 Jcard 平台，執行長鄧萬偉特別提出「萬物代幣化」概念，並開始尋找合適的發行標的，而初步評估標準就是分析發行對象與價值特點，以下說明幾類客群特質。

（一）核心客群特質：粉絲、會員、幣圈、一般消費者

　　第一種是粉絲類型。如知名網紅珺珺近年來累積上百萬粉絲，發行限量 NFT 商品就像是過去的明星限量商品般，必定有一定數量的忠實粉絲搶購，甚至會出現「不理性」的搶購行為。例如「珺珺和你說早安」的限量 300 個 NFT，每個售價 1,999 元，創下 20 分鐘完售記錄。鄧萬偉直言，「粉絲經濟」是 NFT 的主要客群，也最能確保完售與交流。但風險是一旦偶像出包或形象幻滅，就可能讓 NFT 跌價，甚至有行無市。對 Jcard 來說，平台建構初期以明星擔任首發對象，有助於提高平台知名度，並開始黏著特定明星粉絲，確保 NFT 完售並創造新聞聲量。

　　第二種是會員類型，例如喜愛紅酒的收藏家或朱銘美術館的會員。相較於粉絲的匿名性與相對較不理性的採購行為，會員一般較具品味性與理性，他們長期參與某個社團或社群活動，彼此熟悉認識，多以真實姓名互動。因此這類 NFT 發行多訴諸於既有社團成員，且多與真實藝術品或紅酒等珍貴收藏連結。國內專家評估，以會員為基礎的 NFT 發行，較之粉絲類型更為穩定，同樣會有限時完售佳績，在二級市場流通上則較不會出現價格暴漲暴跌，因為有相對應的實物確權。

　　第三種是幣圈投資客，亦即最早投資加密貓或其他加密貨幣之族群。這個族群以 Z 世代為主，購買 NFT 多重在投資，他們的名言是「只要中一個熱門 NFT，我就大發了！」例如霹靂布袋戲在 2021 年 11 月推出「魔吞 12 宮」卡包，一包 5 張 NFT（隨機抽取，至少 1 張靜態卡、1 張動態卡、1 張影片卡），價格為 299 元。最著名的麒麟宮在 1 個月內價格就已飆漲十倍以上。

　　另一個幣圈客群是遊戲玩家，如購買特定遊戲 NFT 卡牌才

能參與遊戲對戰。例如 Axie Infinity 玩家必須持有三個加密貓（Cryptokitties）的 NFT 才能參與遊戲對戰。一位剛接觸遊戲的玩家說明道：

> 「現在一張 Axie Infinity 的 NFT 價格要 300 美元，你要三個 NFT，也就是要付出 900 美元（台幣約 27,000 元）才能參與遊戲！所以一般玩家可以參加『公會』向特定公會借 NFT；或是在一開始就參加『白名單』抽籤；或是成為遊戲高手後可以繼續生出新的 NFT！用抽的、用借的、用買的、自己生的，這是你取得 NFT 參與遊戲的方法！」

第四種是一般消費者，並結合特殊行動議題。例如大陸敦煌莫高窟發起「數位供養人」行動，鼓勵投資人購買專屬 NFT，用於莫高窟 427 窟、145 窟、138 窟的數位保育工程，短短 1 週內吸引 4,400 萬用戶觀賞。這款數位典藏版的 NFT 發行以大陸敦煌莫高窟第 156 窟展現古代敦煌社會繁榮穩定長卷。其中「雲遊敦煌」的「聲動畫語」更讓壁畫活了起來，用戶可以透過點擊方式進入不同篇章，欣賞敦煌壁畫中晚唐時期的生活場景，並獲得有關當時社會民俗、服飾等相關文化知識。

Jcard 平台執行長鄧萬偉說明，一般 NFT 發行不會只針對單一客群，而是會思考不同類型客群的組合與相互影響，以達到發行效益最大化的目的。他舉例說明：

> 「初次發行中的客群有 80% 屬於粉絲，透過對霹靂布袋戲的熱愛，這群 Y 世代的中年族群願意接受創新科技下的新型態商品；所以 NFT 在此區塊的價值，多數是以『收藏品』的意義持有。另外的 20%，就屬於看準霹靂布袋戲的國際 IP 知名商機，先行購入以利於炒作的幣圈玩家。」

（二）核心價值創造：一級發行與二級交換價值

　　NFT 發行價值主要可區分爲一級市場的發行價值與二級市場的交易流通價值兩者。首先在發行價值上，Jcard 執行長鄧萬偉說明，NFT 發行主要有確權、賦能、收藏等價值。奠定在區塊鏈與智能合約上，故每款 NFT 有獨一無二的專屬性（主要是 ERC721 技術；但也有 ERC1155 技術，以類型化區分 NFT 價值），限量發行也讓 NFT 本身具有稀有性，這是技術層面的內含價值，也是所謂「確權」與「收藏」價值。泛思數據創辦人鄭宗宜則直言：

　　「在我看來，NFT 就是數位產權憑證，這對於過去藝術品收藏的價值認定提供一定產權確保基礎。未來則可以應用在重要證據與文書保全應用上。」

　　除區塊鏈技術應用所創造的數位產權價值外，NFT 更具有收藏與炫耀等社會互動價值。尤其針對不同類型的發行對象，NFT 的價值也有所差異。以粉絲爲對象之 NFT，如「崐崐說早安」目的在黏著粉絲，具有專屬收藏與炫耀性質；限量紅酒 NFT 則具有「社交價值」，這類 NFT 相當於 VIP 會員證，可以藉此彰顯自己的身分地位。另外如朱銘美術館的 NFT 則具有藝術文化的保存與傳播價值，雖然是學生二次創作作品，但賦予太極拱門「透氣呼吸」意義，賦予「廣達號」環境永續的價值意義，則在和年輕世代溝通藝術作品背後的社會關懷與人文底蘊。

　　總結來說，NFT 最早起源於所謂「數位原生藝術創作」（generative arts），但它的價值卻不限於數位科技的藝術創作本身，更有數位產權確保、專屬收藏與炫耀、社群參與認同，與文化傳播等特殊價值。

　　對不同類型客群而言，NFT 的價值意義也略有差異，但往往兼含多元價值。例如就粉絲言，NFT 具有稀有性與專屬性，也往往有社群認同性；對會員言，NFT 就是專屬社群身分證；對幣圈投資客言，NFT 是具有稀缺性與投資性的價值資產；對一般消費大眾言，NFT 具有文化傳播價值。

　　除一級市場的發行價值外，NFT 在二級市場的交易價值則是另一項重要投資價值。不論是粉絲、會員、遊戲玩家或一般消費者，都會期待 NFT 發行具有增值上漲空間。除原生藝術作品或是實體藝術的二次創作 NFT，都具有一定的增值潛力；尤其 Beeple 創作發行的「每天：最初的 5,000 天」（Everydays: The First 5,000 days），更以 6,930 萬美元拍出，提高二級市場交易熱度。遊戲玩家更是提高 NFT 市場買氣的主要推手，例如上述 Axie Infinity 的遊戲 NFT 要價 300 美元，且一次要購買三個才能參與遊戲，有效炒熱市場熱度。由此來看，NFT 的二級交易市場同樣具有多層價值內涵，包括粉絲的收藏與交流價值、藝術品的交易價值、遊戲玩家的炒作價值等。另一位資深幣圈媒體人則指出：

　　「未來 NFT 更將是元宇宙的發行通行證或遊戲戰鬥卡，或是空間裝飾品等，它的未來性相當可期。這也是 NFT 發行者要預先構想者，NFT 並不只是一次性發行，而應該有持續性的交易與創價空間。不同類型 NFT 的交易價值與場域不同，必須更細緻規劃。」

（三）互補價值：品牌補實，元宇宙補虛

　　除 NFT 本身的內涵價值與交易價值外，NFT 的應用價值，尤其是在虛實場域的服務體驗設計，更被視為是其增值基礎。就上述四種客群言，其互補場域與價值內涵也略有差異。

　　粉絲客群期待的是與知名明星有專屬見面會，或參與獨家首映，或有特殊互動。例如 Jcard 平台就在規劃持有「崏崏說早安」的粉絲，未來可與崏崏對唱卡拉 OK！或者取得畢書盡 NFT 的粉絲可參與限量演唱會貴賓席，或是可以購買限量周邊商品等。實體專屬眞人互動，是粉絲會員對 NFT 的增值期待。

　　會員客群如購買紅酒或朱銘美術館 NFT，則以實體商品或美術館收藏品之觀賞體驗爲主。這類客群原對特定品牌內容有一定黏著度，NFT 發行可視爲是會員權益的一環，對實體藝術創作品的收藏與觀賞，應是重要互補場域。國內另一家新創公司 TIMEART 創辦人陳濬量就直言：

　　「實體結合 NFT 才是未來趨勢！TIMEART 所推出東方 24 節氣的數位版畫加上 NFT 作品，就強調虛實同步，讓喜歡藝術珍藏者，除有實體作品擺放家中外，也可以隨時帶著數位 NFT 炫耀或是欣賞，甚至可作爲個人藝術療癒媒介。」

　　另外對於幣圈玩家而言，NFT 的互補場域除原來的遊戲鏈遊市場外，應較偏向元宇宙等新創場域的融合應用。例如有業者提出，未來元宇宙將會是虛擬世界的生活空間，有角色扮演、個人工作室、會議展演廳、電子商務、遊戲過關空間等。一位遊戲玩家指出：

　　「舉例來說，未來霹靂 NFT 就可以在霹靂元宇宙中拿來看最新霹靂劇場的首映會，或是拿來在虛擬空間打遊戲、各種人物 NFT 的交易市集等。不同元宇宙間還會有人物交流互動，這是可以預見的未來『第二人生』或『多元人生』的生活場域！」

　　而對於一般消費者來說，NFT 的應用可能較偏向可以實質應用的生活場域。例如日前有商家發行鹹酥雞 NFT 就有炸魷魚、杏鮑

菇、香菇、四季豆、花椰菜等。其中多款 NFT 價格飆漲，除深具話題性外，也有實質換取美食價值。

總結來說，在第一階段的「生活代幣化」的互補場域主要仍需由目標客群需求與特質出發，從而能創造專屬體驗內涵。粉絲需要與明星實體互動，會員需要親炙文物美感，幣圈玩家需要更多元的虛擬情境互動，一般消費者需要契合生活場域的食物或用品取用等。這些實體內涵也有交互應用可能，從而讓虛實互補場域有更多元創價空間。

（四）互利共創機制：三方平台

在 Jcard 等平台所推出的 NFT 發行中，第一階段的「生活代幣化」著重在第三方平台建置，發行品牌方、會員方與中介平台各蒙其利，以創造互利加值實益。

對品牌發行方來說，NFT 是全新的創作產品與行銷推廣機制，例如朱銘美術館或是霹靂布袋戲，都藉由 NFT 發行嘗試開發全新的藝術表演型態，並藉此開發新客群，尤其是虛擬社群經營。霹靂布袋戲創作團隊就直言：

「年輕世代很多人聽過霹靂，知道素還真、葉小釵很厲害，但他們不知道霹靂布袋戲的時代價值與對台語文化傳承的重要意義。NFT 發行只是起點，未來如何讓年輕世代更了解霹靂，更認同霹靂的文化內涵，也是第五代接班人的重要使命！」

對年輕客群而言，購買 NFT 可以珍藏保值，還可以炫耀分享，甚至可以交易增值。Jcard 創辦人鄧萬偉提醒有意購買 NFT 的年輕人，在考量購買標的時，應該以收藏性、社交性與增值性作為評估標準。

「首先要考量收藏性，你先要確認購買的 NFT 你會喜歡，即使賣不出去也會珍藏，就像父執輩小時候收藏郵票一樣！接著才是社交性，用 NFT 來和社群互動交朋友，最後才是考量增值性。而不是在一開始就考量增值性，這樣往往會失望！」

而對於發行方來說，NFT 從「鑄幣」、設計、交易到二級市場流通，都有一定的獲利機制，這包括幾項內涵：一是新產品開發獲利，Jcard 可直接和品牌開發端洽議開發服務等發行收費，甚至可直接參與投資。二是二級市場交易手續費。三是整體規劃或是未來元宇宙開發設計的顧問投資。

三、階段二：文件代幣化

除生活代幣化外，文件代幣化則是另一個重要應用。Jcard 負責人鄧萬偉說明，將 NFT 用來作為法律上的證物保全、個人重要文書保全、律師證書或畢業證書等保全，具有一定的意義與價值，也是未來發展方向。以下說明其核心客群特質等。

（一）核心客群特質：機構戶

相較於第一階段「生活代幣化」以粉絲、會員、幣圈玩家或是一般消費大眾為主要客群，文件代幣化的主要客群是「機構戶」，例如國外已有律師公會等開始倡議所謂律師證書代幣化之呼聲，最主要的原因就是防止詐騙與偽造文書，達到確權與身分查證目的。國內熟悉 NFT 發行的動趨媒體主管指出：

「國內外的冒牌律師或專業人員都很多！過去要查證文書真實度上往往需要一些時間，但如果有 NFT 認證，就可以降低查證等交易成本。當然如果他一開始就是偽造的，即使作為 NFT 也還是假的。」

除律師外，會計師或其他專業認證機構，都會是 NFT 發行方的主要機構。未來甚至連學校也會是重要客戶。一位曾就讀國內知名大學 EMBA 主管也分享：

「國外史丹佛大學過去就有一個傳統，將每一屆畢業生的重要物件打包，以類似時空膠囊的方式存放在一個特定場域。未來 NFT 就是每一屆畢業生的時空膠囊，可以用來儲存每一屆同學的專屬記憶，包括課程活動、泳渡日月潭、春祭或秋祭等文化表演活動等。這種專屬稀有性資產，特別適合名校 EMBA 使用。」

（二）核心價值創造：一級發行與二級交換價值

文件化代幣的 NFT 發行，一級發行的市場價值主要在確保資料的真實度，尤其是具有重要歷史意義之事件，例如運動賽事、選舉活動、考試及格，或是法律證據保全等。這些文書本身就具有獨一無二的稀有性與專屬性，更需要真實度的「確權」認證，因此也將成為 NFT 的重要應用。這也打破過去 NFT 市場以一般消費者為發行對象，而是以特定機構為發行對象。法界人士指出：

「NFT 用來作為證據保全會是一個重要應用，這樣就不用擔心證物會不見了！不過有趣的是，NFT 本身的物權性質與偷竊後的請求權返還等議題，也是目前《民法》上的討論議題。此外，未來個人健康資料或保險資料是否製作成 NFT？也可以討論，這還涉及個人資料可攜的開放設計等議題討論。」

文件化代幣的 NFT 發行主體是機構，包括法務部、律師公會、運動賽事主辦機構、學校，或保險機構之保單資料、個人健康資料等；除原始資料保存的真實度保障外，機構間的交換機制與個人授權機制，也是未來二級交流市場的重要應用。這類 NFT 中有些具備特

殊歷史價值，就具有一定的升值潛力。

（三）互補性價值：機構確實，代幣應需

　　文件化代幣的適用場域主要可分為虛擬世界的資料交換，以及眞實世界的資料持續增益加值兩種。首先，文件代幣化的主要價值來源就在於發行機構的確權與保全；過去重要文件的眞實度確認與保全原具有高度價值，文件所有人經常要自己舉證資料，文書往返成本高，且負擔不小；因此，若能透過 NFT 發行，將可大幅降低交易成本。NFT 的眞實性與方便性，也將是 Jcard 這類發行平台的重要創價基礎。國內一位資深金融主管分析：

　　「目前保險界在 2020 年 7 月起就已經有 11 家保險公司與壽險公會組成保險業務理賠聯盟鏈平台，試辦單一保單、文件共通服務，以提高保戶便利性以及保險公司作業效率。」

　　參與聯盟鏈的國泰人壽接受媒體採訪時表示，聯盟鏈共通的資料，可以分為兩大層面。一是個人資料變更，保戶如果要變更保單姓名、身分證字號、地址、電話號碼、電子信箱等，只需要在其中一家保險公司申請變更，其他參與試辦的保險公司就會同步更新資料。二是理賠申請，保戶需要理賠時，只需要向其中一家保險公司提出申請，「理賠聯盟鏈」就會將資料同步給其他保險公司受理。不過在試辦期間（2020 年 7-12 月），申請理賠保單僅限於傷害險和健康險的醫療給付，排除團險與旅遊平安險。尤其，這類「聯盟鏈」背後結合區塊鏈技術，保戶同意共享的資料，會儲存在區塊鏈上，因為具備分散式儲存驗證特性，所有變更記錄都會在鏈上同步，未來有任何爭議事件發生時，都有資料可以舉證，保障保戶權益。

　　聯盟鏈做法和文件代幣化 NFT 有異曲同工之妙，不過聯盟鏈

介於公有鏈與私有鏈之間，NFT 代幣則可以是公有鏈或私有鏈。不過未來這類 NFT 發行以機構為主，例如法務部、司法院、學校等單位，亦有可能朝聯盟鏈的做法改良，以更有效保障特定資料之交易安全與交換效率。

（四）互利共創機制：機構聯盟平台

文件代幣化，如上述保險業務理賠聯盟鏈平台或是其他機構發行的文件化 NFT，最主要的受益者就是使用者端，例如保戶、病人、律師、醫生、會計師等特殊身分認證。這類資料價值主要來自於個人特殊身分認證與個人特徵值辨識等，資料的真實度確權與保全，是為核心價值，個人受益最大。

至於機構間也可透過資料交換以確保履約權益，有效降低交易成本。例如保險聯盟鏈的成立就意在大幅降低保險公司間的資料交換成本，並且有效避免保險詐騙等行為，降低不當理賠損失。未來法院的數位證據保全同樣可以節省大量文書儲存與調閱或核實成本，降低錯誤率與不必要的損失。

而平台建構者的獲益來源主要在區塊鏈基礎建置服務、NFT 保存與交換服務；或是聯盟鏈、私有鏈之建置與顧問服務。換句話說，對發行平台來說，由個人的生活代幣化到機構的文件代幣化，最大的差異就在客群結構，由終端一般使用者到機構戶，而營收來源也將有本質上的變化。一位專家指出：

「區塊鏈平台可視為是另一種社群媒體經營，如果我們回顧 2000 年達康時代，當時聯合報就發現聯合新聞網的線上新聞難以收費，而必須由聯合知識庫這類資訊服務收費，且以機構會員為主。同樣的邏輯也會出現在區塊鏈平台交易上。個人投資者的交易手續費也許也會越來越便宜，但機構服務收費將會是另一個主要營收來源。」

四、階段三：個人代幣化

除生活代幣化、文件代幣化之外，Jcard 等發行平台近期則開始朝「個人代幣化」應用發展。例如 Jcard 擬與知名社群平台 Dcard 等合作舉辦校園網紅甄選，以培育全新世代的代幣明星。以下說明其核心客群、核心價值、互補價值與互利機制等。

（一）核心客群特質：年輕社群

年輕世代原本是幣圈的核心客群，不過幣圈玩家早期多以遊戲、挖礦等「技術宅」為主，屬於區塊鏈市場的領先使用者；隨著區塊鏈技術日益成熟，有更豐富的落地應用，NFT 的代幣市場參與者也隨之擴增，新加入的幣圈參與者可能並不特別熟悉區塊鏈技術，但卻對 NFT 投資標的有敏感度，更對其商業模式有一定的分析能力。例如一位商學院學生近年積極投入數位貨幣之機器人理財與 GameFi 鏈遊行動中，就特別提出他的觀察：

「2021 年的大事之一，就是幣安英雄的一夕崩盤。其實在區塊鏈鏈遊的世界中，項目方的遊戲規劃完善程度占比達六成，遊戲發行方的可信度與成熟度占三成，而市場消息面變化占比約一成。幣安英雄的發行方相當具有公信力，但它的問題出在遊戲規劃不夠完善，最後不得不改變遊戲規則，降低勝率，並提高參與遊戲門檻，且這些遊戲規則一夕劇變，而讓玩家集體崩潰。」

商學院、法學院與年輕世代開始投入區塊鏈的遊戲開發、購買 NFT、學習虛擬貨幣交易投資等，開始在大專院校成為熱門話題，越來越多人認識 NFT 的價值並參與投資發行，這讓 Jcard 等平台看到機會，而擬以年輕世代為主角，鼓勵年輕世代投入 NFT 創作。Jcard 平台創辦人鄧萬偉說明：

「Jcard 的命名，原是定位每一個人都是一咖，不管大咖小咖，只要你願意投入參與，有自己的價值定位，都可以發行 NFT。例如你會畫畫，或是音樂創作等，都可以來發行 NFT！這是真正創新民主化時代的來臨。」

為了鼓勵年輕世代投入 NFT 市場的創作與發行，Jcard 正在規劃與其他平台合作，舉辦校園選秀會，讓有才華的年輕世代成為 NFT 發行主角。如此一來不但可積極推廣 NFT 的發行與投資到更多大專院校，還能由投資培育明日之星的觀點，創新 NFT 平台的商業模式。

（二）核心價值創造：投資增值

過去大專院校的選秀活動常以歌唱比賽如《聲林之王》，或街舞大賽如大陸知名的街舞選秀節目《這！就是街舞》，讓年輕世代有機會成為明日之星。但若由 NFT 發行角度來看，Jcard 的大專院校選秀活動，或者是青少棒等族群的投資，背後卻有「群眾募資」與投資潛力股概念。Jcard 平台創辦人鄧萬偉指出：

「我常說，以後每一個人都是一支股票，值得開發與投資。這樣你會知道自己的價值定位與社會連結！當然要做到這一步需要一段時間，但我們可以先從年輕世代的特色投資開始。」

換句話說，年輕世代的「潛力股」若經由選秀過程成為一支 NFT，就會有清楚的價值定位，且隨著每年的歷練與成長，也會有投資增值的空間。一位專家學者指出：

「這個做法很像南韓的練習生制度，例如在 2021 年底爆紅的韓劇《衣袖紅鑲邊》男主角李俊昊就是南韓偶像團體 2PM 出身，他本身在 17 歲由選秀節目勝出，一路在 JYP 經紀公司的培訓下參與音樂

創作與演出，並在之後參與戲劇表演，且逐漸獲得肯定。未來 Jcard 平台某種程度也將扮演這類培育或中介媒合新秀角色，讓年輕世代的潛力能有效發揮成長！」

　　和傳統由演藝經紀公司培育新人做法不同的是，藉由 NFT 發行，更多投資人可以由「共同認養」或是「群眾募資」概念，投資並培育自己看好的明日之星；而明日新星也可以透過年度計畫與自我訓練，不斷創新作品以爭取投資人支持。如此，明日之星從一開始就有「新創股」的概念經營，但也意味著需忍受投資價格波動與漲跌起落。因此，Jcard 平台也不諱言應與外部夥伴合作或自主成立經紀公司，由培育明日之星角度，協助其經營演藝或創作事業。但另一方面，個人工作室的經營模式也相當適合這類個人化 IP。由此，NFT 不僅是生成藝術，更是全新表演經紀的崛起。

（三）互補性價值：角色的虛實相應

　　雖然目前「個人化 NFT」還處於萌芽期，但已有初步的價值創造情境規劃，可作為未來 NFT 個人化 IP 之增值基礎。首先是虛擬世界的展演，Jcard 平台資深主管表示，目前霹靂布袋戲在發行 NFT 之後正在規劃「霹靂元宇宙」，未來將有鏈遊遊戲與其他虛擬表演、NFT 交易等在元宇宙展示。因此，除原有的布袋戲人偶之外，新遴選的明日之星也將有機會成為元宇宙裡的角色。

　　「換句話說，這是將真實角色虛擬化、表演化的過程。這很像是偶像歌手在演出戲劇，只是過去戲劇是電視台製作，以真人演出為主；未來戲劇展演可能就在元宇宙創作，且以虛擬人物為主。這也很像是電影《阿凡達》的創作精神，或漫威動畫系列。只是未來在元宇宙將會有全新的展演型態，也許也會有類似大陸偶像劇《微微一笑很

傾城》的虛實整合類型，只是虛擬世界大於實體世界，這些都有待進一步創作發掘！」

除虛擬世界的表演外，真實世界的演藝也將會是重要場域。過去日本知名的虛擬偶像「初音未來」就曾舉辦過實體售票演唱會，並且也曾與達美樂外送披薩合作推出各種創意行銷活動。一位行銷主管表示：

「虛實整合或線上線下整合已經是大勢所趨。虛擬人物會走入真實世界，而真實人物也會虛擬化。這就像是線上零售會開實體店面，如蝦皮店到店服務；而實體零售會走上電商平台，如全聯的 PX Go! 小時達等。這些都是企業創造第二條成長曲線，且持續藉由跨域交流並開疆闢土的做法。」

（四）互利共創機制：投資經紀平台

在互利共享的平台機制設計上，發行方也就是個人 NFT，在實質經濟獲益上，可以取得群眾募資的種子資金投資，參與各項虛擬或實體平台展演而取得獲利，個人創作表演也能在音樂或展演平台取得一定收益。無形效益則因個人 NFT 而有個人品牌建構的能見度。

至於中介平台如 Jcard 等則可以有幾種類型獲益。一是個人 NFT 發行的投資與二級市場交流收益等，這原是 Jcard 平台之獲益基礎，只是在培育明日之星的過程中，需投入更多的先期籌備、價值創造與評價機制。甚至在二級市場的流通規劃中也必須有積極準備。二是培育明日之星，例如成立經紀公司以培育新人，透過合約以分取明日之星在廣告代言、戲劇演出、詞曲創作等分潤收益。

Jcard 平台創辦人鄧萬偉不諱言，未來培育新星在虛擬世界或實

體世界的表演經紀上需投入更多人力與專業，和原有以區塊鏈技術與 NFT 發行團隊者不同，而可能需另外成立演藝經紀部門或是創設新公司，以廣納表演經紀和管理行銷人才。

五、解讀生態系建構：雙層互賴之正向增益

由生活代幣化、文件代幣化，到個人代幣化的創新平台建置過程中，生態系的核心價值、互補價值、互利共創機制都有一定特色，而更重要的是互賴機制的建構，也是創新生態系能有效建構的基礎。過去 NFT 與區塊鏈創新文獻就已特別提出區塊鏈技術以「分散式共識」或所謂「去中心化」建構爲基礎的技術核心，也是以區塊鏈作爲交易的信任基礎。但除此之外，誠如學者所言，貨幣交易不僅有經濟價值，更有社會互動價值，以建構特殊意義（Simmel, 1900）。因此，在區塊鏈技術的信賴機制外，社會互動的信賴底蘊更值得探討。此外，區塊鏈技術本身所倡議的「點對點」交易機制，或所謂去中心化交易，也成爲互賴機制形塑的分析重點。以下說明不同階段的 NFT 代幣發行之社會互動信賴建構。

第一階段以「品牌信賴爲主，社群互賴爲輔，區塊鏈技術打底」。在生活代幣化上，相當仰賴原有品牌方的社群認同度，不論是以明星品牌爲基礎的粉絲社群；以文創品牌爲基礎的專屬會員，如朱銘美術館；以虛擬人物爲基礎的社群經營，如霹靂布袋戲；以一般消費大眾爲基礎的敦煌石窟等，在原來的品牌經營過程中，就已透過長期的產品、服務與體驗創新，累積一定的品牌認同度與品牌聲譽。這也是爲何在 NFT 發展初期必須以知名品牌爲起點，一則可借力原有的品牌知名度，爭取幣圈等新興投資人認同；二則可以吸引原來品牌會員、粉絲或一般大眾，開始跨足 NFT 市場發行。區塊鏈技術結合

品牌認同度，兩者相互增益，成為第一階段的信賴基礎。

此外，社群成員間經常透過 Discord 等社群或特定 Line 群組之交流平台，更是重要互賴交易機制，這也影響特定 NFT 發行之交易熱度。例如霹靂布袋戲所發行的「魔吞 12 宮」，就有狂粉主動分析全套破解機率，包括影片卡、動態卡、靜態卡之破解機率等。

第二階段以「機構信賴為主，聯盟互動為輔，區塊鏈技術打底」。在文件代幣化階段則以具有一定公權力為基礎的機構合法性，奠定信賴基礎，例如法務部、學校、律師公會等機構。這些機構可確認特定文件的真實性與代表性，發行文件具有一定的取得門檻，如畢業證書的畢業條件、律師或會計師之考試核准條件等，因而具有專業價值性與機構認證性。這些特殊機構文件原具有高度合法性，加上 NFT 的技術確權與加值後，更大幅提高信賴機制，而成為機構間流通或交易的重要信賴基礎。

同時，機構間的主動交換與訊息通知連結，也是重要的互賴基礎。例如：保險聯盟鏈共通的資料中，如果保戶要變更保單姓名、身分證字號、地址、電話號碼、電子信箱等，只需要在其中一家保險公司申請變更，其他參與試辦的保險公司就會同步更新資料。

第三階段以「社群信賴為主，明星潛力股認同為輔，區塊鏈技術打底」。個人代幣化則奠定在社群的認同基礎上，亦即潛在新星透過爭取社群認同與活動動員等方式，開始建構並組織自己的專屬社群，並透過 NFT 發行而積極耕耘虛擬與實體的社群活動。當個人代幣建立一定的品牌認同度之後，NFT 的價格也將會跟著增值成長。由此來看，品牌認同度、機構合法性與社群認同度三者，並非全然區隔，而有交互運用的可能性。事實上，生態系建構歷程中，互賴機制的建構也和上述的核心價值、互補價值、互利共創密不可分，若無上述重

要構念的建構，生態系的互賴機制也不易建置。

　　總結來說，不同階段的信賴機制略有差異，但卻相互增益。第一階段以品牌聲譽之信賴基礎，結合 NFT 區塊鏈技術，吸引原有客群與爭取潛在客群；並藉由客群間成立粉絲專區、會員俱樂部、幣圈公會等社群互動模式，強化信賴機制，兩者相互增益。第二階段以機構合法性加上區塊鏈技術為信賴基礎，機構間形成專業聯盟進行資訊交換與更新，進一步強化專業社群互賴。第三階段以社群共識為主，透過 NFT 發行投資建立信賴機制；而發行方則以經紀公司模式規劃各類粉絲互動設計，強化社群成員互動連結。

　　品牌聲譽、機構合法性、社群集體共識的社會性基礎，結合區塊鏈技術基礎，建構第一層次的互賴基礎；而品牌使用者社群、機構會員聯盟與經紀公司的社群經營則奠定第二層次的互賴基礎。這二個層次的互賴機制相互連動且相互增益；當第一層次的信賴機制如品牌聲譽越高、機構合法性越強、個人潛力股越看漲，就會激勵相關社群成長，亦即第二層次的互賴基礎強化；同時也就進一步增益第一層次的互賴基礎。

　　最後在 ESG 議題上，Jcard 的生活代幣化到個人代幣化，某種程度上正在創造「小人物」的全新數位價值，尤其透過類似群眾募資機制以投資未來明日之星的做法，更有照顧「潛力股」的社會價值。而在環保議題上，雖然許多人認為代幣經濟帶來更大的電力負擔，但另一方面，Jcard 這類 NFT 平台也開始嘗試結合個人碳權機制，以鼓勵更多人投入節能減碳。最後在公司治理上，機構文件的代幣化應是最具代表性者，尤其透過保險區塊鏈，或是律師等專業從業人員的身分認證等機制，更能達到真實性檢驗的機構治理效益。

表 15-1　非同質化代幣的創新商模與互賴建構

互賴生關係	生活代幣化	文件代幣化	個人代幣化
核心客群	粉絲：珺珺 會員：紅酒、朱銘 幣圈：霹靂布袋戲 一般消費者：大陸敦煌	機構：大學證書、法務部證據保全等	年輕網紅：如新銳才藝大學生之社群與同儕團體
核心價值： 原創與二創	原創價值：確權、賦能、炫耀、收藏 交易價值：換物增值，品牌創價	原創價值：確權、真實性 交換價值：機構調閱	原創價值：投資潛力股 交換價值：明星增值
互補性價值： 虛實整合 專屬感、稀有感、優惠感	品牌實體強，以實應需 粉絲：見面會 會員 VIP：紅酒收藏取用 幣圈：霹靂卡包、紙牌卡 一般消費者：看畫、看文物	機構實需強、交互加值 從虛擬到虛擬：機構間取用真實資料 從實體到虛擬：持續加上新證據、新學歷等	網紅虛擬強，以虛創實 虛擬世界表演：演出霹靂等鏈遊角色 真實世界表演：參與戲劇演出、代言等
互利共創機制 獲益機制	B2BC：三方平台 生產端：年輕客群，社群經營 消費端：專屬感、增值感 中介端：鑄造費、交易手續費	B2B 為主，B2C 為輔 生產端：機構客群 消費端：真實度 中介端：鑄造交易	生產端（個人端）：C2C 募資模式，明星募資 中介端：B2B & B2C 經紀顧問
互賴模式： 信任的基礎	品牌信賴為主，社群互動為輔，區塊鏈技術打底 去中心化互賴模式：粉絲社群、公會、會員、社群論壇與流通市場	機構信賴為主，聯盟互動為輔，區塊鏈技術打底 去中心化互賴模式：聯盟、機構間傳輸、機構與個人端傳輸	社群信賴為主，明星潛力股認同為輔，區塊鏈技術打底 去中心化互賴模式：群募與投資

參考文獻

Simmel, G. 1900. A chapter in the philosophy of value. *American Journal of Sociology*, 5(5): 577-603.

第十六章　初探中央銀行數位貨幣
Central Bank Digital Currency

*"For there was once a time when no such thing as money existed...
a material was selected which, being given a stable value by the state,
avoided the problems of barter by providing a constant medium of
exchange. That material, stuck in due form by the mint, demonstrates
its utility and title not by its substance as such but by its quantity, so
that no longer are the things exchanged both called wares but one of
them is termed the price. And today it is a matter for doubt whether one
can talk of sale when no money passes." (Julius Paulus Prudentissimus,
circa 230 C.E.)*

　　本專書最後整理團隊近年所閱讀中央銀行數位貨幣發行的相關論
述，因爲在我們看來，這是金融科技的最後一哩路。雖然台灣還在政
策研擬階段，但相信在可預見的未來，這項數位變革將會實現，只是
應有多元風貌。我們先來一探究竟。

一、金融科技最後一哩路：中央銀行數位貨幣

　　在古羅馬法學家尤利烏斯・保盧斯（Julius Paulus）闡述政府
發行貨幣的基礎原理，和當代貨幣經濟學所提出者，不謀而合。首
先，貨幣是商品與服務的計價單位（*a unit of account* for the pricing
of goods and services）；其次，貨幣是價值儲存方式（*a method
of storing value*）；第三，貨幣是交易媒介以促成經濟與金融交
易（*a medium* of exchange that facilitates economic and financial
transactions）。此外，尤利烏斯也提出，貨幣的效用並非依其物質價

值（material substance），而是名目品質（nominal quantity）所決定。亦即，貨幣效益取決於行政管理當局之貨幣系統所表現的公共信賴度。

約近 3,000 年，當電子設備與高速網路已無所不在，全球中央銀行開始探索建立主權數位貨幣（sovereign digital currencies）的可能性。就像紙幣與硬幣，中央銀行數位貨幣（CBDC, Central Bank Digital Currency）**也會緊盯特定名目條件**（fixed in nominal terms），可以全球發行，並可作為公私交易的法償基礎。因此，央行數位貨幣與一般虛擬貨幣（如比特幣、以太幣）等不同，這些私人發行的貨幣，市場行情價格在近年有大幅度的漲跌。本文主要關注在 CBDC 的基本設計特性，而非技術細節上。特別的是，我們考慮以下議題：

（一）央行數位貨幣應該以在央行開立的帳戶交易，還是以數位代幣（digital tokens）作為支付交易媒介？

（二）現金應該取消嗎？或是央行應建立 CBDC 基金與現金轉換的費用表？

（三）CBDC 應該附利息嗎？或是有一定的價格指標（aggregate price index），而非如同現金或硬幣有穩定的名目價值，如千元大鈔、百元大鈔？

（四）CBDC 對央行貨幣政策的策略與公開操作過程有何特殊意涵？

（五）CBDC 會如何影響中央銀行與政府預算部門間的互動？

這些議題的討論，乃基於央行的目標應是最大化 CBDC 效益以實踐貨幣基本價值，包括作為交易的媒介、安全的儲存價值，以及作為經濟與財務的穩定計價單位。由此，本文界定一個設計優良的央行數位貨幣，應具備以下特質：

- 以帳戶為基礎的 CBDC 能扮演無成本的交易中介（practically costless medium of exchange），這類帳戶可以直接在中央銀行開立，或是透過公私協力方式，讓企業或個人開立央行數位貨幣帳戶。

- 有利息的 CBDC 可作為安全的價值儲存（a secure store of value），且有一定報酬利率，以和其他無風險的政府證券資產一致。由此，CBDC 利率可以扮演貨幣政策執行的主要工具。

- 在淘汰紙幣上（gradual obsolescence of paper currency），CBDC 可廣泛為大眾所取得，並可有一定的現金與 CBDC 交易時間表。如此，CBDC 的利率調整就可不受限於任何有效的低標限制（effective lower bound）。

- 貨幣制定架構可強化真正的貨幣穩定（true price stability），亦即 CBDC 的真正價值可以長期維穩，並以廣義消費物價指數衡量。此架構可驅動貨幣政策執行的系統性與透明度。

本文的核心論述之一，交易的效益中介觀念由 Friedman（1978）所提出，他認為政府發行貨幣應和其他無風險資產的回報率相當。這兩大任務目標：**穩定的計價單位與有效的交易效率**，似乎是難以調和的，因為支付紙鈔利息是不切實際的，因此 Friedman 倡議的是穩定的通貨膨脹，而非穩定價格。不過這兩大目標在央行數位貨幣發行上，卻有機會實現。

作為無成本的交易中介，央行數位貨幣可以明顯提高支付系統效率。例如：近期國際貨幣基金（IMF）研究指出，CBDC 可以驅動跨境金融交易的安全與快速交割。CBDC 對大量仰賴現金的低收入家庭戶或是小企業，特別有幫助。它可以免除大量現金交易的成本與交易費用。而在總體經濟層面，英格蘭銀行（英國央行）的研究員則估計，採用 CBDC 所取得生產力，應該會和大量消除畸形稅負的效果

相當。

　　附利息的央行數位貨幣與取代現金交易，也有助於總體經濟穩定，因利息調整不再受限於任何有效的低下限（lower bound），以有效回應嚴峻的反向衝擊。最低下限已成為許多央行近期將通貨膨脹率定為 2% 或更多的基礎；不過未來央行數位貨幣就不需再依賴這類「通膨緩衝」（inflation buffer）或採用替代性貨幣政策工具，如量化寬鬆或信用補貼。甚至，在更嚴峻的經濟下滑情勢下，央行數位貨幣可以扮演貨幣財政的刺激工具。確實，誠如 Friedman（1978）強調貨幣與財政擴張原具一定互補性。

　　央行數位貨幣的誕生，原是近年來央行在貨幣公開操作工具的自然趨勢。例如：許多央行早已支付利息給商業銀行的存款準備，這正是目前貨幣政策的主要基礎。聯邦準備更擴大準備內容到美國公債市場的附買回交易等。甚至，聯邦準備銀行還採取分離帳戶政策（FMUs, Financial Market Utilities），以讓消費者能確保其不同資產帳戶的安全性、流動性與利息取得。

　　就貨幣政策之策略面言，聚焦在真正的物價穩定，和設定近期的通膨預測目標之實務做法必有所差異。如上所言，大部分的中央銀行設定通膨目標（一般約 2% 或更高），並沒有在先前通膨差異設定權重（no weight on previous deviations of inflation from target），所以加總之後的價格標準就會呈現自然漫步而向上移動的現象。相反的，在一定的目標價下，消費物價仍會有一定波動，但貨幣政策仍**能確保在加總之後可以回到原來的目標值**。因此，家戶單位與企業仍能有信心地規劃他們的計畫，而一籃子消費項目的成本（亦即以 CBDC 衡量）就會相對穩定，並具有一定的期間性穩定價值，如 5、10、20、50 年之物價價值。這樣的穩定性對低收入家庭與小型企業，特別重要，因為他們乃是金融弱勢，並無法取得複雜的財務規劃建議或金融

工具以對抗通膨或幣值波動風險。

　　廣泛使用央行數位貨幣與紙幣的退場，對於打擊逃漏稅、洗錢與其他非法交易活動，必定有所助益。對已開發經濟體來說，確實有意義，但對於開發中的經濟體來說，更具效益；因為新興經濟體更容易逃漏稅，也更常使用現金交易。CBDC 的有效性已在厄瓜多（Ecuador）廣泛使用，由一個簡單而安全的交易平台進行發行（以手機和簡訊，進行二步驟驗證）。另外，肯亞政府也首創公私合營提供低成本的數位支付。

　　最後，歸因於近期支付科技的快速成長，央行若採取過於被動的回應，恐失去先機。而中央銀行若未投入任何數位貨幣的發行，也可能引發不小風險，包括失去貨幣控制權，更容易受到經濟衰退之衝擊。因此，許多中央銀行已經加速採用央行數位貨幣。

二、效率的交易中介

　　中央銀行數位貨幣本質上是政府發行貨幣，因此具有法償效力。但更重要的問題是，央行數位貨幣是否更應該接近於現金或記帳卡。現金發行其實是有缺點的，而數位貨幣發行則可以提供簡單而務實的零成本交易媒介，並可由公私協力模式（public-private partnerships）由商業銀行協助發行。更重要的是，央行數位貨幣將可以幫助紙鈔與硬幣逐步退場。

（一）代幣與帳戶（Tokens vs. Accounts）

　　央行數位貨幣可以類似現金模式，發行所謂的「代幣」，而能以電子流通方式在個人與企業間流動，且不太有機會再回流到中央銀行體系。例如像比特幣，乃是使用分帳式帳本（DLT, Distributed

Ledger Technology）確認數位貨幣的所有權人與交易內容，而不需要中央銀行或清算單位介入。相較於比特幣與其他虛擬通貨，中央銀行會決定 CBDC 代幣的供給，會有固定的名目價格條件，並有法定代償效益。此外，中央銀行會建立透明程序，並適時升級分帳式帳本（DLT）軟體，這也是目前數位貨幣最大挑戰。

　　另一種設計是帳戶制，個人或企業可在中央銀行或商業銀行（受合理監管者）開立數位貨幣帳戶。如此一來，央行只需確認支付雙方的數位貨幣帳戶資產狀況與交易內容，便能有效掌握貨幣流動。

　　帳戶制的關鍵優點就是央行數位貨幣的支付系統相當務實、立即可行且不用成本。當然，在設立央行數位貨幣的帳戶之初，必須先確認帳戶持有者身分，這就好像是取得開車的駕駛執照或開立商業銀行帳戶一般。由此，支付交易就**可以快速且安全地進行**（手機與數位密碼之二步驟確認手續），而中央銀行也能有效監管任何不正常交易活動，並導入反詐欺之安全措施。

　　相反的，數位代幣系統的確認成本較高，交易鏈上每一個代幣的擁有者必須以數位加密方式，儲存在區塊鏈上，並同步儲存在支付網絡上的每一個節點。每一筆新的支付交易都必須確認其真實度，然後才能永久儲存在區塊鏈上。確認的過程，稱為「挖礦」，需要高度的電腦運算，且相當耗費能源。例如在比特幣上，礦工收入約相當於交易價值的 0.8%。就效用上言，「代幣制」的央行數位貨幣可能較受歡迎，但卻不若帳戶制來得高效。

　　帳戶制的央行數位貨幣，就效率層面言，應是巨大的。消費者在使用自動提款機上，一般必須支付 2%-5% 手續費；而小型企業借助信用卡或簽帳金融卡，以取得、清算、確認現金或交易手續費者，成本也不低。

（二）帳戶的其他替代（Alternative Forms of Accounts）

在央行開立帳戶的做法，容易讓人聯想到早期的中央銀行，當個人或非金融企業在英格蘭中央銀行擁有帳戶的年代。在記帳的年代，維持大量的私人帳戶變得不切實際，也因此這些帳戶最終會消失。相反的，在近期資料儲存與高速網路運作場域，央行數位貨幣（CBDC）現在是可行的，誠如近期在厄瓜多的案例。

另外，跟著 Dyson & Hodgson（2016）研究，CBDC 可以藉由特定的監管商業銀行，以特別準備帳戶型態，提供數位央行貨幣服務給一般大眾。這對於所謂「關係型銀行」（relationship banking）等較小型金融機構較有益處。在許多社區，銀行扮演提供金融服務給中低收入戶、小型企業與創業家之關鍵角色。

這類公私協力（PPP, Public-private Partnership）的做法乃取經於肯亞經驗。更且，美國聯邦準備體系近期也採用類似做法，以分立式帳本提供資金給客戶，以系統性維運金融市場單位（FMUs, Financial Market Utilities）。

最後，央行數位貨幣不應該獨占整個支付體系，而應該扮演互補者角色，提供服務給私部門。確實，個人與企業單位仍會自由運用民營支付網絡與虛擬貨幣等；且事實上，許多金融機構也在使用分散式帳本建置新的支付網絡。若沒有央行數位貨幣的競爭，而可能導致相當複雜與不透明的治理法規，因而需要減輕系統風險與預防消費者及中小企業的價格波動。最終，移向公私協力的 CBDC 夥伴關係對許多中大型企業而言，是較具吸引力的。

（三）紙本現金（Paper Currency）

全球許多國家對現金的使用需求正大幅衰退中，並轉向信用

卡、借貸卡，與行動支付、線上支付等。例如瑞典家庭主婦在 2016 年就僅使用 15% 現金，是過去四年的一半。確實，許多全球支付公司正在鼓勵中小型商家使用行動支付替代現金。

不過，這些**趨勢**在全球或不同類家庭用戶中並不一致。在歐元區與瑞士，現金交易占比約達 GDP 10%；在日本則達 20%。即使在瑞士，根據 Riksbank 統計，還是有高達三分之一客戶無法回應完全的無現金時代。在調查中也顯示不同人口類型的使用行為差異，老年人與相對低教育、低所得者，是現金支付的最大使用者。

在此情況下，要突然廢除現金使用勢必會遭遇反彈。較可行做法是中央銀行逐步發行央行數位貨幣以取代現金，並且以循序漸進的費用附加提高央行數位貨幣與現金的轉換成本。但為避免對中低收入者造成負擔，對於小額或非經常性交易，則降低或減免手續費，僅對大額與經常性交易收費。在效果上，附加手續費和 ATM 提款做法是相反的，我們一般在 ATM 取得是固定費用或免手續費。甚且，如以下將討論者，手續費結構對紙鈔發行將如何影響央行在名目利率上的調整，將是一大挑戰。

這樣的安排可以強化個人的選擇自由，並降低逃稅、洗錢與其他非法交易等弊端。若需要，個人仍可以使用現金來保持小額交易的匿名性；或者可以其他虛擬貨幣或支付方式為之。上述建議對大額數位轉換現金之交易，必須收取較高額手續費的做法，等同於對黑市交易收取較高稅賦，這類活動就會越來越困難，而能加速現金的淘汰。更且，隨著央行數位貨幣的發行普及，大面額本票簽發也將會逐漸被淘汰。

三、價值的安全儲存

央行數位貨幣帳戶裡的存款在一段時間後，價值會產生什麼樣的變化？名目總量會改變嗎（如同現金般）？還是會有一定的價格水準（以確保其真實價值）？或者會有利息收益，如同短期政府公債？以下介紹幾種央行數位貨幣的價值儲存概念，並說明其對整體金融體系可能會產生的外溢效果。

選擇一：穩定的名目價值（Constant Nominal Value）

在央行數位貨幣帳戶裡的基金可以維持穩定的名目價值，就像紙鈔一般。在效果上，央行數位貨幣帳戶將獨立於一般商業銀行在央行的帳戶，商業銀行帳戶裡的資金是有利息的，但一般大眾的央行數位貨幣帳戶是沒有利息的，所以一般家庭與企業不會放太多錢在裡面。也因此，央行數位貨幣帳戶裡的資金就能保持相當的持平水準。

過去央行可以透過調整短期利率來執行貨幣政策。但是在央行數位貨幣帳戶維持 0 利率的水準下，若將名目利率降到 0 以下，大家就會把錢存到 CBDC。因此在消費需求不振與通膨緊縮的經濟環境下，政府必須採取其他量化寬鬆的工具。例如可採取預算刺激需求，而能因此將價位引導回目標區間。

在貨幣政策受到侷限下，維持適度或擴張的通膨緩衝以回應低名目利率水準，有其必要性。相反的，若央行聚焦在特定價格水準（而非通貨膨脹率），那麼它對於價格是否趨於正常水準就會保持敏感度，價格的軌跡就會穩定朝微幅上漲方向邁進。

選擇二：穩定的實質價值（Stable Real Value）

CBDC 帳戶裡的價值也可以是具有穩定的實質價值。這很像過去所討論的「表格標準」（tabular standard），或是 Fisher（1913）

所提的「互補美元」（compensated dollar）。指數性貨幣（indexing currency）的原理和其他財務合約般，都是在金本位主義下具有引人注目般的存在，因為它的一般價位水準乃定錨於大而長期的價格波動間。相反的，CBDC 指數原理是較不清楚的，只要貨幣政策框架能確保價格維持在一定的合理水準就可以。

　　當然，過去在金本位時代，要做到指數化，常會遭遇令人氣餒的實質障礙。但是在 CBDC 的指數化則較為直接，它就是一般技術層面上的議題。較特別的是，當價格水準調升時，CBDC 的名目價值將會有短暫增加；但隨後又會因物價調整而回到正常水準。

　　然而，CBDC 的指數化是有高度困難的，當總體需求降低而導致實質利率降到 0 以下時。在這種情況下，指數化將會引導到低於零的實質利率水準（zero lower bound on real interest rates），這對於維持名目利率為零者（zero lower bound on nominal rates），更具挑戰。結果，中央銀行可能需大量依賴寬鬆貨幣政策；而財政手段最終只能用來強化經濟復甦與維持價格穩定。

選擇三：有利率的央行數位貨幣（Interest-Bearing CBDC）

　　從技術上來說，央行可以輕易地支付 CBDC 利率。在效果上，所有 CBDC 帳戶都應維持相同利率水準，不論帳戶歸屬於個人、企業或機構。這和經濟學家 Friedman（1960）所言，在一個有效率的貨幣體系下，政府所發行的貨幣與其他無風險資產，具有相同報酬。事實上，目前央行也常支付利息給其他金融機構。

　　支付 CBDC 利息也能強化銀行體系的競爭力。原本就聚焦在「關係型存放」（relational banking）的機構可能不會受到影響；但較不具競爭力的存款戶可能將會因此移轉到有利息的央行數位貨幣帳戶。

　　在有穩定物價水準的成長型經濟體中，CBDC 所支付的利息一般是正數的。但若是經濟體遭遇嚴重干擾而反轉，則央行降低利率水準以強化經濟復甦和價格穩定，就有其可行性。

　　目前，紙鈔對央行降低利率以回應市場震盪是有侷限性的。紙鈔是 0 利率的，因此當央行要執行負利率政策時，紙鈔就有吸引力。在效果上，若銀行存款利率與其他短期資產遠低於 0 利率，金融體系就會面臨嚴重的去中間化，而資金會逃向現金。很像過去在 1930 年代經濟大恐慌時期所發生的事。

　　但若建立一定的 CBDC 與現金轉換費用機制，則上述貨幣政策限制就會消失。特別，當大筆 CBDC 要轉換為現金交易時，大額費用就會扮演 wedge（閥門）角色，讓在負利率時代，想要轉換 CBDC 為現金者，變得無利可圖。在這樣的安排下，貨幣政策就不再侷限於低利率或名目利率等議題。

　　因此，CBDC 附加利率，可以扮演基本的貨幣政策工具，並可以消除採取其他量化寬鬆貨幣政策或依賴財政干預以維持價格穩定。更且，名目利率的低度限制（lower bound on nominal interest rates），對於維持通膨緩衝原已扮演一定角色。主要中央銀行近期的通膨目標都維持在 2%，並且在金融危機初始，許多經濟學家都會建議提高利率目標。有利率的 CBDC，央行就不必在維持任何的通膨緩衝。

四、穩定的計價單位

　　穩定的計價單位對於個人或機構的經濟與財務決策都有其重要性，包括薪資水準與產品定價、支出與存款決策，與特定的財務契約等。必須注意的是，貨幣價值的穩定，若以廣義物價水準（不僅是單一商品）來看，是無法單純透過發行法幣來完成的。確實，在市場經

濟體制下，在邏輯上是無法以一般物價水準來界定貨幣價值的，因為個別商品服務價格是由特定的市場經濟營運體，而非中央計畫師所維運者。因此，貨幣穩定僅能透過貨幣政策落實。

當然，即使導入 CBDC 制度，中央銀行仍可持續維持正向的通膨目標。不過若取消有效的最低名目利率，就可以實踐真正的價格穩定。特別的是，貨幣政策架構可以確保 CBDC 仍可維持一段時間的穩定，並以消費者物價指標的型態呈現。

除了採取有效的低通膨或低名目利率目標外，過去的分析還曾採用兩種維持正向通膨利率目標的做法：一是系統性的衡量偏誤（systematic measurement bias），一是工資剛性理論（也就是工人薪水看似上漲，但實則受到物價通膨影響，DNWR, Downward Nominal Wage Rigidity）。

不過近期分析使用個人價格記錄顯示，衡量偏誤影響很小。至於DNWR 則一直盛行到 1990 年代中期，但隨著消費者通膨接近於零，而使其效果降低。誠如學者所言，薪資水準乃受到公平與互惠影響，而非對金錢的幻覺。確實，明確而可信以維持物價穩定的承諾，可以強化這些受薪階級對薪資高低的警覺，並有助於薪資協商等運作機制。

許多文獻都已在探討總體經濟學中對物價目標而非通膨目標的效果。這些研究經常總結到：物價水準目標可以確保總體經濟穩定，若是政策框架透明，且對價格穩定承諾是可信的話。更且，分析最適貨幣政策與簡單目標原則，貨幣政策可以具體回應真實經濟活動與物價水準。因此，這些框架就常以彈性物價水準目標（flexible price-level targeting）出現，而和現在傳統的彈性通膨目標有所區別。

最後要注意的是，由正向通膨目標轉向穩定物價水準的做法，可

能會破壞經濟與金融體系。結果，移轉過程就必須小心規劃與管理。
如此，這樣的機制移轉就可以被有效理解，並能為家庭與個人財務規
劃所用。

五、貨幣政策框架

央行為達成法定職責，必須建構一套明確的制度性安排
（institutional arrangement），這就是貨幣政策架構（monetary
policy framework）。完整的貨幣政策架構，至少應包括：央行
可動用哪些工具（instruments）、透過何種操作程序（operation
procedures），來實現法令所賦予的最終目標職責。因此，貨幣政
策架構所扮演的功能，便是提供經濟體系有效的名目制約（nominal
anchor），藉由設立明確的短期目標，據以引導外界的正確預期，俾
實現最終目標。

由於歷史因素、經濟結構差異、金融市場發展及金融制度不
同，各國央行所選擇的貨幣政策架構，亦不盡相同；例如：台灣係
以金融中介為基礎的體制，迥異於英、美以金融市場為基礎的體制，
因此台灣的貨幣政策架構與英、美可能不盡相同。一般認為，一個
好的貨幣政策架構，須具備彈性，且應有助於強化央行與外界的溝
通、引導外界的預期，並促使央行在執行貨幣政策時，**提高其透明化**
（transparency）**與權責化**（accountability）**要求**，俾利最終目標的
實現。

事實上，在過去幾個世紀以來，貨幣經濟學家已經達成共識：貨
幣政策的執行必須具**系統性與透明度**（systematic and transparent），
以落實貨幣傳輸機制的有效性，及中央銀行作為主管機關的可信度與
權責化（accountability）。CBDC 的發行提供一個階段性指標，強化

央行貨幣政策框架的透明度，包括名目制約（nominal anchoring）、操作工具與程序（tools and operations），以及政策策略（policy strategy）。以下僅簡要介紹名目制約的做法。

名目制約（Nominal Anchoring）

如上所述，貨幣政策框架必須提供一個透明的名目制約（nominal anchoring）以促進私人部門的經濟與財務決策。在近代，中央銀行已採取適當的名目通膨目標，落實貨幣政策執行。

理論上，中央銀行的通膨目標應該是永久地、可信地鎖定在特定的價值上。但實務上，通膨目標擬定卻是主觀且隨機的。因此，當許多中央銀行將通膨目標定在 2%，許多政策執行者偏好較低目標；但經濟學家則建議提高目標以緩解有效下限（effective lower bound）對名目利率的影響。

不幸的是，這樣的爭論，無可避免地會低估中央銀行在名目制約上的可信度，特別若是大眾開始質疑通膨目標制定的標準是否和變化莫測的政治與選舉結果有關。

相反的，採用附加利率的央行數位貨幣，央行可以建立穩定的物價水準，並對預期心理扮演中性角色，也就能夠擔任持久而可信的名目制約。當然，面對通膨目標，價格區間必須轉化為特定的物價指標，但這些特定條件除非有技術理由，否則不能隨意更改。為落實透明度，物價指標必須由公開張貼的金融財貨、公開的方法、以能由私部門重製分析者為主。更且，為確保持續性，指標必須使用加權鏈（chain-weighting），而非依賴任何特定基礎年度。

六、CBDC 在台灣：可能應用場景

　　央行數位貨幣（CBDC）在台灣推動背景主要基於以下理由。一是數位經濟帶動數位化支付需求。我國中央銀行總裁楊金龍指出，台灣電子支付比率從 2017 年的 40%，成長到 2022 年第一季的 60%，雖然成長比率沒有像瑞典等國家快速，「但因應未來現金數位化的需求，大眾可能希望有 CBDC 的選項」[1]。

　　這也透露 CBDC 第二項潛在需求，亦即現行支付由少數業者壟斷，現金消失風險正在增加。換言之，私人虛擬通貨的成長，可能會威脅到國內貨幣與金融穩定。三是金融基礎設施升級，以和未來其他國家 CBDC 接軌。在中國大陸、新加坡、瑞士、歐洲央行開始推動 CBDC 的國內與跨國交易過程中，未來台灣如何加入跨國 CBDC 市場，以回應數位經濟時代需求，更是挑戰。因此，如何透過央行提供安全、受信任、無使用成本，且無信用或流動性風險的數位支付工具，成為重要議題。

　　包括台灣在內的許多國家央行陸續投入 CBDC 研究，CBDC 發行具有普惠性、效率性，與跨國支付便利性。我國央行在 2019 年就規劃兩種研究計畫，2020 年 6 月完成第一階段技術可行性研究，主要分析批發型 CBDC 應用去中心化技術（DLT，分散式帳本）的潛力與侷限性。研究結果顯示，DLT（分散式帳本）運作效能沒辦法滿足支付交易高頻、大量且需即時清算的要求。

　　2020 年 9 月進行第二階段「通用型 CBDC 試驗計畫」，為符合

1　楊金龍，「數位轉型的央行貨幣」，於 2022 年 6 月 29 日出席財金公司 111 年度金融資訊系統年會專題演講之講稿。數位時代，2022 年 6 月 29 日。「台灣有機會發行數位貨幣嗎？找 5 家銀行做實驗，楊金龍揭最新進度」。https://www.bnext.com.tw/article/70338/tw-cbdc。

運作效能需求，技術架構是採「中心化作業」，部分功能結合 DLT（分散式帳本）設計；原本預期兩年（2022 年 9 月）完成 CBDC 雛形平台建置，並在封閉環境中模擬零售支付場景試驗，但已經提早完成。第二階段試驗，央行 CBDC 工作小組邀請財金公司、外部技術團隊一起參與雛形平台開發；並邀請中國信託、華南、上海、國泰世華與台新 5 家銀行參與設計及模擬試驗，以結合銀行金融中介實務作業。由於是試驗大眾使用的通用型 CBDC，因此模擬情境是由央行提供 CBDC 給銀行，銀行再提供 CBDC 給大眾，大眾拿到 CBDC 可至零售支付場景使用。

央行總裁楊金龍指出，後續央行將以第二階段試驗結果為基礎，進行意見調查，並且完成「廣泛溝通，取得社會大眾的支持」、「精進平台設計，導入更穩健成熟的技術」，及「研議堅實的法律架構，訂定法制規範」等三項條件後，才會決定推出 CBDC 的後續規劃。

近年媒體與國內金控公司曾調查行動支付的應用場景（工商時報，2020 年 10 月 21 日），就特別提出行動支付的八大場景與各個場景的主要服務內容。八大場景有：飲食；便利商店、超市、量販店；購物網站、百貨公司、Shopping Mall；旅遊；交通；學習教育；娛樂；健康醫療。值得注意的是，不同場景所需要的行動支付服務內涵極為不同，可作為未來央行在規劃 CBDC 應用場景之質化與量化依據。

例如在旅遊場景中，使用者最需要的服務內容依序是線上保險、行動支付、線上換匯 +ATM 領外幣、信用卡分期、超商取貨，與信用卡額度調整等；彰顯出在客戶旅遊行程中依據需求內涵而會出現的服務選項。顯然，由客戶旅程（customer journey）調查核心需求，進而提出最適合的支付服務內容（appropriate payment service），乃是未來 CBDC 應用場景之落實重點。而值得注意的是，多元融合的服務模式，預料將會是 CBDC 與其他支付模式間的重要整合機制。例如外幣兌換可用 CBDC，但大額旅遊支出則需要信用卡分期服務，並結合線上保險等。因此，未來央行 CBDC 的落地場景應用，應有更人性化的體驗旅程規劃，進而有更具體的金融與非金融服務之設計。

參考文獻

楊金龍，「數位轉型的央行貨幣」，於 2022 年 6 月 29 日出席財金公司 111 年度金融資訊系統年會專題演講之講稿。

工商時報，2020 年 10 月 21 日。「數位金融客群，八大場景最需行動支付」。

數位時代，2022 年 6 月 29 日。「台灣有機會發行數位貨幣嗎？找 5 家銀行做實驗，楊金龍揭最新進度」。https://www.bnext.com.tw/article/70338/tw-cbdc。

美國利用七年時間，離開零利率下限。

https://cn.reuters.com/article/fed-zero-interest-wrapup-1216-sun-idCNKBS1OG0EH。

Armas, A., Ruiz, L., & Vásquez, J. L. 2022. Assessing CBDC potential for developing payment systems and promoting financial inclusion in Peru. *BIS Papers Chapters*, 123: 131-151.

Barrdear, J., & Kumhof, M. 2016. The macroeconomics of central bank issued digital currencies.

Dyson, B., Hodgson, G., & Van Lerven, F. 2016. *Sovereign Money*. Lodon, UK: Positive Money UK.

Fisher, I. 1913. A compensated dollar. *The Quarterly Journal of Economics*, 27(2): 213-235.

Friedman, B. M. 1978. *Crowding out or Crowding in? The Economic Consequences of Financing Government Deficits*, No. w0284. National Bureau of Economic Research.

Friedman, M. 1960. *A Program for Monetary Stability*, No. 3. Ravenio Books.

Huynh, K., Molnar, J., Shcherbakov, O., & Yu, Q. 2020. *Demand for Payment Services and Consumer Welfare: The Introduction of a Central Bank Digital Currency*, No. 2020-7. Bank of Canada.

筆記頁

筆記頁

筆記頁

筆記頁

國家圖書館出版品預行編目(CIP)資料

綠色金融科技與多元商模創新／歐素華著. --
初版. -- 臺北市：五南圖書出版股份有限
公司, 2023.10
面；　公分
ISBN 978-626-366-444-9(平裝)

1.CST: 金融自動化 2.CST: 數位科技
3.CST: 綠色經濟 4.CST: 永續發展

561.029   112012872

1FAM

綠色金融科技與多元商模創新

作　　者 ― 歐素華

責任編輯 ― 唐　筠

文字校對 ― 許馨尹　黃志誠

封面設計 ― 俞筱華

發 行 人 ― 楊榮川

總 經 理 ― 楊士清

總 編 輯 ― 楊秀麗

副總編輯 ― 張毓芬

出 版 者 ― 五南圖書出版股份有限公司

地　　址：106台北市大安區和平東路二段339號4樓

電　　話：(02)2705-5066　　傳　　真：(02)2706-6100

網　　址：https://www.wunan.com.tw

電子郵件：wunan@wunan.com.tw

劃撥帳號：01068953

戶　　名：五南圖書出版股份有限公司

法律顧問　林勝安律師

出版日期　2023年10月初版一刷

定　　價　新臺幣450元

經典永恆・名著常在

五十週年的獻禮——經典名著文庫

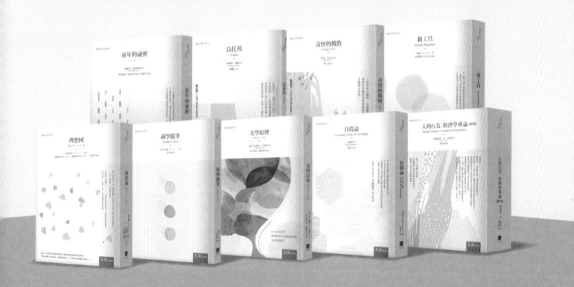

五南，五十年了，半個世紀，人生旅程的一大半，走過來了。
思索著，邁向百年的未來歷程，能為知識界、文化學術界作些什麼？
在速食文化的生態下，有什麼值得讓人雋永品味的？

歷代經典・當今名著，經過時間的洗禮，千錘百鍊，流傳至今，光芒耀人；
不僅使我們能領悟前人的智慧，同時也增深加廣我們思考的深度與視野。
我們決心投入巨資，有計畫的系統梳選，成立「經典名著文庫」，
希望收入古今中外思想性的、充滿睿智與獨見的經典、名著。
這是一項理想性的、永續性的巨大出版工程。
不在意讀者的眾寡，只考慮它的學術價值，力求完整展現先哲思想的軌跡；
為知識界開啟一片智慧之窗，營造一座百花綻放的世界文明公園，
任君遨遊、取菁吸蜜、嘉惠學子！